中國歷代名著全譯叢書

晏子春秋全译

（修订版）

李万寿　译注

贵州出版集团
贵州人民出版社

中国历代名著全译丛书

编 委 会

(以姓氏笔画为序)

王运熙　　余冠英　　张　克(常务)
罗尔纲　　程千帆　　缪　钺

再版说明

出版的境界是：为饥作浆，为旱作润，为冥作光，为往圣继绝学。《中国历代名著全译丛书》担当这一历史的重托，挟着春风走到了学人和国学爱好者的面前。

书似青山常乱叠，眼光如炬淘金来。《中国历代名著全译丛书》自上个世纪九十年代推出，即以权威、精到、普及的面貌风靡整个书界。本套丛书曾获中宣部精神文明建设五个一工程奖及中华人民共和国出版规划重点项目。但多年断档，令人怀恋。上个世纪九十年代的名著全译，多以三五本的规模推出，而今天的《中国历代名著全译丛书》，出手尽显大家气度，一次集中推出五十种，满足眼睛与心灵的饕餮。

中华民族有数千年的文明历史，产生了辉煌灿烂的古代文化。浩如烟海的历代名著，就是中国古代文化遗产的重要组成部分。这些文字不仅记录了中国古代各个方面的历史与人文，物质与精神，成为后来人的精神家园，而且对中华民族的成长提供了丰富的营养，对中华民族的形成和发展产生了巨大的凝聚力和感召力。

但古人留下的典籍，由于时代的变异，语言的古奥，当下人已难识其庐山真面目。且以往坊间的不少古籍今译的读物，大都难尽人意：

——选译本。如《国语选译》《诗经选译》等。了解中国古代文学批评史的人知道，"选"是一种评论的方式。鲁迅先生曾指出，如果对陶渊明只选"采菊东篱下，悠然见南山"，而不选"刑天舞干戚，猛志固常在"这类"金刚怒目"式的作品，那就很难使读者对陶渊明的"全人"有完整的认识，若"再加抑扬"，就"更离真实"了。所以说选译本的缺陷是显而易见的。

——白话本。如《白话史记》《白话搜神记》之类。这类今译本有的置原文于不顾，随意增删敷衍，从严格意义上已不是原书；有的译文尚称严谨，但无原文对照核查，欲引用古人文句还要另觅原书，难称人意。

——单译本。这类书最多,译文之外附有原文、注释,其中也不乏质量较高者。遗憾的是见木不见林,缺乏学术系统性,读者买到一本算一本,对中华民族传统文化的了解很难达到全面。

本丛书在策划之初就考虑到避免以上各种译本之不足,本着推陈出新、汇聚英华、弘扬传统、振兴华夏之宗旨,化艰深为浅显,融译注为一炉,俾使社会各界广大读者了解我国古代各名著之完整原貌,有利于当下人文精神建设,又利于中外文化之交流译介,乃延聘海内学界通人,精选史有定评之夏商迄晚清经史子集四部,以全注全译形式重新装帧、重新校勘整理出版。所选各书前言对该名著之时代、作者、内容、成就、文献版本皆有详赡说明,各篇各卷前有简明扼要的题解,原文选用业经整理的善本,注释采用学术界公认的成果,译文强调忠实原文、通达流畅。

书行天下,道亦随之,既有品味,又有普及,为大家营造出一片文化底蕴深厚、知识境界广博、思想空间深邃的精神沃土,是《中国历代名著全译丛书》的孜孜追求。此次修订是在前辈学人呕心沥血的基础上,重新进行认真的审读和勘校,是在"国学热"基础上的一次新的提升,在强调通俗性的同时,亦重视学术性与资料性。今日重现书界,必将旋起一种新的阅读风暴。

我们相信,这套丛书的问世,对传播中华民族优秀的传统文化,提升我们国家的软实力,形成当代的人文精神有着重要意义,在现代化人文化的进程中对开启今人智慧、滋养今人心灵都有着不可估量的意义。

经典不腐更不朽,它是源远流长的活水,天光云影,亘古永在。

贵州人民出版社
2008 年 9 月

晏子春秋全译

目 录

前 言 …………………………………………………… 1

晏子春秋·卷第一
  内篇谏上第一
    庄公矜勇力不顾行义晏子谏第一 ………………… 1
    景公饮酒酣愿诸大夫无为礼晏子谏第二 ………… 4
    景公饮酒醒三日而后发晏子谏第三 ……………… 6
    景公饮酒七日不纳弦章之言晏子谏第四 ………… 7
    景公饮酒不恤天灾致能歌者晏子谏第五 ………… 8
    景公夜听新乐而不朝晏子谏第六 ………………… 12
    景公燕赏无功而罪有司晏子谏第七 ……………… 13
    景公信用谗佞赏罚失中晏子谏第八 ……………… 15
    景公爱嬖妾随其所欲晏子谏第九 ………………… 17
    景公敕五子之傅而失言晏子谏第十 ……………… 20
    景公欲废適子阳生而立荼晏子谏第十一 ………… 21
    景公病久不愈欲诛祝史以谢晏子谏第十二 ……… 24
    景公怒封人之祝不逊晏子谏第十三 ……………… 26
    景公欲使楚巫致五帝以明德晏子谏第十四 ……… 27

景公欲祠灵山河伯以祷雨晏子谏第十五 …………… 30
景公贪长有国之乐晏子谏第十六 ………………… 31
景公登牛山悲去国而死晏子谏第十七 …………… 34
景公游公阜一日有三过言晏子谏第十八 ………… 35
景公游寒途不恤死胔晏子谏第十九 ……………… 38
景公衣狐白裘不知天寒晏子谏第二十 …………… 39
景公异荧惑守虚而不去晏子谏第二十一 ………… 40
景公将伐宋蒙二丈夫立而怒晏子谏第二十二 …… 42
景公从畋十八日不返国晏子谏第二十三 ………… 45
景公欲诛骇鸟野人晏子谏第二十四 ……………… 47
景公所爱马死欲诛圉人晏子谏第二十五 ………… 48

晏子春秋·卷第二
内篇谏下第二

景公藉重而狱多欲托晏子晏子谏第一 …………… 50
景公欲杀犯所爱之槐者晏子谏第二 ……………… 53
景公逐得斩竹者囚之晏子谏第三 ………………… 56
景公以抟治之兵未成功将杀之晏子谏第四 ……… 58
景公冬起大台之役晏子谏第五 …………………… 58
景公为长庲欲美之晏子谏第六 …………………… 60
景公为邹之长途晏子谏第七 ……………………… 61
景公春夏游猎兴役晏子谏第八 …………………… 62
景公猎休坐地晏子席而谏第九 …………………… 63
景公猎逢蛇虎以为不祥晏子谏第十 ……………… 64
景公为台成又欲为钟晏子谏第十一 ……………… 65
景公为泰吕成将以燕飨晏子谏第十二 …………… 66
景公为履而饰以金玉晏子谏第十三 ……………… 67
景公欲以圣王之居服而致诸侯晏子谏第十四 …… 68
景公自矜冠裳游处之贵晏子谏第十五 …………… 71
景公为巨冠长衣以听朝晏子谏第十六 …………… 73
景公朝居严下不言晏子谏第十七 ………………… 74
景公登路寝台不终不悦晏子谏第十八 …………… 75

景公登路寝台望国而叹晏子谏第十九……………………… 76
景公路寝台成逢于何愿合葬晏子谏而许第二十 ………… 78
景公嬖妾死守之三日不敛晏子谏第二十一……………… 81
景公欲厚葬梁丘据晏子谏第二十二 ……………………… 84
景公欲以人礼葬走狗晏子谏第二十三 …………………… 85
景公养勇士三人无君臣之义晏子谏第二十四…………… 86
景公登射思得勇力士与之图国晏子谏第二十五………… 89

晏子春秋·卷第三
内篇问上第三

庄公问威当世服天下时耶晏子对以行也第一 …………… 91
庄公问伐晋晏子对以不可若不济国之福第二……………… 92
景公问伐鲁晏子对以不若修政待其乱第三………………… 94
景公伐斄胜之问所当赏晏子对以谋胜禄臣第四…………… 95
景公问圣王其行若何晏子对以衰世而讽第五……………… 96
景公问欲善齐国之政以干霸王晏子对以官未具第六 …… 99
景公问欲如桓公用管仲以成霸业晏子对以不能第七 …… 102
景公问莒鲁孰先亡晏子对以鲁后莒先第八……………… 104
景公问治国何患晏子对以社鼠猛狗第九………………… 106
景公问欲令祝史求福晏子对以当辞罪而无求第十……… 108
景公问古之盛君其行如何晏子对以问道者更正第十一 …… 110
景公问谋必得事必成何术晏子对以度义因民第十二 …… 112
景公问善为国家者何如晏子对以举贤官能第十三……… 114
景公问君臣身尊而荣难乎晏子对以易第十四…………… 115
景公问天下之所以存亡晏子对以六说第十五…………… 117
景公问君子常行曷若晏子对以三者第十六……………… 118
景公问贤君治国若何晏子对以任贤爱民第十七………… 119
景公问明王之教民何若晏子对以先行义第十八………… 120
景公问忠臣之事君何若晏子对以不与君陷于难第十九 …… 122
景公问忠臣之行何如晏子对以不与君行邪第二十 ……… 123
景公问佞人之事君何如晏子对以愚君所信也第二十一 …… 124
景公问圣人之不得意何如晏子对以不与世

陷乎邪第二十二 ·················· 126

景公问古者君民用国不危弱晏子对以文王第二十三 ······ 127

景公问古之莅国者任人如何晏子对以人不同能
　　第二十四 ·················· 128

景公问古者离散其民如何晏子对以今闻公令
　　如寇仇第二十五 ··············· 129

景公问欲和臣亲下晏子对以信顺俭节第二十六 ······ 130

景公问得贤之道晏子对以举之以语考之以事第二十七 ··· 132

景公问臣之报君何以晏子对报以德第二十八 ······· 133

景公问临国莅民所患何也晏子对以患者三第二十九 ···· 133

景公问为政何患晏子对以善恶不分第三十 ········ 134

晏子春秋·卷第四
内篇问下第四

景公问何修则夫先王之游晏子对以省耕实第一 ······ 135

景公问桓公何以致霸晏子对以下贤以身第二 ······· 137

景公问欲逮桓公之后晏子对以任非其人第三 ······· 138

景公问廉政而长久晏子对以其行水也第四 ········ 139

景公问为臣之道晏子对以九节第五 ············ 140

景公问贤不肖可学乎晏子对以勉强为上第六 ······· 141

景公问富民安众晏子对以节欲中听第七 ········· 142

景公问国如何则谓安晏子对以内安政外归义第八 ····· 142

景公问诸侯孰危晏子对以莒其先亡第九 ········· 143

晏子使吴吴王问可处可去晏子对以视国治乱第十 ····· 144

吴王问保威强不失之道晏子对以先民后身第十一 ····· 145

晏子使鲁鲁君问何事回曲之君晏子对以庇族第十二 ···· 146

鲁昭公问鲁一国迷何也晏子对以化为一心第十三 ····· 147

鲁昭公问安国众民晏子对以事大养小谨听节俭第十四 ·· 149

晏子使晋晋平公问先君得众若何晏子对以如美渊泽
　　第十五 ··················· 150

晋平公问齐君德行高下晏子对以小善第十六 ······· 152

晋叔向问齐国若何晏子对以齐德衰民归田氏第十七 ···· 153

叔向问齐德衰子若何晏子对以进不失忠退不失行
　　第十八 ………………………………………………… 156
叔向问正士邪人之行如何晏子对以使下顺逆第十九 …… 157
叔向问事君徒处之义奚如晏子对以大贤无择第二十 …… 159
叔向问处乱世其行正曲晏子对以民为本第二十一 ……… 161
叔向问意孰为高行孰为厚晏子对以爱民乐民第二十二 … 162
叔向问啬吝爱之于行何如晏子对以啬者君子之道
　　第二十三 ……………………………………………… 163
叔向问君子之大义何若晏子对以尊贤退不肖第二十四 … 164
叔向问傲世乐业能行道乎晏子对以狂惑也第二十五 …… 165
叔向问人何若则荣晏子对以事君亲忠孝第二十六 ……… 167
叔向问人何以则可保身晏子对以不要幸第二十七 ……… 168
曾子问不谏上不顾民以成行义者晏子对以何以成也
　　第二十八 ……………………………………………… 168
梁丘据问子事三君不同心晏子对以一心可以事百君
　　第二十九 ……………………………………………… 169
柏常骞问道无灭身无废晏子对以养世君子第三十 ……… 170

晏子春秋·卷第五
内篇杂上第五
庄公不说晏子晏子坐地讼公而归第一 …………………… 172
庄公不用晏子晏子致邑而退后有崔氏之祸第二 ………… 173
崔庆劫齐将军大夫盟晏子不与第三 ……………………… 176
晏子再治阿而见信景公任以国政第四 …………………… 179
景公恶故人晏子退国乱复召晏子第五 …………………… 181
齐饥晏子因路寝之役以振民第六 ………………………… 182
景公欲堕东门之堤晏子谓不可变古第七 ………………… 183
景公怜饥者晏子称治国之本以长其意第八 ……………… 184
景公探雀鷇鷇弱反之晏子称长幼以贺第九 ……………… 185
景公睹乞儿于途晏子讽公使养第十 ……………………… 186
景公惭刖跪之辱不朝晏子称直请赏之第十一 …………… 187
景公夜从晏子饮晏子称不敢与第十二 …………………… 188

景公使进食与裔晏子对以社稷臣第十三 …… 190
晏子饮景公止家老敛欲与民共乐第十四 …… 191
晏子饮景公酒公呼具火晏子称诗以辞第十五 …… 192
晋欲攻齐使人往观晏子以礼侍而折其谋第十六 …… 193
景公问东门无泽年穀而对以冰晏子请罢伐鲁第十七 …… 195
景公使晏子予鲁地而鲁使不尽受第十八 …… 196
景公游纪得金壶中书晏子因以讽之第十九 …… 198
景公贤鲁昭公去国而自悔晏子谓无及已第二十 …… 199
景公使鲁有事已仲尼以为知礼第二十一 …… 200
晏子之鲁进食有豚亡二肩不求其人第二十二 …… 202
曾子将行晏子送之而赠以善言第二十三 …… 203
晏子之晋睹齐累越石父解左骖赎之与归第二十四 …… 204
晏子之御感妻言而自抑损晏子荐以为大夫第二十五 …… 207
泯子午见晏子晏子恨不尽其意第二十六 …… 208
晏子乞北郭骚米以养母骚杀身以明晏子之贤第二十七 …… 209
景公欲见高纠晏子辞以禄仕之臣第二十八 …… 211
高纠治晏子家不得其俗乃逐之第二十九 …… 212
晏子居丧逊畣家老仲尼善之第三十 …… 213

晏子春秋·卷第六
内篇杂下第六

灵公禁妇人为丈夫饰不止晏子请先内勿服第一 …… 215
齐人好縠击晏子给以不祥而禁之第二 …… 216
景公瞢五丈夫称无辜晏子知其冤第三 …… 217
柏常骞禳枭死将为景公请寿晏子识其妄第四 …… 218
景公成柏寝而师开言室夕晏子辨其所以然第五 …… 221
景公病水梦与日斗晏子教占梦者以对第六 …… 222
景公病疽晏子抚而对之乃知群臣之野第七 …… 224
晏子使吴吴王命傧者称天子晏子详惑第八 …… 225
晏子使楚楚为小门晏子称使狗国者入狗门第九 …… 226
楚王欲辱晏子指盗者为齐人晏子对以橘第十 …… 227
楚王飨晏子进橘置削晏子不剖而食第十一 …… 228

晏子布衣栈车而朝陈桓子侍景公饮酒请浮之第十二 …… 229
田无宇请求四方之学士晏子谓君子难得第十三 …… 231
田无宇胜栾氏高氏欲分其家晏子使致之公第十四 …… 233
子尾疑晏子不受庆氏之邑晏子谓足欲则亡第十五 …… 234
晏公禄晏子平阴与槀邑晏子愿行三言以辞第十六 …… 236
梁丘据言晏子食肉不足景公割地将封晏子辞第十七 …… 237
景公以晏子食不足致千金而晏子固不受第十八 …… 238
景公以晏子衣食弊薄使田无宇致封邑晏子辞第十九 …… 240
田桓子疑晏子何以辞邑晏子答以君子之事也第二十 …… 241
景公欲更晏子宅晏子辞以近市得求讽公省刑第二十一 …… 241
景公毁晏子邻以益其宅晏子因陈桓子以辞第二十二 …… 243
景公欲为晏子筑室于宫内晏子称是以远之而辞
　　第二十三 …… 244
景公以晏子妻老且恶欲内爱女晏子再拜以辞第二十四 …… 244
景公以晏子乘弊车驽马使梁丘据遗之三返不受
　　第二十五 …… 245
景公睹晏子之食菲薄而嗟其贫晏子称其参士之食
　　第二十六 …… 247
梁丘据自患不及晏子晏子勉据以常为常行第二十七 …… 247
晏子老辞邑景公不许致车一乘而后止第二十八 …… 248
晏子病将死妻问所欲言云毋变尔俗第二十九 …… 250
晏子病将死凿楹纳书命子壮示之第三十 …… 250

晏子春秋·卷第七

外篇第七

景公饮酒命晏子去礼晏子谏第一 …… 252
景公置酒泰山四望而泣晏子谏第二 …… 254
景公瞢见彗星使人占之晏子谏第三 …… 256
景公问古而无死其乐若何晏子谏第四 …… 256
景公谓梁丘据与己和晏子谏第五 …… 257
景公使祝史禳彗星晏子谏第六 …… 259
景公有疾梁丘据裔款请诛祝史晏子谏第七 …… 260

景公见道殣自惭无德晏子谏第八 …………………… 264
景公欲诛断所爱槐者晏子谏第九 …………………… 265
景公坐路寝曰谁将有此晏子谏第十 ………………… 266
景公台成盆成适愿合葬其母晏子谏而许第十一 …… 268
景公筑长庲台晏子舞而谏第十二 …………………… 271
景公使烛邹主鸟而亡之公怒将加诛晏子谏第十三 … 272
景公问治国之患晏子对以佞人谗夫在君侧第十四 … 273
景公问后世孰将践有齐者晏子对以田氏第十五 …… 274
晏子使吴吴王问君子之行晏子对以不与乱国俱灭
　　第十六 …………………………………………… 277
吴王问齐君僈暴吾子何容焉晏子对以岂能以道食人
　　第十七 …………………………………………… 277
司马子期问有不干君不恤民取名者乎晏子对以不仁也
　　第十八 …………………………………………… 278
高子问子事灵公庄公景公皆敬子晏子对以一心第十九 … 279
晏子再治东阿上计景公迎贺晏子辞第二十 ………… 280
太卜绐景公能动地晏子知其妄使卜自晓公第二十一 … 282
有献书谮晏子退耕而国不治复召晏子第二十二 …… 283
晏子使高纠治家三年而未尝弼过逐之第二十三 …… 284
景公称桓公之封管仲益晏子邑辞不受第二十四 …… 285
景公使梁丘据致千金之裘晏子固辞不受第二十五 … 286
晏子衣鹿裘以朝景公嗟其贫晏子称有饰第二十六 … 286
仲尼称晏子行补三君而不有果君子也第二十七 …… 287

晏子春秋·卷第八

外篇第八

仲尼见景公景公欲封之晏子以为不可第一 ………… 289
景公上路寝闻哭声问梁丘据晏子对第二 …………… 291
仲尼见景公景公曰先生奚不见寡人宰乎第三 ……… 293
仲尼之齐见景公而不见晏子子贡致问第四 ………… 294
景公出田顾问晏子若人之众有孔子乎第五 ………… 296
仲尼相鲁景公患之晏子对以勿忧第六 ……………… 297

景公问有臣有兄弟而强足恃乎晏子对不足恃第七 …………… 298
景公游牛山少乐请晏子一愿第八 ……………………………… 298
景公为大钟晏子与仲尼柏常骞知将毁第九 …………………… 299
田无宇非晏子有老妻晏子对以去老谓之乱第十 ……………… 300
工女欲入身于晏子晏子辞不受第十一 ………………………… 301
景公欲诛羽人晏子以为法不宜杀第十二 ……………………… 302
景公谓晏子东海之中有水而赤晏子详对第十三 ……………… 303
景公问天下有极大极细晏子对第十四 ………………………… 303
庄公图莒国人扰绐以晏子在乃止第十五 ……………………… 304
晏子死景公驰往哭哀毕而去第十六 …………………………… 305
晏子死景公哭之称莫复陈告吾过第十七 ……………………… 306
晏子没左右谀弦章谏景公赐之鱼第十八 ……………………… 307

前　言

　　《晏子春秋》是一部记叙齐国晏子的思想言行、反映晏子政治主张的古代文学名著。

　　晏子（？—公元前500年），名婴，字平仲，夷维（今山东高密）人，春秋末期齐国大夫。晏子自称"婴则齐之世民也"，说明他家并非望族，直到其父晏弱（桓子）时，才为齐卿，事灵公。齐灵公二十六年（公元前556年），晏弱死，晏子继任为齐卿。两年后，灵公死，庄公即位，晏子又事庄公，庄公死后又事景公，前后历事三君五十余年，其中辅佐景公的时间最长，达四十余年，所以《晏子春秋》记载的事情主要是发生在景公时期。

　　公元前770年，周平王东迁，我国古代社会进入了一个大动荡、大变革的时期——春秋、战国时期。当时周王朝急剧衰落，诸侯纷争，各霸一方。晏子之前，曾先后出现过齐桓公、秦穆公、晋文公称霸，各诸侯之间的兼并战争此起彼伏，孔子曾说："春秋无义战"，这反映了当时征战不断，百姓受苦的社会现实。在那种弱肉强食、大国加兵、小国逃命的情况下，各诸侯国都希望得到能人治国，一为保身，二为图霸，晏子就是生活在这样的历史时代。

　　齐国原来是一个大国，齐桓公时，因任用管仲为相，励精图治，使齐国很快强大起来，因而成了诸侯的霸主。桓公之后，经历了孝公、昭公、懿公、惠公、顷公，国力已逐步衰弱，齐灵公之时，已只能自守而已，景公时更是江河日下，危机四伏，晏子就是在这种情况下出任齐国丞相。晏子从当时的历史背景、齐国国情出发，制定了保国安民的施政方针。他深深懂得民心背向是国家兴衰的根本，内外安定才能足兵足食，国力强盛。所以他主张外结诸侯，和睦相处，反对侵伐；对内，则主张轻徭薄赋，节俭、薄葬，省刑爱民，他提倡礼治，反对悖礼的行为，他提倡举贤授能，反对谗谀之人，他把邪佞小人比为"社鼠猛狗"，斥为治国之患。晏子的这些主张，在当时无疑有其进步意义，但齐国之君，一向骄奢淫佚，不可能完全听从晏子。晏子在灵公时，刚刚继任父职，灵公不可能一下子就信任他，还未显露才华，灵公就死了。庄公是一个"不安静处，乐节饮食，不好钟鼓，好兵作武"、"奋乎勇力，不顾于行义"的骄横之君，根本听不进晏子的规谏，后来发展到"晏子坐地讼公"的地步，最后被庄公赶出朝廷，晏子辞官不久，齐国便发生了崔庆之乱，庄公被崔杼所弑，齐国国势更弱了。

景公即位后，不能不吸取崔杼弑君的教训，在政治上进行一定的改良，因此他当政初期，信任晏子，委以国政，而且也乐于接受晏子规谏，使齐国形势出现了转机。然而奴隶主贵族嗜欲成性，一但国内稍安，他们便荒淫奢侈起来，齐景公就是一个典型例子。他荒淫无度，为了饮酒，他可以连续七天不设朝问事，可以一醉三日不醒；为了享乐，他横征暴敛，大兴土木，筑高台，建宫室，耗尽民力财力，百姓若反抗，重则处死，轻则砍脚；为了自己的玩好，他可以因一匹马、一棵树、一只鸟、一根竹而杀人。对于景公的倒行逆施，晏子不断直言劝谏，使其稍为收敛，但是齐国的振兴比登天还难，晏子纵有管仲之才，也只能延缓齐国灭亡的时间，不可能有更大的作为。

《晏子春秋》作为纪实性的文学名著，有血有肉的塑造了不少历史人物，同时保存了许多有价值的史料，为我们研究春秋时期的历史尤其是齐国的历史提供了很多便利。高亨先生说："这部接近历史小说的《晏子春秋》，反映了一些儒家思想；揭露并批判了齐国腐朽贵族的丑恶和政治的黑暗；描写了人民所受到统治者的惨重剥削，残酷迫害和艰难的生活；尤其是塑造了晏婴同情人民、反对暴政、效忠齐国、坚持正义、敬礼贤士、生活朴素、态度谦虚、智慧充溢、谈辩锋利的政治家形象。这部书在较多方面表达了人民的愿望，有较强的进步倾向；同时也有落后成分和局限性。"我认为高亨先生的评价是公允的。

有的研究者说：《晏子春秋》是我国第一部短篇小说集。这种说法也是有道理的。这部书共为八篇二百十五章，每章都写了一个完整的故事，有人物描写、环境烘托、故事情节，还有不少章节写了矛盾的冲突，很吸引人。这部书刻画人物多用人物对话来突出人物的性格特征与心理活动，我们只听对话，就如见其人。请看下边这个故事：

景公饮酒，夜移于晏子，前驱款门曰："君至！"晏子被元端，立于门曰:"诸侯得微有故乎?国家得微有事乎?君何为非时而夜辱?"公曰:"酒醴之味,金石之声,愿与夫子乐之。"晏子对曰:"夫布荐席,陈簠簋者,有人,臣不敢与焉。"

公曰:"移于司马穰苴之家。"前驱款门曰:"君至!"穰苴介胄操戈立于门曰:"诸侯得微有兵乎?大臣得微有叛者乎?君何为非时而夜辱?"公曰:"酒醴之味,金石之声,愿与将军乐之。"穰苴对曰:"夫布荐席,陈簠簋者,有人,臣不敢与焉。"

公曰:"移于梁丘据之家。"前驱款门,曰:"君至!"梁丘据左操瑟,右挈竽,行歌而出。公曰:"乐哉!今夕吾饮也。"

这个故事不到三百字,却生动地刻画了四个鲜明的形象:齐景公嗜酒成性,挥霍无度,深更半夜还在饮酒作乐,独自饮酒觉得无味,出宫来找大臣陪他饮酒,找一个不行又找第二个,第二个不行又找第三个,这就把齐景公荒淫无道的形象刻画得入木三分,跃然纸上。

再看晏子,当他听到前驱款门曰:"君至!"之后,首先想到的是国君深夜来找,一定是国家出现了不测之事,所以他穿好朝服,立于门外等候国君。"被元端、立于门"六个字,写出了晏子即使在紧急情况下,也不失礼,表现了他作为百官之首的丞相那种从容不迫的特征,而他的问话首先就是:"诸侯得微有故乎?国家得微有事乎?"这两句话,不仅写出了晏子的身份,也写出了他的内心活动。作为丞相,他时时考虑的是国家安危而不是别的,当他听了景公说明来意之后,不怕景公恼怒,竟然回答说:"给您安坐席、摆酒器的有人,我不能和您饮酒作乐。"晏子这个以国事为重,敢于直言犯上的大臣形象便栩栩如生地出现在我们面前。司马穰苴也与晏子一样,所不同的是,他听到国君夜访的消息后,立即披甲操戈立于门外,所问的话是:"诸侯是否加兵于我国?大臣中是否有叛乱的?"同样是大臣,晏子与穰苴的职责不同,他们的动作与问话就不一样。

再看梁丘据,他听到"君至"后,左手操瑟,右手拿笙,边走边哼着歌来迎景公,一个献媚的佞臣形象就活生生地出现在读者面前。类似这样的精彩篇章,比比皆是。例如"晏子使楚"、"晏子使吴"、"晏子使晋",与这些国家国君的对话,都是极为精彩的。下面再看晏子劝谏景公罢长庲之役的一个故事:

> 晏公筑长庲之台，晏子侍坐。觞三行，晏子起舞曰："岁已暮矣，而禾不获，忽忽矣若之何？岁已寒矣，而役不罢，惵惵矣如之何！"舞三，而涕下沾襟。

这七十来字，写景公为了满足自己的私欲，不顾农时，征集大批人役为自己修筑长庲之台，晏子迫于无奈，在景公饮酒之时，为他起舞，用唱歌的办法，规谏景公。晏子声泪俱下，反复歌唱："年关已到了，庄稼还未收割，忧愁啊此事怎么办？寒冬已到了，工役不停止，忧愁啊此事怎么办？"听了晏子的歌，看见他那老泪纵横的样子，谁不为之动容，晏子那忧国忧民的内心活动便从他的歌词中表现出来。没有高超的艺术手法是难以达到这样的艺术效果的。所以《晏子春秋》的写作技巧值得我们借鉴。

《晏子春秋》不同于别的短篇小说的突出之点，在于整部书都是以晏子为中心，全书二百十五章，写了晏子一生的活动，而书中所写的事情有的虽采自民间传说，不无夸张虚构，而多数是有充分的史料根据的，所以《四库全书总目提要》把它列为史部传记类。

关于《晏子春秋》的成书时间和作者问题历来众说纷纭，未有确论。归纳起来，有五种说法。《汉书·艺文志·诸子略》云："《晏子》八篇。"班固自注："名婴，谥平仲，相齐景公。孔子称，善与人交。有列传。"《隋书·经籍志·子部》云："《晏子春秋》七卷，齐大夫晏婴撰。"《唐书·经籍志·子部》云："《晏子春秋》七卷，晏婴撰。"可见，从汉代至唐，一直把此书的作者定为晏婴，其成书时间自然也认为在春秋末期了。这是第一种说法。

唐代柳宗元对史书的记载表示怀疑，他在《河东集》卷四中说：

> 司马迁读《晏子春秋》，高之，而莫知其所以为书。或曰：晏子为之而人接焉。或曰：晏子之后为之。皆非也。吾疑其墨子之徒有齐人者为之。墨好俭，晏子以俭名于世，故墨子之徒尊著其事以增高为己术者。且其旨多尚同、兼爱、非乐、节用、非厚葬久丧者，是皆出墨子，又非孔子，好言鬼事，非儒，明鬼又出墨子，其言问枣及古冶子等尤怪诞，又往往言墨子闻其道而称之，此甚显明者。自刘向、歆，班彪、固父子，皆录之"儒家"中，甚矣！数子之不详也。

在这一段话里,柳宗元否定《晏子春秋》为晏婴或晏婴之后所作,明确提出"吾疑其墨子之徒有齐人者为之",其理由已在他的文章中说得十分明白,但对该书的写作时间未述及。

第三种意见认为:《晏子春秋》的写作时间是战国时期,作者可能就是齐国人或久居齐国的人。高亨先生的《〈晏子春秋〉的写作年代》一文,是这种观点的代表,他通过大量论述,得出的结论是:

《晏子》作于战国时代,但是《晏子》经过秦火的摧残,是刘向所校编,后人又辗转抄写,其中杂有后人增添的语句甚至章节,乃属应有现象……这部书所记故事,有真的史实,也有夸大和虚构,性质接近历史小说,作者当是齐国人或久住齐国的人。当时齐国有自己的史书,而民间和士大夫间有许多关于晏婴的传说。作者大概是根据传说及史书而写成的。

第四种意见认为《晏子春秋》可能写于秦始皇统一中国之后。吴则虞先生在他的《晏子春秋集释·序言》中说:"《晏子春秋》的成书,极有可能就是淳于越之类的齐人,在秦国编写的。"他对自己的观点也作了充分的论述。

第五种观点认为是六朝人的伪作。吴德旋先生在《初月楼文钞》卷一中说:"《晏子春秋》非晏子所作,柳子之辨审矣,而其说犹有未尽。吾疑是书盖晚出,非太史公、刘向所见本,太史公、刘向所见之《晏子春秋》,不知何时亡失之,而六朝人好作伪者依放为之耳。"

从以上列举的五种情况看,《晏子春秋》的作者是谁,仍是个谜。《晏子春秋》的作者不是晏婴已成定论,因为此书中记载有晏子死后的事。

1972年4月,我国考古工作者在山东省临沂县银雀山一号汉墓中发掘出4900多枚竹简,其中整理出来的《晏子》共有102枚竹简,其内容分为十六章,无篇题,散见于今本八篇之中的十八章。骈宇骞先生亲自参加了银雀山汉墓竹简的整理工作,并将自己的整理成果写成《晏子春秋校释》一书,由书目文献出版社出版。这本书的出版,对过去争议中的一些问题给予了明确的回答。骈宇骞先生在该书的《序言》中说:

简本《晏子》的篇章分合与今本也不尽相同，如简本第十章，今本析为《内篇问上》之《景公问忠臣之行何如晏子对以不与君行邪第二十》和《景公问佞人之事君何如晏子对愚君所信也第二十一》两章；简本第十一章，今本析为《内篇问下》之《叔向问意孰为高行孰为厚晏子对以爱民乐民第二十二》和《叔向问嗇吝爱之于行何如晏子对以嗇者君子之道第二十三》两章。刘向《晏子》叙录云："定著八篇二百十五章"，今本亦八篇二百十五章，简本《晏子》仅存十六章，疑当系节选本。

……简本《晏子》出土于西汉武帝时期的墓葬中，六朝之说不攻自破。而且说明西汉初年，在当时比较僻远的临沂地区已有《晏子》一书的流传，足证《史记》记载当时"世多有之"是可信的。在印刷术尚未发明的西汉时期，书籍的传播多靠简帛的抄写与口授，抄书难，流传更难，从成书到得以流传都需要相当长的时间，再传到文化不太发达的僻远山区，在时间上则会更长一些。从《史记》的记载和简本《晏子》的重新问世，足以说明《晏子春秋》的成书年代最晚不会晚于秦统一六国，从书中的内容及书中的语言用字来看，很可能还会更早一些。

我个人认为：高亨先生的成书于战国，作者可能就是齐国人或久居齐国的人的说法较为可信。但此书的第七卷、第八卷的内容与前边的六卷多有重复，只是人名、地名不同、叙事的用语稍异而已，说明此书的作者不止一人。

《晏子春秋》的版本现今尚存的有元刻本《晏子春秋》八卷（吴方山藏书），明成化间刻本八卷（怀仙楼藏），明活字本八卷，明抄本四卷，明緜眇阁刻本八卷等。现在流传于世的多系明緜眇阁刻本，把银雀山汉墓出土的十六章与明本有关章节对照，内容大体一致，只是文字有一定出入，这说明明刻本《晏子春秋》就是刘向校编时所见到的《晏子春秋》，不过在流传过程中，可能出现错简，在传抄、翻刻过程中，又出现错漏，使得今本《晏子春秋》有的地方显得语义不明。骈宇骞先生说："古书传抄日久，讹舛必然日益增多，或夺一字而事实全乖，或衍一文而意义尽失，误夺误衍都会造成很多方面的混乱，有时直接影响到读者对文义的理解。"今本《晏子春秋》就存在这个问题。

吴则虞先生对《晏子春秋》进行了广泛的研究，他依据自己的研究成果撰成《晏子春秋集释》，由中华书局正式出版，这是迄今为止，最好的版本。

我的这本《晏子春秋全译》是在前人研究的基础上进行的，有的注释采用了前人和当代学者的研究成果，在此谨表谢意。

《晏子春秋全译》的原文以吴则虞先生的《晏子春秋集释》（中华书局1982年5月版）作底本，在译注过程中参考了张纯一著的《晏子春秋校注》，同时以骈宇骞先生整理出来的银雀山汉墓出土《晏子》十六章对校吴本的有关章节，其不同的地方均在注释中反映出来。

《晏子春秋全译》的译文以直译为主，个别地方采用意译。有的语句或因脱简、或因传抄、翻刻造成错漏，极为费解，只能根据上下文揣测并按自己的理解译出来。由于本人水平所限，注释、译文中难免有不妥甚至错误的地方，恳望专家学者批评指正，不胜感激。

李万寿
1991年11月30日于北京

晏子春秋·卷第一

内篇谏上第一①

庄公矜勇力不顾行义晏子谏第一

【原文】

庄公奋乎勇力②,不顾于行义③。勇力之士,无忌于国④。贵戚不荐善⑤,逼迩不引过⑥,故晏子见公。公曰:"古者亦有徒以勇力立于世者乎⑦?"晏子对曰:"婴闻之,轻死以行礼谓之勇⑧,诛暴不避强谓之力⑨。故勇力之立也,以行其礼义也⑩。汤、武用兵而不为逆⑪,并国而不为贪⑫,仁义之理也。诛暴不避强,替罪不避众⑬,勇力之行也。古之为勇者,行礼义也。今上无仁义之理,下无替罪诛暴之行⑭,而徒以勇力立于世,则诸侯行之以国危,匹夫行之以家残⑮。昔夏之衰也,有推侈、大戏⑯;殷之衰也,有费仲、恶来⑰。足走千里,手裂兕虎⑱,任之,以力凌轹天下⑲,威戮无罪⑳。崇尚勇力㉑,不顾义理,是以桀纣以灭,殷夏以衰。今公自奋乎勇力,不顾乎行义,勇力之士,无忌于国。身立威强,行本淫暴,贵戚不荐善,逼迩不引过。反圣王之德而循灭君之行㉒,用此存者,婴未闻有也。"

【注释】

①庄公:春秋末期齐国国君。姜姓,名光。齐灵公之子。公元前553—公元

前548年在位。执政期间,荒淫无道,曾与齐大臣崔杼之妻私通,被崔杼弑杀。矜,尚也,崇尚;又矜,夸也,自伐也,两义均通。

②奋:夸耀。《荀子·子道篇》:"孔子曰:'志之,吾语女。奋于言者华,奋于行者伐。'"杨倞注:"奋,振矜也。"

③不顾于行义:不闻问遵行礼义。顾,问也。行义,推行礼义。"行义",一本作"仁义"。

④"勇力"二句:谓勇猛有力的人,不把国家的法令制度放在心里,无所顾忌,为所欲为。

⑤"贵戚"句:谓王室亲族不进忠善之言。贵戚,指同姓之卿。

⑥"逼迩"句:谓君王身边的近臣见国君有过恶而不规谏。逼迩,指国君身边的近臣。引过,指出过失,即进谏。

⑦徒:只,仅仅。

⑧轻死以行礼谓之勇:看轻生死而遵行礼的才称得上勇。轻死,以死为轻。礼,泛指奴隶社会或封建社会的道德规范。《礼·乐记》:"礼也者,理之不可易者也。"

⑨诛暴不避强谓之力:诛灭凶暴不避强悍,才称得上有力。力,指威力、力量。

⑩以行其礼义:这句的意思是:用它来推行礼义。

⑪汤武:指商朝的开国君主成汤和西周的开国君主武王。汤,又称商汤、成汤,原是商部族的领袖,后来任用伊尹辅佐,逐渐强大,最后灭掉夏,建立商朝。武,即周武王,姬姓,名发,他在吕尚的辅佐下,灭掉商朝,建立了周朝。用兵而不为逆:指成汤兴兵讨伐夏桀、武王除掉商纣都是正义战胜邪恶的义举,不能看作以臣犯君的忤逆行为。

⑫并国:吞并他国。

⑬替罪:消灭罪恶。《尔雅·释言》:"替,灭也。"《国语·晋语三》:"君之冢嗣其替乎。"韦注"替,灭也。"

⑭"上无仁义之理"二句:国君没有推行仁义的美德。上,指国君;臣下没有消灭罪恶、诛灭凶暴的美行。下,指臣子。

⑮"匹夫"句:谓寻常人以勇力立于世,就会导致家破。案:于鬯《香草校书》云:"'家残'字,则'匹夫'盖当作'大夫'。《小戴·曲礼记》郑康成注:'大夫称家。'"亦通。

⑯夏:指我国历史上第一个王朝,相传为夏后氏部落领袖禹之子启所建立的奴隶制国家,共传十三代、十六王(约当公元前21世纪至公元前16世纪),至夏桀,被商汤所灭。推侈、大戏:人名。夏桀时的勇力之士。《墨子·明鬼下》:"故昔夏王桀,贵为天子,富有天下,有勇力之人,推哆大戏,生列兕虎,指寡杀人。"

⑰殷:我国历史上的第二个奴隶制王朝。约当公元前16世纪至公元前11世

纪。商汤灭夏建立商朝,共传十七代、三十一王,至纣王,被周武王攻灭。费仲、恶来:人名。殷纣王时的力士。《墨子·明鬼下》:"故昔者殷王纣贵为天子,富有天下,有勇力之人费中、恶来、崇侯虎,指画杀人。"费中,《太平御览》引作"费仲"。

⑱兕(sì 四)虎:兕,雌性犀牛;虎,此指乳虎,在哺乳中的雌虎。此二者均极凶猛。

⑲凌轹(lì 力):欺压。《韩诗外传六》:"凌轹无罪之民,而成威于间巷之间者。"

⑳威戮无罪:乱施淫威,杀戮无辜之人。

㉑崇尚勇力:推崇提倡勇力。一本作"专行威力"。

㉒"反圣王"句:意思是违反圣王的德行而顺着自取灭亡的路行事。圣王,指尧、舜、禹、商汤、周武王等。循,顺着。

【今译】

齐庄公夸耀勇猛有力之士,却不闻问推行礼义。凭借勇力得志的人,对国家的法令制度毫无顾忌。王室亲族不敢上陈善言,亲近的臣子也不敢进谏,所以晏子见庄公。庄公问晏子说:"古时候有仅凭勇力在世上立身的人吗?"晏子回答说:"我听说,为了遵行礼义而把生死看得很轻的人才叫有勇,诛灭凶暴而不畏强悍的人才叫有力。所以,"勇"和"力"的树立,是为了推行礼义。商汤、周武王兴兵伐罪不是忤逆行为,吞并了暴君的国土不是贪心,因为这符合仁义的原则。诛灭恶人不畏惧强暴,消灭罪恶不害怕势众,这就是智勇有力的行为。古代智勇有力的人,遵循的是礼义。现在国君没有推行仁义的美德,臣下没有消灭罪恶诛灭凶暴的行为,而仅仅凭勇猛有力立身于世上,那么,诸侯这样做就会国危,大夫这样做就会家破。过去夏朝衰落时,有推侈、大戏;殷朝衰落时有费仲、恶来。这些人脚能跑千里,手能撕裂猛兽。任用他们,他们就凭借勇力欺压天下之人,乱施淫威杀害无辜的百姓。推崇倡导勇力,不顾及仁义道德,所以夏桀、商纣因此灭亡,夏朝、商朝因此衰败。现在君王夸耀勇力,不顾及推行仁义,勇猛有力的人,对国家法令制度毫无顾忌,立身朝廷威望日盛,行为却荒淫残暴。王室亲族有忠言不敢上陈,亲近的臣子见过恶不敢劝谏,违反圣王垂训的德政而依照亡国之君的行为,用这种行为去求得国家永存的,我没有听说过。"

景公饮酒酣愿诸大夫无为礼晏子谏第二①

【原文】

　　景公饮酒酣，曰："今日愿与诸大夫为乐饮，请无为礼②。"晏子蹴然改容③曰："君之言过矣④！群臣固欲君之无礼也。力多足以胜其长，勇多足以弑君⑤，而礼不使也⑥。禽兽以力为政⑦，强者犯弱，故日易主。今君去礼，则是禽兽也。群臣以力为政，强者犯弱，而日易主，君将安立矣？凡人之所以贵于禽兽者，以有礼也，故《诗》曰：'人而无礼，胡不遄死。'⑧礼不可无也。"公湎而不听⑨。少间，公出，晏子不起；公入，不起，交举则先饮⑩。公怒色变，抑手疾视⑪，曰："向者夫子之教寡人⑫，无礼之不可也。寡人出入不起，交举则先饮，礼也？"晏子避席⑬，再拜稽首而请曰⑭："婴敢与君言而忘之乎？臣以致无礼之实也⑮。君若欲无礼，此是已。"公曰："若是，孤之罪也。夫子就席，寡人闻命矣⑯。"觞三行⑰，遂罢酒。盖是后也，饬法修礼⑱，以治国政，而百姓肃也⑲。

注释

①景公：春秋时齐国国君，名杵臼，齐庄公异母弟。公元前547—公元前490年在位。崔杼弑庄公后，立他为君。在位期间，残酷剥削，大兴酷刑，许多人惨遭刖足之刑。酒酣：酒喝得很畅快。

②无为礼：不要拘执于礼节。

③蹴(cù 促)然改容：惊悚不安地变了脸色。蹴然，惊悚不安貌。

④过，过失，错误。

⑤"力多"二句：力大的人足以凭勇力克制长者，勇猛的人足以凭勇猛刺杀国君。

⑥而礼不使也：刘师培《补释》云："案：'使'当作'便'。'便'、'使'二字因字形相近而讹。"此说是。译文从刘说。此句的意思是力大欺上，勇盛弑君，不利于以礼治国。

⑦"禽兽"句：禽兽是凭强力来争当为王的。政，主事者，这里作首领解。

⑧"人而"二句：语见《诗经·鄘风·相鼠》。意思是人如果不知礼义，不如快点死去。遄(chuán 船)，急速。

⑨湎:俞樾《诸子平议》曰:"湎疑偭字之误。《离骚》:'偭规矩而改错。'王逸注曰:'偭,背也。'公闻晏子之言而不乐,故背之而不听。"偭,背向。

⑩交举:相互举杯饮酒。

⑪抑手疾视:手按桌子,瞋目相视。抑,按也。

⑫向者:过去,以往。

⑬避席:离开座位。

⑭稽首:古时一种跪拜礼,叩头到地,是九拜中最为恭敬者。

⑮无礼之实:没有礼仪的结果。

⑯若是:王念孙案:"'若',当为'善'。"这里指齐景公赞许晏子说得对。闻命:听命。这里是听从劝谏。

⑰觞三行:举杯三次。《礼记·玉藻》:"君若赐之爵,则越席再拜稽首受……礼已三爵而油油,以退。"《春秋左氏传》云:"侍君宴过三爵,非礼也。"

⑱饬法修礼:整顿法度,修明礼治。

⑲肃:恭敬有礼。

【今译】

齐景公与臣子饮酒到极高兴时说:"今天我要和各位大夫痛快地饮酒,请大家不要拘束礼节。"晏子神色不安面容严肃地说:"君王的话错了。所有臣子固然希望君王不讲礼节。力气大的足够以力大欺凌长辈,勇猛的足够以勇猛刺杀他的国君,而礼治就不便于执行了。禽兽就是以强的为首领,强的侵犯弱的,所以每天都在改换首领。现在君王丢开礼法,就是和禽兽一样了。群臣凭借勇力来管理朝政,强大的侵凌弱小的,而每天更换君主,国君将置身于何处呢?人之所以比禽兽高贵,是因为讲礼仪,所以《诗经》说:'人如果没有礼仪,何不快点死去。'礼不可以没有呀。"景公背开身子而不听晏子的话。过一会儿,景公出去,晏子不站起来;景公回来,晏子也不起立,相互举杯晏子则先景公而饮。景公怒色满面,手按桌子瞋目看着晏子,说:"以往先生告诉我,人不可没有礼节。我出去进来你不起立致意,相互举杯,你却先饮,这合乎礼吗?"晏子站起来离开座席,再次叩首跪拜而恭敬地说:"我哪里敢把和君王说的话忘记呢?我只是用这种作法来表达没有礼的结果。君王如果希望不要礼法,这就是了。"景公说:"说得对,这是我的罪过了,先生请入座,我听从你的劝告了。"君臣举杯三次,就结束酒宴。从这以后,景公便整治法度,修明礼治,以此治理国家,百姓也恭敬有礼了。

景公饮酒酲三日而后发晏子谏第三

【原文】

　　景公饮酒酲①，三日而后发②。晏子见曰："君病酒乎③？"公曰："然④。"晏子曰⑤："古之饮酒也⑥，足以通气合好而已矣⑦。故男不群乐以妨事，女不群乐以妨功⑧。男女群乐者，周觞五献⑨，过之者诛⑩。君身服之⑪，故外无怨治，内无乱行⑫。今一日饮酒而三日寝之⑬，国治怨乎外，左右乱乎内。以刑罚自防者，劝乎为非⑭；以赏誉自劝者，惰乎为善⑮；上离德行，民轻赏罚，失所以为国矣，愿君节之也！"

注释

①酲：酒醒后所感觉的疲惫状态，这里作醉酒解。
②发：起。醉醒后起来。
③病酒：醉酒。即上文所说的"酲"。《诗·小雅·节南山》："忧心如酲。"毛传："病酒曰酲。"孔颖达疏："醉得觉，而以酒为病，故云病酒。"
④然：山东省临沂银雀山汉墓出土竹简《晏子春秋》"然"字下有"□三日而后发"六字。
⑤晏子曰：汉墓竹简作"晏子合曰"，"合"，当读为"答"。
⑥饮酒：汉墓竹简作"歓酒"，"歓"，骈宇骞云："为'饮'之古体。"
⑦通气合好：疏通气血，合好精神。按：中医学观点，人的生命，全靠精、气、血三种物质的正常运行，气血运行受阻，则病。民间认为，适量饮酒，可疏通气血。"通气"，汉墓竹简作"道□"，"道"下一字残缺。
⑧"故男"二句：谓男或女均不几人在一起娱乐，以免耽误农耕、女织。群乐，数人在一起取乐，这里指饮酒作乐。
⑨周觞五献：相互敬酒遍饮五次。觞，古代酒器，文中指饮酒。周，俞樾云："《小尔雅·广言》周，匝也'，盖觞各五献一匝而止，故曰：'周觞五献。'"
⑩过之者诛：汉墓竹简作"过者死"。
⑪服：躬行。
⑫"故外"二句：汉墓竹简作"故上无怨治，下□□□□"。"下"字下残缺四字。"怨治"，刘师培《补释》云："怨，当作蕴"。"蕴"，即丛脞之意。
⑬"今一"句：汉墓竹简作"□一日饮酒，三日帣之"，无"而"字。"帣"，读为

"寝"。

⑭"以刑"二句:意思是惧怕刑罚的人因刑罚的疏漏松弛而肆意为非作歹。劝:力。

⑮"以赏"二句:意思是以赏赐、荣誉为追求目的的人,就不会干善事。自劝,自己尽力追求。

【今译】

齐景公饮酒大醉,三天后才起来。晏子去拜见齐景公说:"君王醉酒了吗?"景公说:"是。"晏子说:"古时候的人饮酒,足够用来疏通气血调和精神就停止了。所以男子不聚众作乐以免妨碍本业,女子不聚众作乐以免妨碍女工。男人、女子在一起饮酒取乐,也以相互敬酒遍饮五次为限,超过限度的就会受到斥责。君王自身躬行这个礼节,所以朝廷之外没有积小而坏大的政事,朝廷之内没有昏乱的行为。现在饮酒一天而醉卧三天,国家的政事遭到外边怨恶,君王左右的人又在内部作乱。因惧刑罚而身自防范的人,就肆意为非作歹,以赏赐、荣誉作为尽力追求的人,也就懒于做善事;君王离开了德行,百姓轻视赏罚,这便丢掉了所用来治国的东西了。恳望君王节制饮酒。"

景公饮酒七日不纳弦章之言晏子谏第四

【原文】

景公饮酒,七日七夜不止。弦章谏曰①:"君欲饮酒七日七夜②,章愿君废酒也③!不然,章赐死。"晏子入见,公曰:"章谏吾曰:'愿君之废酒也!不然,章赐死。'如是而听之,则臣为制也④;不听,又爱其死⑤。"晏子曰:"幸矣,章遇君也!令章遇桀纣者⑥,章死久矣。"于是公遂废酒。

【注释】

①弦章:齐景公时大臣,生卒年月不详。事景公,善于讽谏。景公伐宋,曾登高叹息说:"现在没有管仲这样的臣子。"弦章回答说:"我听说,水域广阔鱼就长得大,君王圣明臣子就忠诚。假如现在桓公还在,那他的车下一定会有管仲。"

②君欲饮酒:王念孙云:"'饮酒'上不当有'欲'字。"文廷式云:"'欲'字上夺

'从'字。"译文从文廷式说。意思是君王纵欲饮酒。

③废酒:废弃饮酒。这里意戒酗酒。

④臣为制:受制于臣。

⑤爱其死:可惜他的死,即舍不得他死。

⑥桀纣:历史上的两个暴君。桀,夏朝的最末一个国君。纣,一作受,亦称帝辛,商朝最末一个国君。

【今译】

　　齐景公饮酒,饮了七天七夜还不停止。弦章劝谏说:"君王纵欲饮酒已经七天七夜,我恳望君王停止酗酒了,不然,就赐我死。"晏子进来拜见景公,景公说:"弦章劝谏我说:'希望君王停止饮酒,不然,就赐我死。'如果这样听从弦章的话而停止饮酒,那就是臣子制约君王了;不听他的话,又舍不得他死。"晏子说:"幸运啊,弦章遇上君王了!假若弦章遇上的是夏桀、商纣这样的暴君,弦章早就死了。"于是景公停止酗酒。

景公饮酒不恤天灾致能歌者晏子谏第五

【原文】

　　景公之时,霖雨十有七日①。公饮酒,日夜相继。晏子请发粟于民,三请,不见许。公命柏遽巡国②,致能歌者。晏子闻之,不说③,遂分家粟于氓④,致任器于陌⑤,徒行见公曰⑥:"十有七日矣,怀宝乡有数十⑦,饥氓里有数家,百姓老弱,冻寒不得短褐⑧,饥饿不得糟糠⑨,敝撤无走⑩,四顾无告,而君不恤,日夜饮酒,令国致乐不已,马食府粟,狗餍刍豢⑪,三保之妾⑫,俱足粱肉。狗马保妾⑬,不已厚乎?民氓百姓,不亦薄乎?故里穷而无告,无乐有上矣;饥饿而无告,无乐有君矣。婴奉数之筴⑭,以随百官之吏⑮,民饥饿穷约而无告,使上淫湎失本而不恤⑯,婴之罪大矣。"再拜稽首⑰,请身而去⑱,遂走而出。公从之,兼于途而不能逮⑲,令趣驾追晏子⑳,其家,不及。粟米尽于氓,任器存于陌,公驱及之康内㉑。公下车从晏子曰:"寡人有罪,夫子倍弃不援㉒,寡人不足以有约也㉓,夫子不顾社稷百姓乎?愿夫子之幸存寡人㉔,寡人请奉齐国之粟米财货,委之百姓㉕,多寡轻重,惟夫子之令。"遂拜于途。晏子乃返，命禀巡氓㉖，家有布缕之本而绝食者，使有终月之委㉗；绝本之家，使有期年之食㉘，无委积之氓㉙，与之薪橑㉚，使足以毕霖雨。命柏巡氓㉛，家室不能御者㉜，予之金；巡求氓寡用财乏者㉝，死三日而毕㉞，后者若不用令之罪。公出舍，损肉撤酒，马不食府粟，狗不食饣肉㉟，辟拂嗛齐㊱，酒徒减赐。三日，吏告毕上，贫氓万七千家，用粟九十七万钟㊲，薪橑万三千乘；怀宝二千七百家，用金三千。公然后就内退食，琴瑟不张，钟鼓不陈。晏子请左右与可令歌舞足以留思虞者㊳退之，辟拂三千，谢于下陈㊴，人待三，士待四，出之关外也㊵。

> **注释**
>
> ①霖雨:淫雨。《尔雅·释天》:"久雨谓之淫，淫谓之霖。"郭注:"雨三日以上为霖。"
>
> ②柏遽:人名，景公近臣。一说"柏"是官名，其职即古之常伯，犹汉代的侍中。"遽"，乃急遽之意。本书取前说。
>
> ③不说:不高兴。"说"通"悦"。
>
> ④家粟:大夫禄田所产之粟。家，大夫。氓:指百姓。
>
> ⑤任器:装载粮食的用具。
>
> ⑥徒行:步行。
>
> ⑦怀宝:王念孙云:"'怀宝'当为'坏室'。"译文从此说。后文"怀宝"亦是"坏室"之误。
>
> ⑧短褐:粗布短衣。
>
> ⑨糟糠:谷皮。
>
> ⑩敝撤:吴则虞云:"'敝'为'蹩'之假借，'撤'即'躠'字。"蹩躠，跛脚难行之貌。
>
> ⑪狗餍(yàn厌)刍豢:狗饱吃牛羊犬豕之肉。《玉篇》曰:"餍，饱也。"《月令》郑注:"养牛羊曰刍，犬豕曰豢。"
>
> ⑫三保之妾:后宫受宠之嫔妃。按"三保"，孙诒让云:"'三保'当作'三室'。"
>
> ⑬狗马保妾:猎狗、厩马和后宫妻妾。
>
> ⑭奉数之策:谓手持书写奏章之简策。筴，当为策。
>
> ⑮以随百官之吏:百官跟随之吏。意思是我作为百官跟随的宰相。
>
> ⑯淫湎失本:沉溺酒色，丢掉百姓。本，这里借指百姓。民为邦之本。
>
> ⑰再拜稽首:两次下跪，深深叩首。下跪头触地称稽首。
>
> ⑱请身而去:请求辞官离去。

⑲兼于途而不能逮：被泥泞之土阻于途因而追不上。兼，读为粘。逮，追上。
⑳趣驾：趋驾。意思是坐车去追赶晏子。"趣"通"趋"。
㉑康内：大路。《尔雅·释宫》："五达谓之康。"
㉒倍弃不援：背离而去，不援助。"倍"通"背"。
㉓不足以有约：不足以屈驾。约，屈也。《楚辞·招魂》："土伯九约。"王逸注："约，屈也。"
㉔幸存寡人：赐幸保存我。
㉕委之百姓：分给百姓。委，弃。这里作分给。
㉖命禀巡氓：命令禀去巡视民情。禀，人名。
㉗布缕之本：农桑之本，此指从事农桑耕作的种籽。终月之委：分给一个月的生活用粮。终月，一个月。委，贮积米薪。少曰委，多曰积。
㉘期年之食：一整年的食物。期年，一年。
㉙无委积之氓：没有积蓄柴火的百姓。
㉚薪橑：用来生火的柴草。
㉛命柏巡氓：命令遽去巡视百姓。柏，即伯遽，见本篇注②。
㉜家室不能御者：房屋倒塌不能防御风雨的人家。
㉝寡用财乏者：没有钱财使用的人家。
㉞死三日而毕：死，吴则虞云："'死'字疑'比'字之讹。"是。译文从此。此句意思是晏子命伯遽巡视民情，限三天把房屋坏损、缺衣少食的人家调查完毕。
㉟飦(zhān)肉：肉粥。飦，厚稠之粥。
㊱辟拂嗛齐：辟拂，黄以周云："辟拂亦侍御之幸臣也。"嗛，通歉，减少；"齐"，古与"资"通。资，粮也。此句意思是对左右幸臣减少所给的禄养。
㊲钟：古代的量器，一钟为六斛四斗。
㊳足以留思虞者：用歌舞使人移情夺志的人。苏时学云"虞，虑字之误"。
㊴谢于下陈：辞去不录用于后列。下陈，后列；侍女之列。
㊵"人侍"三句：谓爱妾、嬖女限三天离宫，嬖臣限四天离宫。关外，宫门之外。

【今译】

齐景公时，连续下雨十七天。景公却夜以继日地饮酒。晏子请求发放粮食救济灾民，多次请求，都没有得到景公的允许。景公反而命令柏遽巡视全国，寻求善于歌舞的人。晏子听到此事后，很不高兴，于是把家里的粮食分发给灾民，并把装载粮食的器具陈放在路旁，自己步行去见景公说："下了十七天的雨，一个乡有数十家房屋损坏，一个里有数家饥饿之民,年老体弱之人,寒冷没有御寒的粗布短衣,饥饿之人没有糟糠充饥,步履艰难不能行走的人四处张望,没有诉说灾难的地方。君王不怜悯百姓,日夜饮酒作乐,命令全国选送能歌善舞者没有休止,宫中的马匹吃着府库的粮食,猎狗厌吃牛羊之肉,后宫妻妾都有充足的粮食肉品。对待犬马妻妾不是太丰厚了吗?对待百姓不是太刻薄了吗?乡里的百姓贫穷而无处投诉,就不会喜欢君王了;饥饿而无处求援,也不会喜欢君王了。我是手捧禀事简策、百官跟随的宰相,让百姓饥饿贫困而无处投诉,使君王沉湎酒色丢弃百姓而不加怜悯,我的罪实在太大了。"深深跪拜后请求辞职,于是快步走出宫门。

景公徒步跟在晏子后边,被泥泞的道路所阻,赶不上晏子,就命令驾车追赶晏子,到了晏子家,没有追赶上。只见晏子家里的粮食已全部分给了灾民,装载粮食的器具陈放在路旁,景公又驱赶车追到大路上,追上了晏子。景公下车跟在晏子后边对晏子说:"我有罪过,先生抛弃我不辅佐我,我是不足以屈请先生的,难道先生不考虑国家和百姓吗?希望先生保全我,我请求拿出齐国的粮食财物,分发给老百姓,给多给少,谁轻谁重,只听先生一人的意见。"景公就在路上躬身恳请,晏子才同意返回国都。

命令禀去巡视灾民,家里有农桑种子而没有粮食吃的人家,发给足够一个月食用的粮食,没有种子的人家,发给足够一年食用的粮食。没有积蓄柴火的人家,发给他们柴草,使他们足以度过霖雨之灾。命令柏遽巡视百姓,房屋塌坏不能抵御风雨的,发给金钱。视察寻找百姓中缺少用度、经济困难的人,限三天内完毕,超过限期就是巡视官员不用心执行命令,应当治罪。

景公离开宫室,减少食肉,撤销宴饮,马匹不吃府库粮食,猎狗不吃肉粥,嬖女裁减美味之食,陪景公饮酒的近臣减少赏赐。三天,巡视的官吏完成使命上报情况:贫苦灾民共有一万七千家,分发用粮九十七万钟,柴草一万三千车;房屋毁坏的有二千七百家,发放救济金三千金。景公然后回到宫内,减少食用,不弹琴瑟,不击钟鼓。

晏子请求将左右嬖妾与足以使景公留恋歌舞的人遣归。嬖人舞女三千名从后宫侍从的队列中裁减,嬖人舞女限三天,嬖臣限四天,全部遣送出宫门之外。

景公夜听新乐而不朝晏子谏第六

【原文】

晏子朝,杜扃望羊待于朝①。晏子曰:"君奚故不朝?"对曰:"君夜发不可以朝②。"晏子曰:"何故?"对曰:"梁丘据扃入歌人虞③,变齐音。"晏子退朝,命宗祝修礼而拘虞④,公闻之而怒曰:"何故而拘虞?"晏子曰:"以新乐淫君⑤。"公曰:"诸侯之事,百官之政,寡人愿以请子⑥。酒醴之味,金石之声,愿夫子无与焉。夫乐,何必夫故哉⑦?"对曰:"夫乐亡而礼从之,礼亡而政从之,政亡而国从之。国衰,臣惧君之逆政之行。有歌⑧,纣作《北里》⑨,幽厉之声⑩,顾夫淫以鄙而偕亡⑪,君奚轻变夫故哉⑫?"公曰:"不幸有社稷之业,不择言而出之,请受命矣。"

注释

①杜扃(jiōng 垌):人名,齐景公之侍臣。望羊:远视貌。《孔子家语·辩乐解》:"旷如望羊。"王肃注:"望羊,远视也。"

②夜发:夜间不睡,兴致勃发。

③梁丘据:人名,齐景公近臣。扃入:秘密引进。歌人虞:善于歌舞之乐人名虞。

④宗祝:官名,主祭祀祈祷之职。修礼:治礼,此处作按照礼法规定办事解。

⑤以新乐淫君:用不符礼法规定的乐曲淫乱君心。新乐,指上文中的"变齐音"。

⑥请子:求教于夫子。子,古时对人的尊称。

⑦何必夫故哉?何必一定要依照旧例。意思是娱乐何必一定要遵循礼法演奏齐国音乐。

⑧有歌:有关歌乐之事。

⑨纣作《北里》:殷纣王作《北里》之曲。北里,淫靡的舞曲。《史记·殷本纪》:"使师涓作新淫声,北里之舞,靡靡之乐。"

⑩幽厉之声:幽王、厉王时的音乐。幽,周幽王(?—公元前771年)姬姓名湦,或作涅、湼。西周国王,公元前781—公元前771年在位。任用虢石父执政,残暴统治,鱼肉百姓,又宠爱褒姒,废太子宜臼,又废太子之母申后,惹恼申侯,后申侯联合犬戎攻幽王,杀幽王于骊山之下,西周遂亡。厉:即周厉王(?—公元前

828年)姬姓名胡,西周国王,周幽王之祖父。在位期间任用荣夷公执政,实行专制,暴虐无端,国人愤怒,于公元前842年起义,厉王仓惶逃至彘(今山西霍县),14年后死去。

⑪淫以鄙:淫靡与鄙下的乐曲。

【今译】

　　晏子上朝,见杜扃待守在朝堂外望着远处。晏子问:"君王什么原因不临朝理政呢?"杜扃回答说:"君王昨夜兴发没有睡觉,不能临朝。"晏子说:"君王为什么不睡觉?"杜扃回答说:"梁丘据秘密地引能歌善舞之人进宫,演奏改变齐国古乐的乐曲。"晏子离开朝堂,命令宗祝根据礼法规定拘捕了歌人虞。景公听到这个消息后大怒说:"为什么拘捕歌人虞?"晏子说:"因用新的乐曲淫乱君王。"景公说:"诸侯间迎骋往来之事、治理百官的政务,我愿求教于先生。品尝美酒之味、欣赏音乐之韵,希望先生不要参与。欣赏音乐,何必一定要听那些旧曲呢?"晏子回答说:"礼乐改变了,礼仪就会随着改变,礼仪改变了政治也就跟着改变,政治改变了国家也会跟着改变。国家衰败,我惧怕君王背离政治教化的德行。有关于歌乐的故事,殷纣王作《北里》舞曲,周幽王、周厉王作淫靡乐曲,回顾那淫靡鄙下的乐曲,导致国家灭亡的历史,君王难道还轻视改变传统礼乐的坏处吗?"景公说:"我侥幸拥有国家的基业,不加考虑而说出了那些话,我愿接受您的教诲了。"

景公燕赏无功而罪有司晏子谏第七

【原文】

　　景公燕赏于国内①,万钟者三,千钟者五,令三出②,而职计莫之从③。公怒,令免职计,令三出,而士师莫之从④。公不说。晏子见,公谓晏子曰:"寡人闻君国者⑤,爱人则能利之,恶人则能疏之⑥。今寡人爱人不能利,恶人不能疏,失君道矣⑦。"
　　晏子曰:"婴闻之,君正臣从谓之顺,君僻臣从谓之逆⑧。今君赏谀谀之民⑨,而令吏必从,则是使君失其道,臣失其守也⑩。先王之立爱,以劝善也,其立恶⑪,以禁暴也。昔者三代之兴也⑫,利于国者爱之,害于国者恶之,故明所爱而贤良众,明所恶而邪僻灭⑬,是以天下治平,百姓和集⑭。及其衰也,行安简易⑮,身安逸乐⑯,顺于己者爱之,逆于己者恶之,故明所爱而邪僻繁,明所恶而贤良灭,离散百姓,危覆社稷⑰。君上不度圣王之兴⑱,而下不观惰君之衰⑲,臣惧君之逆政之行,有司不敢争⑳,以覆社稷,危宗庙㉑。"

公曰:"寡人不知也,请从士师之策。"国内之禄,所收者三也。

注释

①燕赏:设宴赏赐。燕,通宴。

②令三出:多次发出诏令。三,虚指多数。

③职计莫之从:职计不听从。职计,执掌计算的官吏。莫之从,即莫从之,宾语前置。

④士师:职官名。

⑤君国者:君临国家的人,即国君。君,用为动词。

⑥恶人:厌恶的人。疏之:疏远他,文中作罢免解。

⑦失君道:失去国君的权柄。道,在古文里,含义很广,可作德行、规范等理解,这里作权柄解。

⑧"君僻臣从"句:谓国者邪僻不正而臣子不谏,反而一一顺从,这样的臣子就是逆臣。

⑨逸诶之民:以逸言毁人以巧语奉承人的小人。

⑩臣失其守:臣子失去职守。

⑪立恶(wù兀):俞樾云:"此'恶'乃爱、恶之恶;非善恶之恶。"陶鸿庆云:"'立爱'、'立恶',犹言'立赏'、'立罚',下文'明所爱而贤良众,明所恶而邪僻灭',正申言此义。"

⑫三代之兴:指夏、商、周的兴起。

⑬"明所爱"二句:意思是夏商周三代的圣明之君劝善惩恶,明白地昭示天下,所以贤良的臣子就会多起来,邪僻的小人就会销声匿迹。

⑭百姓和集:老百姓和睦相处。

⑮简易:怠慢、轻率。

⑯逸乐:纵欲享乐。

⑰危覆社稷:危及到国家的存亡。覆,倾覆、覆灭。社稷,古代帝王祭祀的土神与谷神。多借用作国家的代称。

⑱度:考虑,想。

⑲惰君:贪图享乐,不理国政之君。
⑳有司:有关部门。
㉑宗庙:古代帝王祭祀祖先的地方。

【今译】

　　齐景公在国内设宴赏赐,获万钟粮食赏赐的有三人,获千钟粮食赏赐的有五人,命令发出多次,而职计都没有听从。景公大怒,下令罢免职计,命令发出多次,而士师也不听从。景公很不高兴。晏子拜见景公,景公对晏子说:"我听说统率国家的国君,宠爱谁就能施利于谁,厌恶谁就能罢免谁。现在我宠爱的人不能受益,我厌恶的人不能罢免,已失去国君的权柄了。"

　　晏子说:"我听说,君行正道臣子服从叫做顺,君行邪僻臣子服从叫做逆。现在君王赏赐谄谀事君的人,而命令下属官吏一定服从你的旨意,就是使君王丧失准则,臣子放弃职守了。先王确立所爱,是用来勉励人们从善,确立所恶,是用来禁止暴戾行为。过去夏商周三代兴盛的原因,有利于国家的人就爱他,有害于国家的人就厌恶他,所以昭明所爱,贤良之人就增多,昭明所恶,奸邪之人就灭迹,因此天下政治清平,百姓和睦团聚。到衰败的时候,行动急慢轻率,身子纵欲享乐,顺从自己的人就喜欢他,违背自己意愿的就厌恶他,所以昭明所爱,奸邪的人就增多;昭明所厌恶,贤良的人就灭迹,这就使百姓分离逃散,危及国家的存亡。君王上不想想圣王兴盛的原因,下不看看昏君衰亡的情况,我惧怕君王违背治国的行为,有关的官吏不敢争谏,而导致国家覆亡,危及宗庙。"

　　景公说:"我不明智啊,请按士师的办法办。"国内赏赐的禄米,收回的不少。

景公信用谗佞赏罚失中晏子谏第八

【原文】

　　景公信用谗佞①,赏无功,罚不辜②,晏子谏曰:"臣闻明君望圣人而信其教③,不闻听谗佞以诛赏。今与左右相说颂也④,曰:'此死者勉为乐乎⑤!吾安能为仁而愈黥民耳矣⑥!'故内宠之妾,迫夺于国⑦,外宠之臣,矫夺于鄙⑧,执法之吏,并荷百姓⑨。民愁苦约病⑩,而奸驱尤佚⑪,隐情奄恶⑫,蔽谄其上⑬,故虽有至圣大贤⑭,岂能胜若谗哉⑮!是以忠臣之常有灾伤也。臣闻古者之士,可与得之,不可与失之;可以进之,不可与退之,臣请逃之矣⑯。"遂鞭马而出⑰。

公使韩子休追之⑱,曰:"孤不仁,不能顺教,以至此极⑲,夫子休国焉而往⑳,寡人将从而后。"晏子遂鞭马而返。其仆曰:"向之去何速?今之返又何速?"晏子曰:"非子之所知也,公之言至矣㉑。"

注释

①谗佞:说别人坏话的小人。佞,伪善。
②不辜:无辜,没有过失。
③信其教:信奉他们的教诲。
④相说颂:相互取悦讲宽容。颂,通容,宽容。
⑤比死者:等到死的时候。比,及,等到。勉:尽力。
⑥黥(qíng 晴)民:犯罪的人。黥,古代的一种肉刑,在面额上刺黑字。
⑦迫夺于国:在国君左右放肆掠夺。迫夺,肆夺。
⑧矫夺于鄙:在边邑矫诈豪夺。鄙,边邑。
⑨并荷百姓:一起苛刻虐待百姓。荷,同苛。孙星衍云:"荷,读如苛,经典多以荷为苛。"
⑩愁苦约病:愁苦贫病。约,贫困。《论语》:"不可以久处约。"皇疏:"约,贫病也。"
⑪奸驱尤佚:隐藏的奸人更加凶狠。奸驱,奸慝,隐藏的坏人。尤佚,更甚。
⑫隐情奄恶:隐蔽真情,掩盖罪恶。
⑬蔽谄其上:蒙蔽迷惑国君。王念孙云:"谄应为谄字之误也。谄读若滔,滔者惑也,谓隐其情,掩其恶,以蔽惑其君也。"
⑭至圣:最圣明。至,极,最。
⑮若:这些。
⑯逃之:离开这里。
⑰鞭马:以鞭抽马。鞭,用为动词,鞭打。
⑱韩子休:人名,齐景公的臣子。
⑲以至此极:因此到了这种极端昏庸的地步。
⑳休国焉而往:丢下国家去哪里。焉而往,往哪里。
㉑言至矣:说的话太好了。

【今译】

　　齐景公信赖重用拨弄是非说人坏话的小人,赏赐无功的人,惩罚无罪的人。晏子进谏景公说:"我听说贤明的君主仰慕圣人的德行而信奉他们的教诲,没有听说听信进谗伪善者的话来决定诛杀与赏赐。现在君王与左右的人相互取悦宽容,说:'临到死亡的人尚且尽力寻求欢乐,我怎能为了仁义而生活得比罪犯还不如啊!'所以宫内受宠的妻妾在国君左右放肆掠夺,外边受宠的臣子在地方上矫诈豪夺,执法的官吏,一起苛刻虐待百姓,百姓悲愁困苦贫病相加,而隐藏的奸人更加猖狂,隐蔽真情掩盖罪恶,蒙蔽欺骗君上,所以虽然有至圣大贤,也难克制这些善于进谗的人!所以忠诚的臣子常常有灾害。我听说古代的士人,国君可亲近就得到他们,国君不可亲近,就失去他们;国君可亲近,他们就进身,国君不可亲近,他们就隐退。现在我请求离开这里了。"于是鞭策马匹离开了朝廷。

　　景公命韩子休追赶晏子,说:"我不仁义,不能顺从教诲,因此到了极端昏庸的地步。先生丢下国家要往哪里去,我将跟从在先生的后边。"晏子听了这些话,就策马返回,晏子的仆人问:"刚才离开的时候为何那么快?现在返回为何又这般急?"晏子说:"这个道理不是你能知道的了,景公的话说得太好了。"

景公爱嬖妾随其所欲晏子谏第九①

【原文】

　　翟王子羡臣于景公②,以重驾③,公观之而不说也。嬖人婴子欲观之④,公曰:"及晏子寝病也⑤。"居囷中台上以观之⑥,婴子说之,因为之请曰:"厚禄之!"公许诺。晏子起病而见公⑦,公曰:"翟王子羡之驾,寡人甚说之,请使之示乎⑧?"晏子曰:"驾御之事,臣无职焉⑨。"公曰:"寡人一乐之,是欲禄之以万钟⑩,其足乎?"对曰:"昔卫士东野之驾也⑪,公说之,婴子不说,公曰不说,遂不观。今翟王子羡之驾也,公不说,婴子说,公因说之;为请,公许之,则是妇人为制也⑫。且不乐治人,而乐治马,不厚禄贤人,而厚禄御夫⑬,昔者先君桓公之地狭于今⑭,修法治,广政教,以霸诸侯。今君,一诸侯无能亲也,岁凶年饥,道途死者相望也。君不此忧耻⑮,而惟图耳目之乐⑯,不修先君之功烈⑰,而惟饰驾御之伎⑱,则公不顾民而忘国甚矣。且《诗》曰:'载骖载驷,君子所诫⑲。'夫驾八,固非制也⑳,今又重此,其为非制也,不滋甚乎㉑!且君苟美乐之㉒,国必众为之,田猎则不便,道行致远则不可㉓,然而用马数倍,此非御下之道也㉔。淫于耳目,不当民务,此圣王之所禁也。君苟美乐之,诸侯必或效我,君无厚德善政以被诸侯㉕,而易之以僻㉖,此非所以子民、彰名、致远、亲邻国之道也。且贤良废灭,孤寡不振,而听嬖妾以禄御夫以蓄怨,与民为仇之道也。《诗》曰:'哲夫成城,哲妇倾城㉗。'今君不免成城之求㉘,而惟倾城之务㉙,国之亡日至矣。君其图之!"公曰:"善。"遂不复观,乃罢归翟王子羡,而疏嬖人婴子。

注释

①银雀山汉墓出土竹简原文与本篇的文字出入较大,因出土竹简原文残缺较多,故译文仍依吴本,为便于读者参考,将出土竹简的原文附录于下,文中两个版本的异同不再加注。

　　翟王子羊臣于景公,以重驾,公弗说。婴子欲观之,公曰:"及晏子寝病也。"居囿中台上以观之,婴子说之,因为请,公许之。晏子见,公曰:"翟王子羊之驾也,寡人甚说之,吾欲禄之以万,其足乎?"晏子进合曰:"公言过矣。昔卫士东壄之驾也,……羊之驾也,公弗说,婴子说之,公因说……君子所□。今夫驾六驾八,固非先王之制也,公有重之,此其……城之务……善遂……

②翟王子羡:翟王之子名羡,生卒不详。

③以重驾:因用超过礼仪制度规定的马匹数驾车。以,因。重驾,即下文中的"驾八"之重,十六匹马。汉墓竹简作"驾六驾八"。

④婴子:景公的宠妾。

⑤寝病:因病睡卧不起。

⑥囿:古代帝王蓄养禽兽的园林。

⑦起病:病愈起床。

⑧使之示:命他陈列出来。示,犹置,陈列。

⑨无职焉:不是我的职责。

⑩禄之以万钟:给他万钟俸禄。

⑪东野:人名,卫国一个善于驾御的人。

⑫妇人为制:受制于妇人。

⑬御夫:驾御车马的人。

⑭桓公:即齐桓公(?—公元前643年),姜姓,名小白。春秋时期齐国国君,

任用管仲治国,成为春秋时第一个称霸诸侯的霸主。

⑮不此忧耻:不以此感到忧虑羞耻。

⑯耳目之乐:即声色之乐。耳,指耳听,目,指目示。

⑰不修:不学习。

⑱伎:同技,技巧、技艺。

⑲"载骖"二句:见《诗经·小雅·采菽》。意思是:驾着四马骖乘去迎接,君子已经到来。"诚",《诗经》作"届",至。

⑳驾八,固非制也:用八匹马驾车,自古就没有这种规矩。夏制,天子始六马。《公羊传》曰:"天子驾六。"所以驾八是违背礼仪制度的。

㉑不滋甚乎:不是增加得太多了吗。滋,增加。

㉒苟美乐之:只图目前美美地享乐它。苟,只图眼前。

㉓致远:到达远方。致,同至。

㉔御下之道:驾御下属的方法。这里指统治臣民的方法。

㉕被诸侯:盖过诸侯。

㉖易之以僻:用邪僻来取代美德。

㉗"哲夫"二句:见《诗·大雅·瞻卬》。意思是,多谋的男人建立国家,多虑的妇人败坏国家。城,国也。

㉘不免:一本作"不思"。

㉙惟倾城之务:意思是只干取悦于妇人败坏国家的事。

【今译】

翟王子羡当了齐景公的臣子,用加倍的马驾车,景公看见后很不高兴。景公的宠妾婴子想看翟王子羡的车,景公说:"等到晏子卧病的时候吧。"于是在园林中的高台上观看翟王子羡的车,婴子很高兴,因而为翟王子羡向景公请求说:"多多增加他的俸禄吧!"景公答应婴子的请求。晏子病愈后去拜见景公。景公说:"翟王子羡的车驾,我非常喜欢它,请让他陈列出来。"晏子说:"驾御车马的事,我没有这种职责。"景公说:"我喜欢他,想赐他万钟俸禄,他满足吗?"晏子回答说:"过去卫国人东野的车驾,君王本来很喜欢,婴子不喜欢,君王也说不喜欢,于是就不看。现在翟王子羡的车驾,君王本来不喜欢,婴子喜欢,君王因此也跟着喜欢;婴子为翟王子羡请求增加俸禄,君王答应了她的请求,那就是受制于妇人了。况且不乐于治理百姓,而乐于观看车马,不增加贤人的俸禄,而增加驾车人的俸禄。过去先君桓公的地域比现在狭小,修法治国,广泛进行政治教化,因而称霸诸侯。现在君王您,一个诸侯也不能亲近,年岁受灾,百姓饥饿,道路上死的人四处可见。君王不以此感到忧虑羞耻,反而只图声色之乐,不学习先王的勋功显业,而只追求装饰车驾的技艺,那么君王不顾念百姓而忘记国家太过分了。况且《诗经》上说:'四马骖车去迎接,知道君子已来临。'而用八匹马驾车,定然不是古代的制度,现在又加倍如此,这种作法不守古制,不是更加严重了么!况且君王贪图眼前的美好享乐,国内大家都来仿效这种作法,田猎就不方便,道路行车到远方也不可能。用数倍的马来驾车,这不是驾御臣民的办法。追求声色之乐,不管治理百姓的政事,这是圣王所禁止的。君王贪图眼前的享乐,诸侯一定有人效法,君王没有深厚仁德和很好的政绩来盖过诸侯,相反用邪僻的行为来取代美德,这不是用来治理百姓、彰显德行、怀来远人、亲善邻国的作法啊。况且贤良的人被废弃埋没,孤寡的人得不到赈济,而听信宠妾的话增加驾车人的俸禄来招百姓的怨恨,这是与老百姓为仇敌的作法,《诗经》上说:'多谋的男人兴建国家,多虑的妇人败坏国家。'现在君王不考虑努力去作兴国建邦的事,而只干取悦宠妾败坏国家的事,国家灭亡的日子就要来到了。君王您谋划此事吧!"景公说:"对。"于是不再观看翟王子羡的车,罢免了翟王子羡,而且疏远了宠妾婴子。

景公敕五子之傅而失言晏子谏第十

【原文】

　　景公有男子五人①,所使傅之者②,皆有车百乘者也③。晏子为一焉。公召其傅曰:"勉之!将以而所傅为子④。"及晏子,晏子辞曰:"君命其臣,据其肩以尽其力⑤,臣敢不勉乎!今有之家⑥,此一国之权臣也,人人以君命命之曰:'将以而所傅为子。'此离树别党⑦,倾国之道也。婴不敢受命,愿君图之!"

【注释】

　　①男子五人:五个儿子。《史记·齐太公世家》载:五十八年秋,景公卒,太子荼立,而群公子畏诛,皆出亡。"公子寿、驹、黔奔卫,公子鉏、阳生奔鲁。"因此景

公应有六个儿子。此言五子者,时太子荼尚未出生。

②使傅之者:派遣来作老师的那些人。

③百乘:拥有百乘车者属大夫之列。《孟子·梁惠王》赵岐注:"百乘之家,谓大国之卿,食采邑有兵车百乘之富也。"

④将以而所傅为子:意思是将立你所教之子为太子,而,你,代词。子,太子。

⑤"据其肩"句:谓根据自己所能肩负的责任而尽力为之。

⑥今有之家:现有的百乘之家。

⑦离树别党:此句意为:太子只应有一个,今分别立五人,是已立太子。而又离间之,别树一党。

【今译】

　　齐景公有五个儿子,所派去担任老师的人,都是拥有兵车百乘的大夫,晏子就是其中的一个。景公召见这些担任老师的人说:"尽心尽力吧,将把你所教的孩子立为太子。"到召见晏子时,晏子辞谢说:"君王命令你的臣子,根据自己肩负的责任而尽自己的力量,臣子敢不尽心尽力吗?现在拥有百乘兵车的大夫,他们都是一国之中权力很大的臣子,人人都以君王的命令自命说:'将以他所教的孩子作太子。'这是已立太子,而又离间,别树一党,使国家覆亡的作法,晏婴我不敢从命,希望君王思考这件事。"

景公欲废適子阳生而立荼晏子谏第十一

【原文】

　　淳于人纳女于景公①,生孺子荼②,景公爱之。诸臣谋欲废公子阳生而立荼③。公以告晏子④。晏子曰:"不可,夫以贱匹贵⑤,国之害也;置大立少,乱之本也。夫阳生,生而长,国人戴之⑥君其勿易!夫服位有等⑦,故贱不陵贵;立子有礼,故孽不乱宗⑧。愿君教荼以礼而勿陷于邪,导之以义而勿湛于利⑨。长少行其道,宗孽得其伦。夫阳生敢毋使荼餍粱肉之味⑩,玩金石之声⑪,而有患乎?废长立少,不可以教下;尊孽卑宗,不可以利所爱。长少无等,宗孽无别,是设贼树奸之本也⑫。君其图之!古之明君,非不知繁乐也⑬,以为乐淫则哀⑭,非不知立爱也,以为义失则忧,是故制乐以节,立子以道。若夫恃谗谀以事君者,不足以责信⑮。今君用谗人之谋,听乱夫之言也。废长立少,臣恐后人之有因君之过以资其邪⑯,废少而立长以成其利者。君其图之。"公不听。景公没,田氏杀君荼⑰,立阳生;杀阳生,立简公⑱;杀简公而取齐国⑲。

注释

①淳于:古国名。在今山东安丘县东北二十里。纳女于景公:将美女送给齐景公。《左传》:"鬻姒之子荼嬖。"服虔注:"鬻姒,景公妾,淳于人所纳。"据此,知淳于人纳于景公之女即鬻姒(《史记·齐世家》作"芮姬"),生荼。

②荼:景公之子,公元前489年,景公死,立为齐君,号"晏孺子",当年即被田乞所杀。

③公子阳生:景公子,即齐悼公。公元前488—公元前485年在位,因与大夫鲍子有隙,被鲍子所弑。

④以告晏子:将废阳生立荼之事告诉晏子。按:据《史记·齐世家》载:"四十八年(公元前500年),是岁,晏婴卒。"又"五十八年(公元前490年)夏,景公夫人燕姬适子死。景公宠妾芮姬生子荼。"据此,景公"废阳生立荼"之事在晏婴死后,断无将"废长立少"告晏子之事。

⑤以贱匹贵:用低贱的匹配高贵的。

⑥"夫阳生"三句:王念孙云:"此文本作'夫阳生长而国人戴之。'言阴生长于荼而为国人所戴也。《群书治要》正作'夫阳生长而国人戴之。'"译文准此。

⑦服位有等:指服制有等级。古代按身份等级规定的服饰制度。

⑧孽不乱宗:庶出的儿子不能扰乱嫡生的儿子。孽,古时指妾媵所生之子。宗,即宗子,嫡长子。

⑨湛于利:沉溺于利。湛,通耽,沉溺。

⑩餍粱肉之味:满足于精食美味。餍,吃饱,引申为满足。粱肉,泛指美味佳肴。

⑪金石之声:指音乐歌舞。"金"与"石",均为我国古代乐器的名称。我国古代乐器统称八音,即金、石、土、革、丝、木、匏、竹八类,这里"金石"便用来指代音乐。

⑫设贼树奸之本:是施害、植乱的根源。贼,害也;奸,乱也。

⑬繁乐:多乐,尽情享乐。

⑭乐淫则哀:享乐过度就会酿成悲哀。张纯一《晏子春秋校注》云:"桀纣乐矣,哀莫甚焉。"

⑮责信:即不可以委其任,信其言。

⑯资其邪:助长他们的邪恶。资,助。
⑰田氏:指田乞,齐国大夫。
⑱简公:悼公之子,名壬,公元前484—公元前481年在位,被田成子所杀。
⑲"杀简公"句:《史记·齐太公世家》:"田常弑简公于徐州,田常乃立简公弟骜,是为平公。平公即位,田常相之,专齐之政……平公八年,越灭吴。二十五年卒,子宣公积立。宣公五十一年卒,子康公贷立。……十九年,田常曾孙田和始为诸侯,迁康公海滨。二十六年,康公卒。吕氏遂绝其祀,田氏卒有齐国。"据此,田氏代齐当在简公死后84年。

【今译】

淳于国嫁女给齐景公,生了孺子荼,景公宠爱荼。朝中大臣商议想废掉公子阳生而立荼为太子,景公将此事告诉晏子。晏子说:"不行。用低贱匹配高贵,是国家的祸害;废弃大儿子立小儿子,是祸乱的本源。阳生比荼大而国内的人都爱戴他,君王不能改变!服饰官阶有一定的等级,所以贫贱不敢侵凌高贵;立太子有礼法,所以庶子不扰乱正宗。希望君王用礼来教导荼而不让他陷于邪恶,用义来引导他而不让他沉溺于利。长的少的遵循他们各自的准则,正宗与庶出得到他们各自的位置。阳生敢不让荼吃精食美味,享受音乐歌舞之声,这还有什么后患呢?废长子立少子,不可以用来教诲臣下;尊庶出卑正宗,不可能有利于君王所爱的人。长子少子没有等级,正宗与庶子没有差别,是留下灾害种下祸乱的根源。君王要好好思考这事!古代的圣明君主,并不是不知道尽情享乐,但他们知道享乐过度就会有悲哀;并不是不知道确立自己所宠爱的人,但认为丢掉了义就会有忧患。所以制定音乐要有节制,确立太子必遵礼法。至于凭借谗言阿谀来侍奉君王的人,不能任用听信他们。现在君王采纳谗谀之人的计谋,听信作乱之人的话,废长子立少子,我恐怕后来的人中会出现借君王的过失而助长他们的邪念,废掉少子立长子来达到他们利益的人,君王要好好谋划此事!"景公不听。景公死后,田氏杀掉荼,立阳生为君;后来又杀阳生,立简公,又杀简公而取代齐国。

景公病久不愈欲诛祝史以谢晏子谏第十二

【原文】

　　景公疥且疟①，期年不已②，召会谴、梁丘据、晏子而问焉③，曰："寡人之病病矣④，使史固与祝佗巡山川宗庙⑤，牺牲珪璧⑥，莫不备具，数其常多先君桓公⑦，桓公一则寡人再。病不已，滋甚⑧，予欲杀二子者以说于上帝⑨，其可乎？"会谴、梁丘据曰："可。"晏子不对。公曰："晏子何如？"晏子曰："君以祝为有益乎⑩？"公曰："然。""若以为有益，则诅亦有损也⑪。君疏辅而远拂⑫，忠臣拥塞，谏言不出⑬。臣闻之，近臣嘿，远臣瘖⑭，众口铄金⑮。今自聊摄以东⑯，姑尤以西者⑰，此其人民众矣，百姓之咎怨诽谤⑱，诅君于上帝者多矣。一国诅，两人祝，虽善祝者不能胜也。且夫祝直言情，则谤吾君也；隐匿过，则欺上帝也。上帝神，则不可欺；上帝不神，祝亦无益。愿君察之也。不然，刑无罪，夏商所以灭也。"公曰："善解余惑，加冠⑲！"命会谴毋治齐国之政，梁丘据毋治宾客之事，兼属之乎晏子。晏子辞，不得命⑳，受相退，把政㉑，改月而君病悛㉒。公曰："昔吾先君桓公，以管子为有力㉓，邑狐与穀㉔，以共宗庙之鲜㉕，赐其忠臣，则是多忠臣者。子今忠臣也，寡人请赐子州款㉖。"辞曰："管子有一美，婴不如也；有一恶㉗，婴不忍为也，其宗庙之养鲜也。"终辞而不受。

注释

①疥：通痎，二日一发疟疾。

②期年不已：整整一年病还未愈。期年，周年。

③会谴：人名，齐国大夫。《左传·昭公二十年》记同一事时作"裔款"，据此，会谴与裔款为同一人。

④病病矣：病痛苦极了。前一个"病"字为疾病之"病"，后一个"病"字意为痛苦。《广雅·释诂》："病，苦也。"

⑤史固与祝佗：人名。《左传·昭公二十年》作"祝固史嚚"。祝固，齐国太祝；史嚚，齐国太史。

⑥牺牲：祭祀时用来作供品的牛羊一类牲畜。

⑦莫不：无不。数其：王念孙云："'数其'当作'其数'"是。

⑧滋甚:更加严重。滋,益,更。
⑨说:(yuè 悦)取悦,使某人高兴。
⑩祝:表示良好愿望。
⑪诅亦有损:诅咒也有损害。
⑫疏辅而远拂:疏远辅佐大臣。辅,即左辅。拂,即右弼,股肱之臣。
⑬"忠臣"二句:意思是忠臣的路被阻塞,劝谏之言不能达上。
⑭近臣嘿、远臣瘖:靠近身边的臣子沉默,远离君王的臣子不能说话。瘖,《说文》:"瘖,不能言也。"
⑮众口铄金:众口所毁,足以销熔金属。喻舆论的力量极大。
⑯聊摄:齐国西部边界的两个城邑。
⑰姑尤:指姑水、尤水,此二水绕齐国东部边界,故曰:"姑尤以西。"
⑱咎怨诽谤:憎恨怨恶,指责过失。
⑲加冠:加爵,古时官的品秩在冠的形式上表现出来。
⑳不得命:不收回成命。
㉑把政:主持朝政。此指兼秉会谴、梁丘据之政事。
㉒改月:更月,一月之后。病悛:病愈。
㉓有力:有功。
㉔邑狐与榖:以狐和榖两邑赐管仲。狐,城邑名,地不详;榖,榖城。《左传·昭十一年》:"齐桓公城榖而置管仲。"
㉕鲜:供祭祀用的野兽肉。
㉖州款:地名。
㉗有一恶:此指以野兽作祭品,非宗庙之常礼,故晏子认为是恶行。

【今译】

景公患小疟发展为大疟。整整一年还没有好,于是召见会谴、梁丘据、晏婴而问他们说:"我的病痛苦极了,派遣太史固与太祝佗巡祀山川宗庙,祭祀的牲畜、璧玉,无不具备,其数目常多于先君桓公,桓公用一份祭品而我就加倍。病不能愈,反而加重,我想杀掉他们二人来取悦上帝,这可以吗?"会谴、梁丘据说:"可以。"晏子不回答,景公说:"晏子认为怎样?"晏子说:"君王认为祝告上天有益处吗?"景公说:"对。"晏子说:"如果认为祝告有好处,那么诅咒也会有损害了。君王疏远左右股肱之臣,忠臣之路被阻塞,劝谏的话没有人说,我听说君王身边的臣子沉默,远离君王的臣子也不说话。众人之口可以销熔金属,现在从聊、摄以东,姑水、尤水以西广大地区,这些地方人口众多,百姓憎恨怨恶指责君王过失,诅咒君王于上帝的人很多。一国人诅咒,两个人祝福,即使是善于祝福的人也不能胜过。况且祝福之人直言真情,就是指责我们的君王,隐瞒过失,就是欺骗上帝。上帝如果神灵,就不可能受欺骗;上帝没有神灵,祝福也没有用处。希望君王审度此事。不然,杀死无罪的人,就是导致夏朝、商朝灭亡的原因了。"景公说:"先生善于解开我的迷惑,应该升级加爵!"命令会谴不再管理齐国的政事,梁丘据不再担负迎送宾客的任务,两人之职事都兼属于晏子。晏子辞谢,景公不允许,晏子接受了丞相的职位而退出。晏子主持国政。一月后景公病好了。景公说:"过去我的先君桓公,以管仲为有功之臣,赏赐狐城与谷城,以便供给祭祀宗庙的野兽,赏赐忠臣,就是嘉奖忠臣了。您是现在的忠臣,我赐给您州款。晏子辞谢说:"管仲有一美德,晏婴我不如他;管仲有一恶行,晏婴我不愿效法,就是他为了宗庙祭祀用的鲜肉而受封地。"晏子始终坚辞而不接受养鲜的封地。

景公怒封人之祝不逊晏子谏第十三

【原文】

　　景公游于麦丘①,问其封人曰②:"年几何矣?"对曰:"鄙人之年八十五矣③。"公曰:"寿哉④!子其祝我。"封人曰:"使君之年长于胡⑤,宜国家。"公曰:"善哉!子其复之。"曰:"使君之嗣,寿皆若鄙臣之年。"公曰:"善哉!子其复之。"封人曰:"使君无得罪于民。"公曰:"诚有鄙民得罪于君则可,安有君得罪于民者乎?"晏子谏曰:"君过矣!彼疏者有罪⑥,戚者治之⑦,贱者有罪,贵者治之;君得罪于民,谁将治之?敢问:桀纣,君诛乎,民诛乎?"公曰:"寡人固也⑧。"于是赐封人麦丘以为邑⑨。

【注释】

　　①麦丘:古地名,齐国小邑,在今山东省商河县西北。
　　②封人:古代官名,刘师培《补释》云:"此文之'封'即'邦'字之假,邦人即邑人,非官名之封人也。"译文从刘说。
　　③鄙人:古代的谦称,即我。

④寿哉:赞美之词,意思是长寿啊! 吴则虞案:"《外传》作'美哉',《新序》作'美哉寿乎。'此'寿哉'疑'美哉'之讹。"

⑤使君之年长于胡:祝愿君王的年寿比胡还长寿。胡,俞樾云:"胡者,盖谓之先君胡公静也,《诗·齐谱·正义》言:'胡公历懿王、孝王、夷王,是其享国久矣。'"

⑥疏者:指远臣,即远离朝廷的地方官员。

⑦戚者:指近臣,即皇亲国戚或国君宠信之臣。

⑧固也:孤陋寡闻,见识不广。

⑨以为邑:以麦丘作为他的食邑。

【今译】

　　齐景公在麦丘巡游,问当地的一位邑人说:"你年岁多大了?"邑人回答说:"我八十五岁了。"景公说:"长寿之人啦! 你为我祝福吧!"邑人说:"祝愿君王比齐国先人胡静还长寿,有利于国家。"景公说:"好啊! 你再为我祝福吧!"邑人说:"祝愿君王的子孙都像我一样长寿。"景公说:"好啊! 你再为我祝福吧!"邑人说:"祝愿君王不要得罪于百姓。"景公说:"只有百姓得罪于君王,哪有君王得罪百姓的呢?"晏子进谏说:"君王的话错了! 那些远在地方的官员犯了罪,有朝廷上的大臣代君去惩治他;百姓犯了罪,有当官的去惩治他,国君得罪了人民,谁来惩治他呢? 请问:夏桀、商纣这样的国君,是当国君的去讨伐他,还是百姓去讨伐他?"景公说:"这是我孤陋寡闻,见识不广的过错了。"于是将麦丘赏赐给邑人作食邑。

景公欲使楚巫致五帝以明德晏子谏第十四

【原文】

　　楚巫微导裔款以见景公①,侍坐三日,景公说之。楚巫曰:"公,明神之主②,帝王之君也。公即位有七年矣③,事未大济者④,明神未至也。请致五帝⑤,以明君德。"景公再拜稽首。楚巫曰:"请巡国郊以观帝位。"至于牛山而不敢登⑥,曰:"五帝之位,在于国南,请斋而后登之⑦。"公命百官供斋具于楚巫之所,裔款视事⑧。

　　晏子闻之而见于公曰:"公令楚巫斋牛山乎?"公曰:"然。致五帝以明寡人之德，神将降福于寡人，其有所济乎⑨？"晏子曰："君之言过矣！古之王者，德厚足以安世⑩，行广足以容众⑪，诸侯戴之⑫，以为君长；百姓归之⑬，以为父母。是故天地四时和而不失⑭，星辰日月顺而不乱。德厚行广，配天象时⑮，然后为帝王之君，明神之主。古者不慢行而繁祭⑯，不轻身而恃巫⑰。今政乱而行僻⑱，而求五帝之明德也？弃贤而用巫，而求帝王之在身也？夫民不苟德⑲，福不苟降⑳，君之帝王，不亦难乎！惜乎！君位之高，所论之卑也。"

公曰："裔款以楚巫命寡人曰：'试尝见而观焉㉑。'寡人见而说之，信其道，行其言。今夫子讥之，请逐楚巫而拘裔款。"晏子曰："楚巫不可出。"公曰："何故？"对曰："楚巫出，诸侯必或受之。公信之，以过于内㉒，不知㉓；出以易诸侯于外㉔，不仁。请东楚巫而拘裔款㉕。"公曰："诺。"故曰：送楚巫于东，而拘裔款于国也。

注释

①楚巫微：楚国的女巫名微。巫，以装神弄鬼替人祈祷为职业的人。古时女巫称巫，男巫称觋（xí习）。微，一说微当为嬓，姣好之女。

②明神之主：圣明的君主。明神，元本作神明。

③有七年矣：王念孙云："'有'上有'十'字，而今本脱之。"译文从此。

④大济：明显的成就。

⑤五帝：指上古时候的黄帝、颛顼、帝喾、帝尧、帝舜。

⑥牛山：齐国境内的山。在山东临淄县南十里。

⑦斋：斋戒，用为动词，斋祭。

⑧视事：主持这件事。

⑨有所济乎：有好处吗？济，增益。

⑩德厚足以安世：德行宽厚足以用来安定国家。安世，使国家安定。

⑪行广足以容众：胸怀宽广能包容大众。行，品行，这里作心胸解。容众，包容大众，众，指广大百姓。

⑫诸侯戴之：诸侯拥戴他。戴，动词，拥护、爱戴。

⑬百姓归之：百姓归附他。之，代词，指有道之君。

⑭四时和而不失：春夏秋冬调协运转，不失调。

⑮配天象时：顺乎天意，合乎时宜。

⑯慢行：懈怠懒散的行为。慢，懈怠。繁祭：频繁的祭祀。

⑰不轻身而恃巫：不轻视自己的力量去依赖神巫祈求神灵保佑。

⑱行僻：行为不正。僻，不正、邪。

⑲苟德:《太平御览》引作"苟得"。苟得,意为苟且求得。《礼记·曲礼上》:"临财毋苟得。"孔颖达疏:"非义而取,谓之苟得。"译文从《御览》。

⑳苟降:随意降临。苟,草率,此处作随便解。

㉑试尝见面观焉:刘师培《补释》云:"尝即试也,试盖后人旁注之字,嗣并入正文,今当删。"刘说是。全句意为试见楚巫而依其言巡国以观帝位。

㉒以过于内:获过于国内。

㉓不知:不智。知,同智。

㉔易:转移。此处作危害解。

㉕东楚巫:把楚巫流放到东边去。

【今译】

楚国一个叫微的女巫通过裔款的引导而见到齐景公,她陪伴景公坐了三日,景公很欢喜她。楚巫对齐景公说:"景公,您是明智神圣的君主,是成就帝业的国君啊。您即位有十七年了,事业没有取得明显的成就,其原因是您的明智与圣德还没有充分显露出来。请求致意五帝,以便昭明国君的美德。"齐景公两次叩首拜谢。楚巫说:"请求巡视国都的郊外以便瞻望五帝的所在。"到了牛山而不敢攀登,楚巫说:"五帝的位置,在国都的南边,请求斋祭后再登它。"景公命令百官供奉斋祭的用品于楚巫居住的地方,由裔款主持这件事。

晏子听到这件事后,便去见景公说:"君王命令楚巫斋祭牛山吗?"景公说:"是的。我想致告五帝以此昭明我的德行,神灵将会降福于我,这件事有所增益吗?"晏子说:"君王的话错了!古代统一天下的帝王,德行宽厚足以用来安定国家,胸怀宽广能包容大众,诸侯拥戴他,把他作为领袖;百姓归附他,把他当作父母。所以天地四时和谐而不失调,星辰日月运转顺利而不乱。德行宽厚心胸广阔,顺乎天意,合乎时宜,然后才能成为统一天下的帝王、明智神圣的君主。古代的明君不懈惰,不搞频繁的祭祀,不轻视自己的力量去依赖神巫。现在政令混乱,行为乖僻,而想达到五帝的圣明德业,抛弃贤人而重用女巫,却想求得成就帝王之业?人不能苟且去求有所得,福也不会随便降临,君王的帝王之业,不是很难成就吗?可惜啊!君王的地位很高,所说的话却这么低下呀。"

齐景公说:"裔款因楚巫而对我说:'试接见而观察她。'我见了楚巫就喜欢她,听信她说的道理,按她的话行事。现在先生规劝我,请驱逐楚巫而拘捕裔款。"晏子说:"楚巫不能驱逐出齐国。"景公说:"什么原因?"晏子说:"将楚巫逐出齐国,诸侯中一定有人接受她。君王听信她,因此获过于国内,已经不明智,再驱逐她以危害诸侯于外,就是不仁。请求放逐楚巫于齐国的东边荒郊之地而把裔款囚禁起来。"齐景公说:"好。"因此说:放逐楚巫于东边荒鄙之地,而把裔款囚禁于国内了。

景公欲祠灵山河伯以祷雨晏子谏第十五

【原文】

齐大旱逾时①,景公召群臣问曰:"天不雨久矣,民且有饥色。吾使人卜,云:'祟在高山广水②。'寡人欲少赋敛以祠灵山③,可乎?"群臣莫对。

晏子进曰:"不可!祠此无益也。夫灵山固以石为身④,以草木为发,天久不雨,发将焦,身将热,彼独不欲雨乎?祠之无益。"公曰:"不然⑤,吾欲祠河伯⑥,可乎?"晏子曰:"不可!河伯以水为国,以鱼鳖为民,天久不雨,泉将下,百川竭⑦,国将亡,民将灭矣⑧,彼独不欲雨乎?祠之何益!"景公曰:"今为之奈何⑨?"晏子曰:"君诚避宫殿暴露⑩,与灵山河伯共忧,其幸而雨乎!"于是景公出,野居暴露,三日,天果大雨,民尽得种时⑪。景公曰:"善哉!晏子之言,可无用乎!其维有德⑫。"

注释

①逾时:超过了时令。
②祟:鬼怪作祸。
③灵州:山名,在今山东临朐县。
④固:本来。
⑤不然:不这样。
⑥河伯:古代神话中的黄河水神。
⑦百川竭:所有的河流干涸。
⑧民将灭:此指鱼鳖将因河道干涸而死去。
⑨为之奈何:将如何处理这件事。
⑩暴露:露宿。

⑪时:同莳,栽种。
⑫其维有德:他是有德行的人。其,代词,指晏子。

【今译】

　　齐国发生大旱灾,超过了种植的季节,景公召见群臣问道:"天上不下雨已经很久了,老百姓都面带饥色。我命令人占卜,说:'是高山大河作祟。'我打算稍征点税,用来祭祀灵山,可以吗?"群臣没有回答。晏子上前说:"不可以。祭祀灵山没有什么好处。灵山本来以石头作为身子,以草木作为头发,上天很久不下雨,它的头发将要枯焦,身子将要发热,它难道不希望下雨吗?祭祀它没有好处。"景公说:"不这样,我打算祭祀河伯,可以吗?"晏子说:"也不可以!河伯以水作为自己的国土,以鱼鳖作为自己的臣民,上天很久不下雨,水位下降,所有河流干涸,河伯的水国将消失,臣民将灭绝,他难道不希望下雨吗?祭祀河伯有什么好处!"景公问:"现在这事如何办呢?"晏子说:"君王诚心诚意地离开宫殿,到野外露宿,与灵山河伯共同忧虑,这样可能有希望得雨呢!"景公于是离开宫殿到野外露宿,过了三天,老天果然下了大雨。老百姓全都及时得以栽种,景公说:"好啊,晏子的话真顶用啊!他是有德行的人呀。"

景公贪长有国之乐晏子谏第十六

【原文】

　　景公将观于淄上①,与晏子闲立②。公喟然叹曰:"呜呼!使国可长保而传于子孙,岂不乐哉?"晏子对曰:"婴闻明王不徒立,百姓不虚至③。今君以政乱国,以行弃民久矣,而声欲保之④,不亦难乎!婴闻之,能长保国者,能终善者也。诸侯并立,能终善者为长;列士并学⑤,能终善者为师。昔先君桓公,其方任贤而赞德之时,亡国恃以存,危国仰以安⑥,是以民乐其政而世高其德,行远征暴⑦,劳者不疾⑧,驱海内使朝天子⑨,而诸侯不怨。当是时,盛君之行不能进焉⑩。及其卒而衰,怠于德而并于乐⑪,身溺于妇侍而谋因竖刁⑫,是以民苦其政,而世非其行,故身死乎胡官而不举⑬,虫出而不收⑭。当是时也,桀纣之卒不能恶焉⑮。《诗》曰:'靡不有初,鲜克有终⑯。'不能终善者,不遂其君⑰。今君临民若寇仇⑱,见善若避热,乱政而危贤,必逆于众,肆欲于民⑲,而诛虐于下⑳,恐及于身,婴之年老,不能待于君使矣㉑,行不能革㉒,则持节以没世耳㉓。"

注释

①将观于淄上:王念孙云:"将字后人所加。"淄上,淄水之上。《括地志》:"淄州县东北七十里原山,淄水所出,俗传云禹理水功毕,土石黑,数里之中,波若漆,故谓之淄水也。"

②间立:即间立,分别站立。

③"明王不徒立"两句:圣明的君王是以德政立国。百姓也是对有德者才来归附。"徒"、"虚"对文。张纯一《晏子春秋校注》注云:"明王尝以百姓之心为心,百姓非有德者不归心。"

④声欲保之:说话表明想保住王业。声,言也。

⑤列士并学:即众多学子在一起学习。

⑥"亡国"二句:指公元前685年,齐国发生内乱,齐襄公被杀,齐桓公从莒返国夺取政权,任用管仲治国,进行改革,使齐国很快强盛起来,成为春秋时期第一个霸主。

⑦行远征暴:派遣军队到远处去讨伐暴君。按:齐桓公任用管仲等治理齐国后,以"尊王攘夷"的口号号召诸侯,他曾帮助燕国打败北戎,营救邢、吕两国,制止了戎狄对中原的进攻,联合中原诸侯进攻蔡、楚,安定了东周王室的内乱等,故深得诸侯拥戴。

⑧劳者不疾:即劳师不疾。谓军队被派到很远的地方去打仗,虽然辛劳,但没有怨恨。疾,怨恨。

⑨驱海内使朝天子:指齐桓公多次大会诸侯,订立盟约,共同拥护东周王室。朝天子:朝贡东周王室。

⑩"盛君"句:是说齐桓公治理齐国之初的行为即使是圣德之君的行为也不可能再超过了。盛君,具有美德的君王;进,加也。

⑪怠于德而并于乐:德行怠惰,放纵淫乐。拜,从。《说文·从部》:"拜,相从也。"

⑫谋因竖刁:谋划随便竖刁。竖刁,齐国佞臣。按:王念孙云:"'因'下有'于'字。"

⑬胡宫:齐桓公居住的宫室。

⑭虫出而不收:指齐桓公晚年放纵淫乐,听信佞臣之言,公元前643年,佞臣堂

巫、易牙、竖刁、公子开方作乱,围困齐桓公宫室,桓公援素怀裹首而死,死后许多日,尸体腐坏,虫出于户,方知齐桓公已死。《史记·齐世家》云:"桓公尸在床,六十日尸虫出于户。"《管子·小称篇》云:"死十一日,虫出于户,乃知桓公之死也。"

⑮不能恶焉:不比他更坏、更惨。恶,坏,此处作悲惨解。焉,代词,指齐桓公。

⑯靡不有初,鲜克有终:语出《诗经·大雅·荡》,意思是善始者很多,善终者很少。鲜,少。

⑰不遂其君:不能善终其君王的事业。遂,即不能把王业坚持到最后。遂,终。

⑱临民:统治百姓。

⑲肆欲于民:意思是搜刮百姓,放肆纵欲。

⑳诛虐于下:王念孙云:"诛虐本作虐诛,《群书治要》正作虐诛。"吴则虞云:"治要'于'作'其'。"译文从此。此句的意思是虐待诛杀他的臣下。

㉑不能待于君使矣:不能侍候君王,为君办事了。于省吾云:"使字不词,本应作事,金文使、事同字,《外篇》第十五'婴老不能侍公之事'义与此同。"是。译文从此。

㉒行不能革:行为不能改变。革,改也。与改、更通。《广韵》:"革,改也。"《易·杂卦》:"革,去故也。"《诗经·大雅·皇矣》:"不长夏以革。"《传》:"革,更也。"

㉓持节以没世:坚持节操到死。没世,离开人世。

【今译】

　　齐景公在淄水岸上观望,与晏子分别站立。景公感慨地叹息说:"唉!假使国家可以长期保持而传给子孙,岂不是件快乐的事吗?"晏子回答说:"我听说圣明的君王是靠德政来立国,老百姓也是归附有德的国君。现在君王的政令使国家混乱,行为背弃百姓已经很久了,而谈话中却想保存国家,不是很困难的吗!我听说,能够长期保存国家的人,是那些能够善始善终地精心治国的人。诸侯林立,能善终的成为君长;诸多学子在一起学习,能最后坚持学习的成为老师。以前先君桓公,当他刚任用贤能、赞颂美德的时候,灭亡了的国家依靠他而得到保存,危急的国势仰仗他而得到安定,所以百姓喜欢他的德政而世间称赞他的德行。军队远行征伐暴虐,劳苦的士卒不怨恨,统率天下的诸侯去朝拜周天子,而诸侯没有怨言。那个时候,盛德之君的品行不能再超过他了。等到他临终时就衰败了,他晚年德行怠惰而且放纵淫乐,身子沉溺于妇人近侍之中而治国的谋划则依赖竖刁这些人,所以老百姓痛恨他的政治,而世间非议他的行为,他自身死于胡官而没有人知道,尸体腐烂生了虫而没有人去收尸,那时候,桀、纣的死不能比他更惨。《诗经》上说:'开始无不为善,最终坚持为善的却很少。'不能始终为善的国君,不会最终保持君位。现在君王统治百姓把百姓视为仇敌,看见贤人就像避暑一样的躲开他们,乱了国政而危害贤良,一定会失去民心,放肆纵欲搜刮百姓、残暴诛杀臣下,恐怕会连累到自身。我的年纪已经老了,不能为君王办事了,君王的行为不改变,我就坚守自己的节操直到死亡。"

景公登牛山悲去国而死晏子谏第十七

【原文】

景公游于牛山①,北临其国城②,而流涕曰:"若何滂滂去此而死乎!③"艾孔、梁丘据皆从而泣④。晏子独笑于旁,公刷涕而顾晏子曰:⑤"寡人今日游悲⑥,孔与据皆从寡人而涕泣,子之独笑,何也?"晏子对曰:"使贤者常守之,则太公、桓公将常守之矣;使勇者常守之,则庄公、灵公将常守之矣⑦。数君者将守之,则吾君安得此位而立焉?以其迭处之⑧,迭去之,至于君也,而独为之流涕,是不仁也⑨。不仁之君见一,谄谀之臣见二,此臣之所以独窃笑也。"

【注释】

①牛山:山名。《括地志》:"齐桓公墓在临淄县南二十一里牛山上。亦名鼎足山,一名牛首堈。
②北临其国城:向北看齐国都城。
③若何滂滂去此而死:《文选》卷十三注引作"奈何去此堂堂国者而死乎。"《韩诗外传》同,译文从《文选》注引。全句意思是怎么会丢下这强盛的国家而死去呢!
④艾孔:人名,齐国大夫。
⑤刷涕:抹泪,揩干眼泪。
⑥今日游悲:吴则虞云:"《列子》'日'下有'之'字。"当为"今日之游悲"。意思是今天游牛山使我悲伤。
⑦灵公:齐庄公之父,名环。公元前581年至公元前554年在位。句中灵公

应书于庄公之前。

⑧迭处之：更迭立为国君，居处国都。

⑨不仁：张纯一《晏子春秋校注》云："独欲常处而悲其去，故为不仁。"

【今译】

景公在牛山游览，向北远望齐国的都城而流泪说："先君桓公为什么离开这盛大的都城而死去啊！"艾孔、梁丘据都跟随景公一起哭泣。惟晏子一人在旁边笑，景公揩干泪水看着晏子说："我今天的游览很伤心，艾孔与梁丘据都跟着我一起哭泣，先生却一个人笑，是什么道理？"晏子回答说："假使圣贤之人能长久地守住君位，那太公、桓公将长久地守住君位了；假使凭借勇力能长久地守住君位，那庄公、灵公也将长久地守住君位了，以上君王如果都守住君位，那么国君您怎么得到这个位置而为国君呢？因为上面说到的先君更迭着处在都城，又更迭着离开都城，才传到君王您的名下，而现在只为死去离开都城这件事流泪，是不仁了。我看到一个不仁的国君，看到了两个谄谀的臣子，这就是我独自暗笑的原因。"

景公游公阜一日有三过言晏子谏第十八

【原文】

景公出游于公阜①，北面望睹齐国曰："呜呼！使古而无死，何如？"②晏子曰："昔者上帝以人之殁为善③，仁者息焉④，不仁者伏焉⑤。若使古而无死，丁公、太公将有齐国⑥，桓、襄、文、武将皆相之⑦，君将戴笠衣褐，执铫耨⑧，以蹲行畎亩之中，孰暇患死⑨！"公忿然作色，不说。无几何而梁丘据御六马而来⑩，公曰："是谁也？"晏子曰："据也。"公曰："何如？"曰："大暑而疾驰，甚者马死，薄者马伤，非据孰敢为之！"公曰："据与我和者夫⑪？"晏子曰："此所谓同也。所谓和者，君甘则臣酸，君淡则臣咸。今据也甘君亦甘，所谓同也，安得为和！"公忿然作色，不说。无几何，日暮，公西面望睹彗星，召伯常骞⑫，使禳去之⑬。晏子曰："不可！此天教也⑭。日月之气，风雨不时，彗星之出，天为民之乱见也⑮，故诏之妖祥⑯，以戒不敬⑰。今君若设文而受谏⑱，谒圣贤人,虽不去彗,星将自亡。今君嗜酒而并于乐,政不饰而宽于小人⑲,近谗好优⑳,恶文而疏圣贤人,何暇在彗?茀又将见矣㉑。"公忿然作色,不说。及晏子卒,公出背而泣曰㉒:"呜呼!昔者从夫子而游公阜,夫子一日而三责我,今谁责寡人哉!"

注释

①公阜:齐国地名。吴则虞云:"《左传》作遄台,在临淄西南,此云北望,盖即此地。

②何如:陶鸿庆云:"此文'何如'上当补'其乐'二字,意始明",译文从此。

③人殁为善:人死去是好事。殁,死。

④仁者息焉:仁义的人因死而得到安息。

⑤不仁者伏焉:坏人死了,他们的恶行也就消失了。伏:藏匿,此处意为消失。

⑥丁公、太公:丁公名伋,太公之子。吴则虞云:"此处丁公二字当在太公二字之下。"译文从此。

⑦桓、襄、文、武:均为齐国国君。桓,即齐桓公;襄,指齐襄公,名诸儿,公元前697—公元前686年在位;文,指齐文公,名赤,公元前815—公元前804年在位;武,指齐武公,公元前841—公元前825年在位。

⑧铫(yáo 姚)耨(nòu 檽):大锄和小锄。铫,大锄。《管子·海王》:"耕者必有一耒、一耜、一铫。"耨,小手锄。《释名·释用器》:"耨,似锄,妪薅禾也。"

⑨孰暇患忧:谁有空闲去担忧死。

⑩六马:六匹马拉的车,即景公的坐车。一说,景公驾八,梁丘据乘六马之车,是僭位之举。

⑪据与我和者乎:梁丘据与我称得上协调和谐的人了。和,协调。古人以盐梅调味,一咸一酸,其味相补,谓之"和"。后来用以比喻君臣关系,君臣相得,称之为"和"。

⑫伯常骞:齐国大臣。

⑬使禳(ráng 瓤)去之:命祭祷消灾,除去彗星。禳,祭祷;去之,除去彗星。

⑭天教:上天告诫。教,告诫。

⑮见之:出现彗星。见,通现。之,代词,指彗星。

⑯诏之妖祥:以凶吉的先兆警告。诏,告。多用于上告下。《庄子·盗跖》:"夫为人父者,必能诏其子。"妖祥,凶、吉之兆。

⑰不敬:怠慢。敬,慎,不慢。《荀子·强国》:"故王者敬日。"杨倞注:"敬,谓不敢慢也。"

⑱设文:设置礼乐制度即推行礼治。文,古指礼乐制度。《论语·子罕》:"文

王既没,文不在兹乎!"

⑲政不饰:国家不整治。政,指治理国家的法令制度;饰,通饬,整治。

⑳优:优伶,演戏的人。这里泛指歌舞乐工。

㉑茀(fú扶):即孛星。孛星与彗星相似,孛星光芒短,彗星光芒长。

㉒公出背而泣:《治要》作"公出屏而立"。吴则虞按:《指海》本已改作:'出屏而泣。'"此句的意思是:晏子死后,无人再劝谏景公,景公设朝,出屏见群臣,因思晏子而泣。

【今译】

景公在公阜巡游,往北看见了齐国的都城,说:"唉!假若从古至今人不会死,其快乐如何?"晏子说:"从前,上古的帝王认为人死是好事,仁德的人得到安息,凶残的人就消失。假若古代的人不死,太公、丁公将永远拥有齐国,桓公、襄公、文公、武公都辅佐他们,您将会成为戴斗笠穿粗衣、拿着锄头蹲在田间劳动的人,哪有闲暇去担心死呢!"景公气愤得变了脸色,很不高兴。没有多久,梁丘据驾着六马高车而来。景公问:"是谁来了?"晏子说:"是梁丘据。"景公说:"怎么知道是他?"晏子说:"大热天驾着车子飞快地奔驰,严重的要累死马,轻的也会累伤,不是梁丘据谁还敢这样做!"景公说:"梁丘据和我之间算是相和的人吧!"晏子说:"这只能说是相同的。所说的相和,是指国君甜而臣子就酸,国君淡而臣子就咸。现在梁丘据甜君王也甜,所以只能说相同,怎么会称得上相和呢?"景公气愤得变了脸色,很不高兴。没有多久,太阳西下,夜幕降临,景公向西望见了彗星,立即召见伯常骞,叫他祈祷消灾除去彗星。晏子说:"不能这样! 这是上天告诫啊。日月的云气,风雨失调不依季节,彗星的出现等,都是上天为了百姓的离乱而显现的,用凶吉的先兆警告,告诫怠慢不慎之人。现在君王如果推行礼乐制度而接受谏言,任用圣贤之人,即使不祈祷除彗,彗星也会自行消失。而今君王酷好饮酒放纵享乐,国政不修治而宽容作恶的人,亲近阿谀奉承的人喜好歌舞乐工,厌恶礼乐制度疏远圣贤之人,岂止彗星出现,茀星也将出现了。"景公气愤得变了脸色,很不高兴。

等到晏子死后,景公设朝走出屏风而哭泣着说:"唉! 以往与晏子一起巡游公阜,他一天之中三次谏责我,现在谁来谏责我呢!"

景公游寒途不恤死胔晏子谏第十九

【原文】

　　景公出游于寒途,睹死胔①,默然不问。晏子谏曰:"昔吾先君桓公出游,睹饥者与之食,睹疾者与之财②,使令不劳力③,籍敛不费民④。先君将游,百姓皆说曰:'君当幸游吾乡乎!'今君游于寒途,据四十里之氓⑤,殚财不足以奉敛⑥,尽力不能周役民氓⑦,饥寒冻馁⑧,死胔相望,而君不问,失君道矣。财屈力竭⑨,下无以亲上;骄泰奢侈⑩,上无以亲下。上下交离,君臣无亲,此三代之所以衰也。今君行之,婴惧公族之危⑪,以为异姓之福也⑫。"公曰:"然!为上而忘下,厚籍敛而忘民,吾罪大矣。"于是敛死胔,发粟于民⑬,据四十里之氓,不服政其年⑭,公三月不出游。

注释

　　①死胔(zì自):死后肉还没有烂尽的尸体。《礼记·月令》:"掩骼埋胔。"郑玄注:"骨枯曰胳,肉腐曰胔。"

　　②疾者:患病之人。

　　③使令不劳力:派遣差役不过劳民力。

　　④籍敛不费民:征敛税赋不耗损百姓。籍敛,一作藉敛。籍,即征籍,古代各种捐税的统称。费,耗损。

　　⑤氓:郊野之民,这里指百姓。

　　⑥殚财:竭尽财力。

　　⑦周役:服完劳役。

　　⑧冻馁:冻饿。

　　⑨财屈(jué决):财力穷尽枯竭。

　　⑩骄泰:骄恣,骄奢淫逸。

　　⑪公族:王族。

　　⑫异姓之福:异姓的福分。按:此指景公骄奢,有亡国的危险。

　　⑬粟:小米,这里泛指粮食。

　　⑭其年:期年,周年。

【今译】

　　景公出宫巡游在寒冷的途中,看见路边有死后未完全腐烂的尸体,沉默不言。晏子进谏说:"过去我们的先君桓公出来巡游,看见饥饿的人就给他们吃的,看见生病的人就给他们钱财,派遣差役不过劳人力,征收税赋不耗损百姓。先君将要出游,百姓都说:'君王应当巡游我们的乡里吧!'现在君王巡游在寒冷的道上,居住在周围四十里内的百姓,竭尽他们的钱财也不够上缴税赋,使尽全力还不能服完劳役,饥寒交迫,死后没有完全腐烂的尸体一个挨着一个,而君王不抚恤存问,您已失去当国君的道德了。钱财穷尽,人力枯竭,下民不可能亲近君上;骄奢淫逸,君上不可能亲近下民。君王百姓互相分离,国君臣子互不亲近,这就是三代之所以衰亡的原因了。现在君王正在这样做,我害怕王室的倾危,会变为异姓的福分呀!"景公说:"是!作为君王而忘记下民,加重税赋的征收而忘记百姓,我的罪过太大了。"于是收敛死尸,发放粮食给百姓,周围四十里的百姓,一年不为国家服役,景公也三个月不出来游玩。

景公衣狐白裘不知天寒晏子谏第二十

【原文】

　　景公之时,雨雪三日而不霁,公被狐白之裘,坐堂侧陛①。晏子入见,立有间②,公曰:"怪哉!雨雪三日而天不寒。"晏子对曰:"天不寒乎?"公笑。晏子曰:"婴闻古之贤君,饱而知人之饥,温而知人之寒,逸而知人之劳,今君不知也。"公曰:"善!寡人闻命矣。"乃令出裘发粟,与饥寒③。令所睹于途者,无问其乡;所睹于里者,无问其家;循国计数,无言其名④。士既事者兼月,疾者兼岁。⑤孔子闻之曰⑥:"晏子能明其所欲,景公能行其所善也⑦。"

注释

　　①从"景公"至"侧陛":汉墓竹简残缺甚多,仅有"景公之……"三字。霁(jì剂):雨止。文中指风雪停止,天气放晴。被狐白之裘:披着白狐皮做成的裘。被,通披。坐堂侧陛:坐在殿堂侧边的台阶上。王念孙云:陛是阶之误。
　　②立有间:站了一会儿。从"晏子入见"至"三日而天不寒":汉墓竹简仅存"……公曰异弌……"四字。"弌"当读为"哉"。
　　③从"晏子对曰"至"与饥寒":这段文字汉墓竹简无。

④从"令所睹"至"无言其名":汉墓竹简仅存"令所堵于……毋言其名"八字。循国计数:巡行全国统计数字。

⑤"士既"二句:汉墓竹简作"出气事者兼月,脊者□岁"。骈宇骞云:"'出'当为'士'字之讹……'气'当读为'既'。"这两句的意思是已服公职者发给两月救济粮,生病的发给两年救济粮。

⑥孔子闻之曰:汉墓竹简作"子曰"。

⑦"晏子"二句:汉墓竹简作"晏子能明其所欲,景公能行其所善。"无"也"字。

【今译】

　　齐景公在位的时候,大雪下了三天而不停止,景公披着白色的狐皮裘衣,坐在殿堂侧边的台阶上。晏子进宫拜见景公,站了一会儿,景公说:"怪啊!大雪下了三天而天气竟然不寒冷。"晏子回答说:"天气果真不寒冷吗?"景公笑了笑。晏子说:"我听说古代的贤德君王,吃饱的时候能知道有人在挨饿,穿暖的时候知道有人在受寒,安逸的时候知道有人在辛苦。现在君王不知道民间的疾苦啊!"景公说:"说得对!我听从您的教诲了。"于是就下令拿出衣物和粮食,发放给饥寒交迫的人。命令凡看见路途上有饥寒的人,不问他是哪个乡,看见在里间有饥寒的人,不问他是哪一家,巡行全国统计发放数字,不必报他们的姓名。已任职的发给两月救济粮,生病的发给两年救济粮。孔子听到这件事后说:"晏子能够明白自己应做的事,景公能做他所高兴做的事。"

景公异荧惑守虚而不去晏子谏第二十一

【原文】

　　景公之时,荧惑守于虚①,期年不去。公异之,召晏子而问曰:"吾闻之,人行善者天赏之,行不善者天殃之②。荧惑,天罚也。今留虚,其孰当之③?"晏子曰:"齐当之。"公不说,曰:"天下大国十二④,皆曰诸侯,齐独何以当?"晏子曰:"虚,齐野也⑤。且天下之殃,固于富强⑥,为善不用,出政不行,贤人使远,逸人反昌⑦,百姓疾怨,自为祈祥⑧,录录强食⑨,进死何伤⑩!是以列舍无次⑪,变星有芒⑫,荧惑回逆⑬,孽星在旁⑭,有贤不用,安得不亡!"公曰:"可去乎?"对曰:"可致者可去⑮,不可致者不可去。"公曰："寡人为之若何？"对曰："盍去冤聚之狱⑯,使反田矣⑰;散百官之财,施之民矣;振孤寡而敬老人矣。夫若是者,百恶可去,何独是孽乎！"公曰："善。"行之三月,而荧惑迁。

注释

①荧惑守于虚:火星出现在齐国的分野上。荧惑,即火星。由于火星呈红色,荧荧像火,在天空运行,亮度时有变化,且时东时西,令人迷惑、故称"荧惑"。古人不知这种自然现象,以为是灾难降临的先兆。《史记·天官书》:"礼失,罚出荧惑,荧惑失行是也。出则有兵,入则兵散。"虚,天区名,古代星象占术者把天上的二十八宿与地上的各州郡邦国区域相对应,认为天上发生的天象预兆着地上各对应地区的凶吉。齐国所对应的天区是"虚"、"危"二天区。故荧惑出现在"虚",齐景公认为是齐国的凶兆。

②天殃之:上天降祸于他。殃,祸殃,灾难。

③其就当之:此事该谁担当。其,指荧惑出现所预兆的灾难。当,承担。

④大国十二:春秋时国力比较强盛的十二个诸侯国,指晋、秦、齐、楚、吴、越、鲁、卫、宋、郑、陈、蔡。

⑤齐野:齐国的分野。参见本篇注①。

⑥固于富强:本来在富强的国家。

⑦逸人反昌:逸谀之人反而昌盛。

⑧自为祈祥:自己导致妖祥。陶鸿庆云:"祈读为禨。禨,妖祥也。"

⑨录录强食:忙忙碌碌地强行掩饰。食,孙星衍云:"食,当读为饰。"

⑩进死何伤:自进于死地,而不知悲伤。

⑪列舍无次:列宿乱了次序。舍,星次。《史记·律书》:"七正二十八舍。"司马贞索隐:"七正者,日月五星也……二十八舍即二十八宿之所舍也。"张纯一云:"言天人相感应,列宿亦乱其次序。"

⑫变星:亮度时强时弱,或隐或现之星。古人把变星视为不祥之兆。此指彗星。

⑬荧惑回逆:指火星时东时西,去而复返。

⑭孽星:灾星。

⑮"可致者"句:意思是能够使这些怪异现象发生的人能够消除这些怪异现象,即解铃还须系铃人之意。这里暗示景公不德,招来祸星。

⑯盍:何不。

⑰反田:返回田间。反,通返。

【今译】

　　景公的时候,荧惑长时期地出现在虚宿,整整一年没有离去。景公很奇怪,召见晏子并问他道:"我听说,人做善事的上天降福于他,做恶事的上天降灾祸于他。荧惑的出现,是天的惩罚了。现它留于虚宿,谁应承担这凶兆?"晏子说:"齐国承担。"景公很不高兴。说:"天下大国有十二个。都是诸侯,为什么独独齐国来承担这灾祸。"

　　晏子说:"虚宿,在齐国的分野里。况且天下的祸殃,本来在于富强的国家挑起,做善事的不任用,发出的政令不施行,圣贤的人被疏远,谗谀小人反而昌盛。老百姓痛恨怨恶,这是自己导致妖祥,忙忙碌碌地强行掩饰过错,自进于死地有什么值得悲伤!所以列宿没有次序,变星发出光芒,荧惑去而复返,灾星就在荧惑之旁。有贤能的人不用,怎能不灭亡!"

　　景公说:"可以消除吗?"晏子说:"能够招致灾星的人能够消除它,不能招致灾星的人不能消除它。"景公说:"我将如何做呢?"晏子说:"为什么不免除冤狱,使受冤者返回田间;拿出百官的钱财,发放给百姓;振救孤寡、尊敬老人!如果这样做,百恶都可以消除,何止是灾孽呢!"景公说:"对啊!"施行了三个月,荧惑就离开了齐国。

景公将伐宋瞢二丈夫立而怒晏子谏第二十二①

【原文】

　　景公举兵将伐宋②,师过泰山,公瞢见二丈夫立而怒,其怒甚盛,公恐,觉③,辟门召占瞢者④,至。公曰:"今夕吾梦二丈夫立而怒,不知其所言,其怒甚盛,吾犹识其状,识其声。"占梦者曰:"师过泰山而不用事⑤,故泰山之神怒也。请趣召祝史祠乎泰山则可⑥。"公曰:"诺。"明日,晏子朝见,公告之如占瞢之言也。公曰:"占瞢者之言:'师过泰山而不用事,故泰山之神怒也。'今使人召祝史祠之。"晏子俯有间⑦,对曰:"占瞢者不识也,此非泰山之神,是宋之先汤与伊尹也⑧。"公疑,以为泰山神。晏子曰:"公疑之,则婴请言汤、伊尹之状也。汤质皙而长⑨,颜以髯⑩,兑上丰下⑪,倨身而扬声⑫。"公曰:"然,是已。""伊尹黑而短⑬,蓬而髯⑭,丰上兑下,偻身而下声⑮。"公曰:"然,是已。今若何?"晏子曰:"夫汤、太甲、武丁、祖乙⑯,天下之盛君也,不宜无后。今惟宋耳⑰,而公伐之,故汤、伊尹怒,请散师以平宋⑱。"景公不用⑲,终伐宋。晏子曰:"伐无罪之国,以怒明神,不易行以续蓄⑳,进师以近过㉑,非婴所知也。师若果进,军必有殃。"军进再舍㉒,鼓毁将毙㉓,公乃辞㉔乎晏子,散师,不果伐宋㉕。

注释

①本篇原文与汉墓出土竹简差异较大,竹简残缺亦多,故译注仍依吴本,为便于读者对照,兹将本篇竹简原文附录如下:

　　景公将伐宋,师过大山,公吾薨有二丈夫立而怒……志其声,公恐,学,痛硕,辟门召占薨者曰:"今昔吾薨有二丈夫立而怒,其怒甚盛,吾犹027其状,志其声。"占薨者曰:"师过大山不用事,故大山之神怒,趣……者之言曰:'师过大山而不用事,故大山之神怒。'今吾欲使人诛祝史。"晏子付有间,卯而合曰:"占薨者弗识也,是非大山之神也,是宋之先也,汤与伊尹也。"公疑,犹以为大山。晏子曰:"公疑之,则婴请门汤……逢下,居身而阳声。"公曰:"□□□伊尹黑以短□□以逢,逢上而兑□□□而下声。"公……唯宋耳,而公伐之,故汤、伊尹怒,请散师和平。……子曰:"公伐无罪之国,以怒明神,不易行□□□进师以战,祸非婴之所智也。师若果进,军必有戋。"军进再舍,将壹军鼓毁。公恐,辞□□□□不果伐宋。

②宋:春秋时期的诸侯国名。子姓。其开国之君是商纣王的庶兄微子启。公元前11世纪,周公旦平定武庚的反叛后,把商的旧都周围地区分封给微子,建都商丘。

③觉:醒来。

④辟门:开门。

⑤不用事:没有祭祀。

⑥趣召祝史:赶快去召唤祝史。

⑦俯有间:低头想了一会儿。

⑧汤与伊尹:商汤与伊尹。汤,指成汤。又称武汤、天乙,或称成唐,商朝的建立者。伊尹,商初大臣。名伊,一说名挚,尹是官名。原为有莘氏女的陪嫁之臣,汤用为"小臣",后来任以国政,帮助汤攻灭夏桀,建立商朝。汤死后,他辅佐卜丙、仲壬二王,仲壬死后,他篡位自立,放逐太甲,七年后太甲潜回,把他杀死。一说太甲立,不遵商汤法制,被他放逐,三年后太甲悔过,又接回还政于太甲。

⑨质皙而长:皮肤白身子长。质,质也,这里指皮肤。皙,皮肤白。

晏子春秋·卷第一　43

⑩颜以髯(rán然):面长有胡须。于鬯云:"'颜'下疑复有'长'字。"译文从此。

⑪兑上丰下:脸的上部小,下部丰满。兑,通锐,物上下大曰锐。

⑫倨身而扬声:身子稍弯曲而声音宏亮。倨,直而曲折,扬,飞举,这里作高昂解。

⑬黑而短:皮肤黑而身子矮小。

⑭蓬而髯:头发蓬松,面有胡须。吴则虞:"《御览》蓬下有头字。"译文从此。

⑮偻身而下声:曲背而声音小。偻,曲背。

⑯太甲、武丁、祖乙:均为商朝国君。

⑰今惟宋耳:现在商朝的后裔只有宋国了。

⑱散师以平宋:撤回军队保全宋国。散,解散,撤回。平宋,使宋国平安。

⑲不用:不采纳。

⑳不易行以续蓄:不改变伐宋的行为来继续两国的相好。续蓄,续好。蓄,通畜,好。《孟子·梁惠王》:"畜君者,好君也。"

㉑进师以近过:进军来临近祸殃。过,祸。

㉒再舍:军住一宿曰舍,再舍,指进军两日住宿下来,犹言进军后的第二天晚上。

㉓鼓毁将殪:战鼓毁坏,大将死亡。殪,死亡。

㉔辞:谢也,自认其有过错。

㉕不果伐宋:结果没有伐宋。果,成事实。不果,没有成事实。

【今译】

　　齐景公兴兵将要攻打宋国,军队经过泰山,景公瞢见两个男子汉立在他面前而且发怒,他们怒气极盛。景公恐惧,被吓醒,赶快开门召见占梦的人,占梦人到后,景公说:"今晚我梦见两个男子汉站在我的面前而且发怒,不知道他们说了些什么,他们怒气极盛,我还能辨认他们的相貌,辨别他们的声音。"占梦者说:"军队经过泰山而不祭祀,所以泰山的神灵发怒了,请求赶快召唤祝史来祭祀泰山就可以了。"景公说:"好吧。"

　　第二天,晏子朝见景公,景公就将占卜者说的那些话告诉晏子。景公说:"占卜者的话是这样说的:'军队过泰山而不祭祀,所以泰山的神灵发怒了。'现在已经派人召祝史祭祀泰山。"晏子低头想了一会儿说:"占梦之人不知道,这梦里的人不是泰山的神灵,而是宋国的祖先成汤和伊尹。"景公表示怀疑,认为是泰山的神灵。晏子说:"君王怀疑我的话,那我请求谈成汤和伊尹的形状。成汤皮肤白而身子长,脸长而有须,上部小而下部丰满,身子稍曲而声音高昂。"景公说:"是,是的。"晏子又说:"伊尹皮肤黑而身子矮,蓬头有胡须,脸的上部丰满而下部尖小,曲背而声音小。"景公说:"是,是的,现在怎么办?"晏子说:"成汤、太甲、武丁、祖乙,都是天下盛德的国君,不应该没有后人。现在唯一的后人只有宋国了,而君王攻打他们,所以成汤、伊尹要发怒,请求撤回军队来保全宋国。"景公不采纳晏子的建议,终于伐宋。晏子说:"攻打没有罪过的国家,用来惹怒神灵,不改变伐宋的行动来继续两国的和好,相反,以进军来靠近灾祸,不是我所知道的了。军队如果真的进军,将士必定有祸殃。"齐军进军的第二天晚上战鼓毁坏大将死亡。景公这才向晏子承认自己不对,撤回了军队,伐宋没有成为事实。

景公从畋十八日不返国晏子谏第二十三

【原文】

景公畋于署梁①,十有八日而不返,晏子自国往见公②。比至③,衣冠不正,不革衣冠④,望游而驰⑤。公望见晏子,下而急带曰⑥:"夫子何为遽⑦?国家无有故乎⑧?"晏子对曰:"不亦急也⑨!虽然,婴愿有复也⑩。国人皆以君为安野而不安国⑪,好兽而恶民,毋乃不可乎?"公曰:"何哉?吾为夫妇狱讼之不正乎⑫?则泰士子牛存矣⑬;为社稷宗庙之不享乎⑭?则泰祝子游存矣⑮;为诸侯宾客莫之应乎?则行人子羽存矣⑯;为田野之不僻⑰,仓库之不实?则申田存焉⑱;为国家之有余不足聘乎⑲?则吾子存矣。寡人之有五子,犹心之有四支⑳,心有四支,故心得佚焉㉑。今寡人有五子,故寡人得佚焉,岂不可哉!"晏子对曰;婴闻之,与君言异。若乃心之有四支,而心得佚焉,可;得令四支无心,十有八日,不亦久乎!"公于是罢畋而归㉒。

【注释】

①畋于署梁:在署梁打猎。畋,畋猎。署梁,齐国地名,地望不详。
②国:指国都临淄。
③比至:及到。

④不革衣冠:没有穿戴好衣冠。革,皮革,此处用为动词,即用皮带束好衣,系好冠。

⑤望游而驰:望着景公的旌旗处奔跑。游,《说文》:"游,旌旗之旒也。"

⑥下而急带:下车肃整威仪。下,下车。急带,肃整威仪,即面容严肃认真。

⑦遽:急速。

⑧无有故乎:没有什么事故吧。故,发生事件。

⑨不亦急也:没有什么急迫的事。

⑩愿有复也:希望有所禀告。复,答复。这里作禀告解。

⑪安野:安心在野外打猎。

⑫狱讼:诉讼案件。

⑬泰士子牛:泰士,太士,官名,主管狱讼之事。子牛,人名,不详。

⑭不享:不祭献。享,祭献。

⑮泰祝子游:泰祝,即太祝,官名,掌祭祀祈祷。子游,人名。

⑯行人子羽:行人,官名。《周礼》秋官有行人,管朝觐聘问。子羽,人名。按:吴则虞云:"作'子羽'显然有误。行人子羽,郑人也。见于《论语·宪问》,又见于《左》襄二十九、三十一年传及昭元年传。似当从《(韩诗)外传》前作'子几'。"

⑰不僻:没有开辟。僻,同辟。

⑱申田:官名,即司田。掌垦草辟土、种植等。

⑲国家之有余不足聘:吴则虞云:"'聘'字衍。《(韩诗)外传》作'为国家有余不足邪。'足证。"译文从此说。全句的意思是国家的有余或者不足。

⑳四支:即四肢。支,通肢。

㉑佚:通"逸",安闲舒适。

㉒罢畋:停止畋猎。

【今译】

　　景公在署梁畋猎,十八天没有回宫。晏子从国都前往署梁拜见景公。到了署梁,他不正衣冠,不用皮带将衣服、帽子束系好,就望着旌旗飘动的地方奔去。景公看见晏子跑来,下车来神态严肃地问道:"先生为何这样匆忙?国家没有发生任何事情吧?"晏子回答说:"不算很急,虽然如此,我希望有所禀告。全国的人都认为君王乐在野外打猎而不愿在朝理事,喜好野兽而怨恶百姓,这恐怕不可以吧?"景公说:"什么?我为审理夫妇间的诉讼案件不公正吗?那太士子牛在呀;为国家与宗庙的祭祀缺少供奉吗?那太祝子游在呀;为接待诸侯宾客之事没有人吗?那行人子羽在呀!为田野没有开辟、粮食国库不充实吗?那申田在呀;为国家的盈余或不足无人主管吗?那有先生您在呀,我有五位大臣,就像一个人的心有四肢一样,心有四肢,所从心能得到逸乐。现在我有五位大臣,所以我能够得到逸乐,难道不行吗!"晏子回答说:"我所说的和君王所说的不同。如果说心有四肢,而心可以得到逸乐,可以;能叫四肢没有心去主宰十八天,不是太久了吗!"景公于是取消畋猎而回国都。

景公欲诛骇鸟野人晏子谏第二十四

【原文】

景公射鸟,野人骇之①,公怒,令吏诛之。晏子曰:"野人不知也。臣闻赏无功谓之乱,罪不知谓之虐②。两者,先王之禁也。以飞鸟犯先王之禁③,不可!今君不明先王之制④,而无仁义之心,是以从欲而轻诛⑤。夫鸟兽,固人之养也,野人骇之,不亦宜乎!"公曰:"善!自今已后,弛鸟兽之禁⑥,无以苛民也⑦。"

注释

①骇之:将鸟惊吓飞走。骇,惊。
②虐:残暴。
③"以飞鸟"句:意思是因飞鸟而杀人犯了先王的不罪无知的禁令。
④制:制度。
⑤从欲:纵欲,放纵个人的嗜欲。
⑥弛鸟兽之禁:解除捕鸟猎兽的有关禁令。弛,松弛,这里作解除用。
⑦苛:苛求、责难。

【今译】

景公射鸟,乡野里的一个人把鸟惊飞了。景公大怒,命令小吏去将惊走鸟的人杀掉。晏子说:"乡野之人不知道您射鸟呀。我听说赏赐没有功绩的人,就叫乱政,罪罚不知禁令的人就叫暴虐。这两件事,都是先王所禁止的;因飞鸟的缘故而犯先王的禁令,不应该!现君王不了解先王制订的法令,而又无仁义之心,所以放纵嗜欲而随意杀人。

鸟与兽,本来是人饲养的。乡野之人惊走它,不也是可以的吗!"景公说:"对!从今以后,解除射鸟捕兽的有关禁令,不要用它来苛责百姓了。"

景公所爱马死欲诛圉人晏子谏第二十五

【原文】

景公使圉人养所爱马①,暴死②。公怒,令人操刀解养马者③。是时晏子侍前,左右执刀而进,晏子止而问于公曰:"尧舜支解人④,从何躯始⑤?"公矍然曰⑥:"从寡人始。"遂不支解。公曰:"以属狱⑦。"晏子曰:"此不知其罪而死,臣为君数之,使知其罪⑧,然后致之狱。"公曰:"可。"晏子数之曰:"尔罪有三:公使汝养马而杀之,当死罪一也;又杀公之所最善,当死罪二也;使公以一马之故而杀人,百姓闻之必怨吾君,诸侯闻之必轻吾国,汝杀公马,使怨积于百姓,兵弱于邻国,汝当死罪三也。今以属狱。"公喟然叹曰:"夫子释之!夫子释之!勿伤吾仁也。"

【注释】

①圉(yǔ)人:官名,管养牧马匹之事。也泛指养马的人。
②暴死:突然病死。
③解养马者:用刀肢解养马的人,即一刀一刀地将养马人割死。
④支解:即肢解。
⑤从何躯始:从哪一个人开始。躯,躯体。
⑥矍然:一作懹然,惊视貌。
⑦以属狱:将他下狱。属狱,归狱,即下狱。
⑧使知其罪:使他知道自己的罪行。

【今译】

景公让圉人饲养他所爱的马,马突然病死。景公大怒,命令下人拿刀肢解养马的人。当时晏子正侍从在景公身边。景公左右的人拿着刀向养马人走去,晏子制止了他们而问景公说:"尧帝、舜帝肢解人,不知从哪一个人开始。"景公惊奇地看着晏子说:"从我开始。"于是就不再肢解养马人。景公接着说:"将他下狱。"晏子说:"这人不知道自己犯了什么罪而死,我为君王列举他的罪状,使他知道自己的罪行,然后送他入狱。"景公说:"可以。"晏子责备养马人说:"你的罪行有三条,君王让你养马而你杀了马,是你该死的第一条罪行;你杀死的又是君王最喜爱的马,是你该死的第二条罪行;你让君王因为死一匹马的原故而杀人,百姓听到这件事后一定会怨恨我们的君王,诸侯听到这事后必定轻视我们齐国,你杀君王的马,使君王积怨于百姓,军力削弱于邻国,这是你该死的第三条罪行了。现在将他下狱。"景公长叹一声说:"先生放了他!先生放了他,不要伤害我仁爱的名声吧!"

晏子春秋·卷第二

内篇谏下第二

景公藉重而狱多欲托晏子晏子谏第一

【原文】

　　景公藉重而狱多①，拘者满囹②，怨者满朝。晏子谏，公不听。公谓晏子曰："夫狱，国之重官也③，愿托之夫子。"晏子对曰："君将使婴敕其功乎④？则婴有壹妾能书⑤，足以治之矣。君将使婴敕其意乎⑥？夫民无欲残其家室之生，以奉暴上之僻者⑦，则君使吏比而焚之而已矣⑧。"景公不说，曰："敕其功则使壹妾，敕其意则比焚，如是，夫子无所谓能治国乎？"晏子曰："婴闻与君异。今夫胡狢戎狄之蓄狗也⑨，多者十有余，寡者五六，然不相害伤。今束鸡豚妄投之⑩，其折骨决皮⑪，可立得也。且夫上正其治⑫，下审其论⑬，则贵贱不相逾越⑭。今君举千钟爵禄，而妄投之于左右，左右争之，甚于胡狗，而公不知也。寸之管无当⑮，天下不能足之以粟⑯。今齐国丈夫耕，女子织，夜以接日，不足以奉上，而君侧皆雕文刻镂之观⑰，此无当之管也，而君终不知。五尺童子，操寸之烟⑱，天下不能足以薪⑲。今君之左右，皆操烟之徒，而君终不知。钟鼓成肆⑳，干戚成舞㉑，虽禹不能禁民之观，且夫饰民之欲㉒，而严其听㉓，禁其心㉔，圣人所难也，而况夺其财而饥㉕，劳其力而疲之㉖，常致其苦而严听其狱㉗，痛诛其罪，非婴所知也。"

注释

①藉重:征收的贡品多。藉,进贡。《谷梁传·哀公十三年》:"藉于成周,以尊天王。"此作贡品。

②拘者满圄:被抓去下狱的人充满了监牢。圄,牢房。

③重官:重要的官署。

④勑(lái)其功:整饬此事。勑,通饬。《吕氏春秋》:"田事既饬。"高诱注:"饬,读作勑。"功,通工,事也。《诗·大雅·嵩高》:"世执其功。"郑玄笺:"世世持其政事。"

⑤壹妾能书:一个能书写的妇女。妾,刘师培《校补》云:"黄本'妄'作'妾'。"是,译文从此说。

⑥勑其意:谓治理他们的心意。心意,民心。

⑦"夫民"二句:意思是百姓不想摧残自己的家室来供奉残暴纵欲的国君。

⑧比而焚之:比户诛之,一家家地诛灭。焚,通偾,毙也。

⑨胡貉戎狄:泛指当时北方的少数民族。

⑩束鸡豚:将鸡肉猪肉捆在一起。

⑪折骨决皮:打断骨头撕破皮子。

⑫上正其治:君王端正治国政策。正,使动用法,使治国政策正确。

⑬下审其论:下边审查他们的贵贱等级。论,苏舆云:"论,读为伦。伦,言审其贵贱之等也。"

⑭逾越:超过,跨越。

⑮寸之管无当:一寸粗细的管子没有底。当,底。《文选·三都赋序》:"玉卮无当。"刘渊林注:"当,底也。"

⑯足之以粟:即以粟足之,用粮食装满它。

⑰雕文刻镂:木器上雕着花纹,金属用具上镂刻着图案。

⑱操寸之烟:拿着一寸来长的火把。烟,王引之云:"烟,当为熛。"《说文》:"熛,火飞也。"

⑲天下不能足以薪:天下的柴都不够烧。

⑳钟鼓成肆:钟和鼓排成列。肆,列。

㉑干戚成舞:持盾拿斧相互起舞。干,盾;戚,古代兵器,斧的一种。

㉒饰民之欲:抑制百姓的欲望。饰,整治,这里作抑制解。

㉓严其听:对老百姓的听闻严加限制。

㉔禁其心:禁锢百姓的思想。心,思也。《孟子》:"心之官则思。"

㉕夺其财而饥之:掠夺他们的财物使他们受饥挨饿。饥之:使动用法,即使之饥。

㉖劳其力而疲之:强迫他们劳动耗费他们的精力而使他们疲乏。疲之,使

之疲。

㉗严听其狱：严厉地判他们入狱。听其狱，审判下狱。

【今译】

　　景公时征收贡品很重，因此下狱的人很多，被拘捕下狱的人挤满了监狱，怨恨的人充满全国。晏子劝谏，景公不听。景公对晏子说："掌管刑狱，是国家的重要职官，希望将它托付给先生。"晏子回答说："国君打算让我整饬监狱的事吗？我想有一个会书写的妇女，就足够办好它。君王想让我整饬百姓的思想吗？老百姓不想摧残自己家室的生存，用它来侍奉残暴之君的嗜好，那君王可派遣官吏一家挨一家地诛灭他们罢了。"景公不高兴，说："让你整饬狱事你就认为一个妇女便行，让你整饬百姓的思想，你就说一家家诛灭，如果这样，先生不是谈不上能够治国了吗？"晏子说："我所听说的与君王不同。现在胡狢戎狄养狗，每家多的有十余条，少的也有五六条，但是这些狗都不会互相伤害。现在把鸡肉猪肉捆在一起乱丢入狗群之中，它们互相争斗，咬断骨头撕破皮肉的情景，可以立即看到。君王要是端正治国的政策，臣下审情度理，那么尊贵与贫贱就不会互相超越。现在君王将千钟爵禄，随意赐给您左右的人，左右的人互相争夺赏赐，比胡狗还斗得凶，而您不知道。一寸粗细的管子如果没有底，天下的粮食都装不满它。现今齐国的男子耕田，女人纺织，夜晚接着白天，不足用来奉献君上，而君王身旁的一切都是雕花镂画的，这就是没有底的管子了，而君王始终不知道。小小的儿童，拿着一寸来长的火炬，天下的柴薪都不够烧，现在君王的左右，尽是拿着火炬的人，而君王始终不知道。当钟鼓排成行列，拿着盾牌和斧子跳起舞的时候，即使大禹也不能禁止百姓去观看，抑制百姓的欲望，严厉控制他们的听闻，禁锢他们的思想，圣人也难于办到，何况掠夺他们的财物使他们受饥挨饿，征用他们的劳力使他们疲乏，长期使他们受尽苦难而又严酷地判处他们入狱，狠心地治他们的罪，这些做法不是我所听说过的。"

景公欲杀犯所爱之槐者晏子谏第二

【原文】

　　景公有所爱槐，令吏谨守之①，植木县之②。下令曰："犯槐者刑③，伤之者死。"

　　有不闻令④，醉而犯之者，公闻之曰："是先犯我令。"使吏拘之，且加罪焉⑤。其女子往辞晏子之家⑥，托曰："负郭之民贱妾⑦，请有道于相国⑧，不胜其欲⑨，愿得充数乎下陈⑩。"晏子闻之，笑曰："婴其淫于色乎？何为老而见奔⑪？虽然，是必有故。"令内之⑫。女子入门，晏子望见之，曰："怪哉！有深忧。"进而问焉，曰："所忧何也？"对曰："君树槐县令，犯之者刑，伤之者死。妾父不仁，不闻令，醉而犯之，吏将加罪焉。妾闻之，明君莅国立政⑬，不损禄⑭，不益刑⑮，又不以私恚害公法⑯，不为禽兽伤人民，不为草木伤禽兽，不为野草伤禾苗。吾君欲以树木之故杀妾父，孤妾身，此令行于民而法于国矣⑰。虽然，妾闻之，勇士不以众强凌孤独，明惠之君不拂是以行其所欲⑱。此譬之犹自治鱼鳖者也⑲，去其腥臊者而已。昧墨与人比居庚肆⑳，而教人危坐。今君出令于民，苟可法于国㉑，而善益于后世㉒，则父死亦当矣，妾为之收亦宜矣㉓。甚乎！今之令不然，以树木之故，罪法妾父，妾恐其伤察吏之法㉔，而害明君之义也。邻国闻之，皆谓吾君爱树而贱人，其可乎？愿相国察妾言以裁犯禁者。"

　　晏子曰："甚矣！吾将为子言之于君。"使人送之归。

　　明日早朝，而复于公曰："婴闻之，穷民财力以供嗜欲谓之暴，崇玩好㉕，威严拟乎君谓之逆㉖，刑杀不辜谓之贼㉗，此三者，守国之大殃。今君穷民财力，以羡馁食之具㉘，繁钟鼓之乐㉙，极宫室之观，行暴之大者；崇玩好，县爱槐之令，载过者驰㉚，步过者趋，威严拟乎君，逆之明者也；犯槐者刑，伤槐者死，刑杀不称㉛，贼民之深者。君享国㉜，德行未见于众，而三辟著于国㉝，婴恐其不可以莅国子民也㉞。"

　　公曰："微大夫教寡人㉟，几有大罪以累社稷，今子大夫教之，社稷之福，寡人受命矣。"

　　晏子出，公令趣罢守槐之役，拔置县之木，废伤槐之法，出犯槐之囚。

注释

①谨:严格地看守着它。谨,严;之,它,指槐树。
②植木县之:竖了一根木桩将禁令悬挂在上边。县,通悬,悬挂。
③犯槐者刑:侵犯了槐树的处以徒刑。刑,古代刑罚之一,指徒刑。
④不闻令:没有听说禁令,不知道禁令。
⑤加罪焉:加罪处罚于他。加罪,加重罪罚。按:景公之令,犯槐者刑,醉汉犯槐,依令只能处徒刑,而景公要将他杀掉,故曰加罪。
⑥往辞晏子之家:前往晏子家向晏子陈说。辞,陈辞。
⑦负郭之民贱妾:靠近城郊的民女。负,背倚。郭,外城。
⑧道于相国:向相国陈述。道,陈述。
⑨不胜其欲:不能克制自己情欲。按:吴则虞云:"《列女传》'不'上有'贱妾'二字,此'不胜其欲'乃女子之自媒之诡词。"是。
⑩充乎下陈:充于姬妾之列。
⑪老而见奔:老了还看到女子私就。奔,私奔,旧时指女子私就男子。
⑫内之:让她进去。内,使动用法,使之入内。
⑬莅国立政:治理国家,制定政策。
⑭不损禄:不损害老百姓的利益。禄,衣禄,这里用来泛指百姓的利益。
⑮不益刑:不增刑。益,进一步,增加。
⑯不以私恚(huì 会)害公法:不能因私人怨恨损害国家法令。恚,愤怒,怨恨。
⑰法于国:施行于全国的法令。
⑱不拂是以行其所欲:不违背正确的原则去做自己想做的事。拂,违背。《礼记·大学》:"是谓拂人之性。"
⑲自治鱼鳖者也:自己烹饪鱼鳖的人。
⑳"昧墨"二句:意思是:冒昧贪婪之人与别人比肩蹲在稻草堆旁。陷人于危险之处,比喻景公悬犯槐禁令坑害百姓。昧,冒昧。墨,贪。《左传·昭公十四年》:"贪以败官为墨。"庾,积谷空旷之处。(吴则虞按:"譬之"以下四句,不知系何处错简飘寄于此,不类不伦,强为之释,转成理障。)
㉑苟可法于国:如果可以在全国施行。
㉒善益于后世:好的效果对后世有利。
㉓为之收:为他收尸。
㉔察吏:严明之吏。
㉕崇玩好:崇尚喜好玩乐。

㉖威严拟乎君:像国君一样威严。拟乎,比、于。
㉗贼:伤残,此处作残暴解。
㉘以羡馁食之具:用以美化饮食器具。黄以周云:"《列女传》作'以美饮食之具。'"吴则虞云:"《指海》本'馁'作'饮'。"译文依此。
㉙繁钟鼓之乐:增设钟鼓乐器。
㉚载过者:坐车经过的人。
㉛不称:不相称。指犯槐者刑,伤槐者死与法律不相称。
㉜享国:享有国家。
㉝三辟:三种邪僻,指"穷民财力以供嗜欲"、"崇玩好威严拟乎君"、"行杀无辜"残害百姓。
㉞子民:以民为子,即统治百姓。
㉟微:非,不是。

【今译】

　　景公有一株心爱的槐树,命令小吏严格地守护着它,设置木桩悬挂禁令在它旁边。下令说:"侵犯槐树的人处以徒刑,伤害槐树的人处以死刑。"

　　有一个不知道禁令的人酒醉后侵犯了槐树,景公听到这事后说:"他第一个触犯我的禁令。"于是派遣官吏将那个醉汉抓起来,并且要加罪于他。他的女儿跑到晏子家向晏子假装说:"我是城郊的卑贱民女,请求有话对相国说,我不能克制自己的情欲,希望能够在相国的姬妾中充数。"晏子听到此话,笑着说:"我是好淫贪色的人吗?为什么老了还看到女子私奔来投靠?虽如此说,她一定有原故。"下令让她入内。女子进了晏子家门,晏子看了看她,说:"奇怪!她有深深的忧虑。"于是上前问女子,说:"你所忧虑的是什么事呀?"女子回答说:"君王在槐树边悬挂禁令,触犯槐树的处以徒刑,伤害槐树的处以死刑。我的父亲不好,不知道禁令,醉酒后触犯了槐树,官吏将要加罪处罚他。我听说,圣明的国君临朝理政,制定政策,不损害百姓利益,不加重刑罚,又不因私人怨恨损害国法,不为了禽兽去伤害百姓,不为了草木去伤害禽兽,不为野草去伤害禾苗。我们的君王将因为树木的原故杀害我的父亲,使我孤身一人,这条禁令施行于百姓而成为全国的法令了。虽然如此,我听说,义勇的人不会以人多势大去欺凌孤独的人,圣明贤德的国君不违背正确的原则去做自己想做的事。这譬如自己烹任鱼鳖的人,去掉它的腥臊之味。冒昧贪婪的人与别人并肩蹲在稻草堆旁,叫人家在危险的地方去坐。现在国君向百姓发出命令,如果可以在全国施行,而且它的好处有利于后世,那我的父亲死也是应该的,我为他收尸也是应该的呀。太过分了!现在的命令不是这样,因树木的原故,治我父亲的罪,我恐怕这样做会伤害严明的官吏的执法准绳,而伤害圣明国君的仁政了。邻国听到这件事后,都会说我们的国君喜爱槐树而残害百姓,这可以吗?希望相国明察我说的话以便裁处触犯禁令的人。"

晏子说:"太过分了!我将为你向国君陈说。"于是派人送女子回家。

第二天早朝,晏子向景公陈述说:"我听说,搜尽百姓的财力来供自己的奢欲的人称之为暴虐,喜好玩物,使它的威严近乎于国君称之为反常,刑杀无罪的人称之为残暴,这三条,是保存国家大业的大祸患。现在君王搜尽百姓财物,用来使饮食器具更加精美;增加钟鼓乐器,将宫室建得极为壮观,这是施行暴政到顶的事了。喜好玩物,悬挂喜爱槐树的禁令,使坐车经过的人要奔驰,步行路过的人要快跑,槐树的威严近似国君,反常之事是很明白的了;触犯槐树的人处以徒刑,伤害槐树的人处死刑,刑杀与国法不相称,残害百姓太深了。君王享有国家,德行还没显现于百姓,而三种邪僻却著称于国,我恐怕您不能再执掌国政治理百姓了。"

景公说:"不是大夫教诲,我几乎犯下大罪而连累国家,现在大夫教诲我,是国家的福分,我听从你的教导了。"

晏子出朝,景公命令赶快撤去守护槐树的役吏,拔掉悬挂禁令的木桩,废除伤害槐树的禁令,释放触犯槐树的囚徒。

景公逐得斩竹者囚之晏子谏第三

【原文】

景公树竹,令吏谨守之。公出,过之,有斩竹者焉,公以车逐,得而拘之,将加罪焉。晏子入见,曰:"君亦闻吾先君丁公乎?"公曰:"何如?"晏子曰:"丁公伐曲沃①,胜之,止其财②,出其民③。公曰自莅之④,有舆死人以出者⑤,公怪之,令吏视之,则其中金与玉焉。吏请杀其人,收其金玉。公曰:'以兵降城⑥,以众图财⑦,不仁。且吾闻之,人君者,宽惠慈众,不身传诛⑧。'令舍之。"公曰:"善!"晏子退,公令出斩竹之囚。

注释

①曲沃:王念孙云:"曲沃本作曲城,此后人妄改之矣。"按:王说是。东周初的曲沃在今山西闻喜东北,距齐国二千余里,丁不可能劳师远伐。《纪年》:"成王十四年,齐师围曲城,克之。"是其证也。《史记·齐世家》:"莱侯来伐,与之争营丘,营丘边莱。"曲城是营丘所属,莱与齐争夺曲城。

②止其财:不妄动那里的财物。

③出其民:迁出曲城中的莱人。

④公日自莅之:丁公每日亲自到曲城理事。

⑤有舆死人以出者:有用车拉着死人出来的。舆,车,此处用为动词。

⑥以兵降城:用武力攻打使城投降。兵,本指武器,这里指武力。降城,使动用法,使城降。

⑦以众图财:依靠人多势大夺取钱财。

⑧不身传诛:不亲自传令行刑诛杀。

【今译】

景公栽种了一些竹子,命令小吏好好地守护它。景公出门,路过竹林,看见有砍伐竹子的人,他便乘车去追赶,追上并把砍竹的人抓起来,将治罪于他。晏子进宫去见景公,说:"国君听说过我们先君丁公的事吗?"景公说:"什么事?"晏子说:"丁公与莱人争夺曲城,取得了胜利,不妄动城里莱人的钱财,迁出了城里居住的莱人。丁公每天亲自到曲城理事,有人用车子拉着死人出城,丁公感到奇怪,命令官吏去查看,发现车中装的全是金子和美玉。官吏请求杀掉这些拉车的人,没收他们的金玉。丁公说:'用武力使全城投降,又以人多势众去夺取钱财,不仁厚。况且我听说,作国君的,对百姓应该宽厚仁慈,不亲自传令行刑杀人。'于是下令释放了载金玉出城的人。"景公说:"好啊!"晏子退出,景公下令释放了砍竹子的人。

景公以抟治之兵未成功将杀之晏子谏第四

【原文】

　　景公令兵抟治①,当腊冰月之间而寒②,民多冻馁,而功不成。公怒曰:"为我杀兵二人。"晏子曰:"诺。"少间,晏子曰:"昔者先君庄公之伐于晋也③,其役杀兵四人,今令而杀兵二人,是师杀之半也④。"公曰:"诺!是寡人之过也。"令止之。

注释

　　①令兵抟治:命令士兵抟土制砖。治,《广雅》曰:"治,砖也。"抟治,把散土捏聚为团制作砖块。
　　②冰月:十一月。
　　③晋:晋国,春秋五霸之一。
　　④是师杀之半:这次出师死人的一半。孙星衍云:"师杀,犹言'军兴'。"

【今译】

　　景公命令士兵抟土制砖,正当寒冬腊月之间,天气十分寒冷,老百姓多数挨冻受饿,因而事情未办成。景公大怒说:"给我杀掉两个士兵。"晏子说:"是。"过了一会儿,晏子又说:"过去我们的先君庄公攻打晋国,那一次战役只杀掉士兵四个人,现君王命令杀士兵二人,是那次出师杀死士兵的一半了。"景公说:"是!这是我的过错了。"下令停止杀士兵。

景公冬起大台之役晏子谏第五

【原文】

　　晏子使于鲁,比其返也①,景公使国人起大台之役,岁寒不已,冻馁之者乡有焉。国人望晏子②。晏子至,已复事③,公延坐④,饮酒乐。晏子曰:"君若赐臣,臣请歌之⑤。"歌曰:"庶民之言曰:'冻水洗我,若之何!太上靡散我⑥,若之何!'"歌终,喟然叹而流涕。公就止之曰⑦:

"夫子曷为至此？殆为大台之役夫！寡人将速罢之。"晏子再拜,出而不言,遂如大台⑧,执朴鞭其不务者⑨,曰:"吾细人也⑩,皆有盖庐⑪,以避燥湿,君为一台而不速成,何为?"国人皆曰:"晏子助天为虐。"晏子归,未至,而君出令趣罢役,车驰而人趋。仲尼闻之,喟然叹曰:"古之善为人臣者,声名归之君,祸灾归之身,入则切磋其君之不善,出则高誉其君之德义,是以虽事惰君⑫,能使垂衣裳⑬,朝诸侯⑭,不敢伐其功⑮。当此道者,其晏子是耶!"

注释

①晏子使于鲁两句:鲁,鲁国,公元前11世纪周分封的诸侯国,姬姓。开国之君周公旦之子伯禽,建都曲阜。"返"吴则虞按:景公起台,在晏子既行未返之时,不当云"比其返也"此"反"当为"出"字之讹。译文从此说。

②望晏子:盼望晏子回来。

③已复事:已将出使之事禀告完毕。

④延坐:请坐。

⑤请歌之:请求为君王唱一支歌。

⑥太上靡散我:上天使我消灭。靡散,散碎、消灭。一说"散"应为"敝"。靡敝,败坏。译文从此说。

⑦就:靠近。

⑧如:去,到。

⑨执朴鞭其不务者:用木棍抽打不干活的人。朴,未经加工的木材,此指木棍。鞭,用为动词,鞭挞、抽打。

⑩细人:小民,微不足道之人,这是晏子的谦词。

⑪盖庐:有顶的房子。盖,屋顶。

⑫惰君:懒惰懈怠的国君,即昏君。

⑬垂衣裳:穿着宽长下垂的衣裳。按:此指垂衣拱手,无为而治。

⑭朝诸侯:使诸侯来朝见。朝,使动用法。

⑮伐其功:夸耀自己的功绩。伐,自我夸耀。

【今译】

晏子出使于鲁国,当他出国的时候,景公正派齐国百姓为自己修筑大台,季节已到寒冬还未修筑完毕,而受冻挨饿的人每个乡都有,齐国的百姓盼望晏子回来。晏子回到国都,禀奏完出使的事宜,景公留他坐下来,饮酒取乐。晏子说:"君王赐坐于我,我请求为君王唱一支歌。"他歌唱道:"平民百姓的话说:'冰冻的雨水浇洗我,怎奈何?上天涸散离散我,怎奈何!'"歌唱完毕,感慨叹息而且流下了泪水。景公挨近晏子劝止他说:"先生为什么伤心到这种地步?莫非为了修筑大台这个工程吧!我将很快停止它!"晏子连连叩拜,走出官廷一言不发,就向大台走去,他拿着木棍抽打那些不干活的人,说:"我是个微不足道的人,都有房屋居住,用来避免干燥潮湿,君王建造一个大台而不赶快为他修筑好,为什么?"齐国人都说:"晏子帮助君上干坏事。"晏子回家,还未到,景公已下令赶快停止修筑大台,传令的车急驰而人群快步离开了。孔子听到这件事后,感慨叹息说:"古代善于当臣子的人,好的名声归于国君,祸害灾难归于自己,入朝就帮助国君改正失误,出朝就高高地赞誉国君的德义,所以虽然侍奉的是昏君,但能使国君垂衣治国,能使诸侯朝拜,又不夸耀自己的功绩。能承担这种道义的人,就是晏子了。"

景公为长庲欲美之晏子谏第六

【原文】

　　景公为长庲①,将欲美之,有风雨作。公与晏子入坐饮酒,致堂上之乐②,酒酣,晏子作歌曰:"穗乎不得获③,秋风至兮殚零落④。风雨之拂杀也⑤,太上之靡弊也。"歌终,顾而流涕⑥,张躬而舞⑦。公就晏子而止之曰:"今日夫子为赐而诫于寡人,是寡人之罪。"遂废酒,罢役,不果成长庲。

【注释】

　　①长庲:长长的房舍。庲,《广韵十六咍》:"庲,舍也。"一说"庲,台。"《玉篇·广部》引《埤仓》云:"长庲,台,齐景作也。"
　　②致堂上之乐:招宫里的乐工前来奏乐助兴。
　　③穗乎不得获:王念孙云:"案'穗乎'本作'穗兮',与下句文同一例,隶书'兮'、'乎'相似,故'兮'误为'乎',《御览·人事部》九十七引此正作'穗兮'。"吴则虞云:"当作七字句,是也。虞喜《志林》'禾有穗兮不得获',是所梲者为'禾有'二字。'乎'亦'兮'字之形讹,当据校补。"王、吴二先生之说均是,译文依此。
　　④殚零落:全部飘零脱落。

⑤拂:摆动。
⑥顾:回头看。
⑦张躬:即张肱,舒展两手。躬,通肱。

【今译】
　　景公修筑长舍,正要美饰它,便刮起大风下起大雨来了。景公与晏子一起进入里边坐下来饮酒,将宫里的乐工招来助兴。酒兴正浓,晏子唱起歌来:"禾苗有穗啊不得收获,秋风吹来啊全部飘落。风雨吹拂摇散它啊,上天凋散生民啊!"唱完歌,回头看看而泪水直流,又舒展双手向上挥舞。景公靠近晏子而劝止他说:"今天先生因我赐酒而告诫于我,是我的罪过。"于是废弃饮酒,停止工程,最终没有美饰长舍。

景公为邹之长途晏子谏第七

【原文】
　　景公筑路寝之台①,三年未息;又为长庲之役,二年未息;又为邹之长途②。晏子谏曰:"百姓之力勤矣③!公不息乎?"公曰:"途将成矣,请成而息之。"对曰:"明君不屈民财者,不得其利;不穷民力者,不得其乐④。昔者楚灵王作顷宫⑤,三年未息也;又为章华之台⑥,五年又不息也;乾溪之役⑦,八年,百姓之力不足而自息也。灵王死于乾溪,而民不与君归⑧。今君不遵明君之义,而循灵王之迹,婴惧君有暴民之行,而不睹长庲之乐也。不若息之。"公曰:"善!非夫子者,寡人不知得罪于百姓深也。"于是令勿委坏⑨,余财勿收,斩板而去之⑩。

【注释】
　　①路寝:古代君王处理政事的宫室。《礼记·玉藻》:"君日出而视之,退适路寝听政。"
　　②邹之长途:到邹国的路。邹,国名。原为古邾娄国,先附庸于鲁,鲁穆公时改称为邹,故城在今山东邹县。景公要从营丘修筑一条到达邹国的路,路长数百里,故谓之长途。
　　③力勤矣:劳役太多了。勤,多,繁重。
　　④"明君"四句:刘师培《校补》云:"此当作'明君不屈民财,不穷民力,君屈民

财者不得其利,穷民力者不得其乐。'"刘说是,译文依此。

⑤楚灵王作顷宫:楚灵王修建顷宫。楚灵王,名围。楚共王次子。共王孙麇立,是为郏敖。时围为令尹,主兵事。后弑郏敖自立,改名熊虔。

⑥章华之台:即章华台。《左传·昭公》七年:"楚子成章华之台。"杜预注:"台在今华容城内。"即今湖北监利县西北。

⑦乾溪之役:楚灵王即位后,曾会诸侯于申,举兵伐吴,楚灵王十一年(公元前530年),兵次于乾溪,次年灵王弟弃疾杀王太子,灵王恐,逃走至山中,后自缢而死。

⑧不与君归:不让灵王归去。

⑨勿委坏:不要将已修筑好的路委弃损坏。

⑩斩板:把缚夯筑路基模板的绳砍掉。按:古代筑墙筑路,均先于两侧立木板作模,然后填土夯实。斩板,就是移去模板,停止施工之意。

【今译】

景公修筑路寝官前的高台,三年时间没有完工,又建长舍,两年没有完工,又筑通往邹国的长路。晏子劝谏说:"老百姓的劳役已经很繁重了,君王还不停止这些工程吗?"景公说:"路快要筑成了,请等修成后再停止吧。"晏子说:"圣明的国君不枯竭民财,不用尽民力,枯竭民财的国君不会得到好处,用尽民力的国君不会有快乐。过去楚灵王修建顷宫,三年不停止;又建章华台,五年还没完成;伐吴的乾溪战役打了整整八年,老百姓的力量不足而自行停下来了。楚灵王死在乾溪,老百姓不同他一起回国。现在君王不遵循明君的大义行事,而跟着楚灵王的足迹走,我害怕君王有残害百姓的行为,而不能看见居长舍的欢乐了。不如停止它。"景公说:"好!不是先生这样的人教导,我不知得罪于百姓多深了。"于是下令不要损坏已修好的路,剩余的财物也不收缴,拆掉筑路模板而离开那里。

景公春夏游猎兴役晏子谏第八

【原文】

景公春夏游猎①,又起大台之役。晏子谏曰:"春夏起役,且游猎,夺民农时,国家空虚,不可。"景公曰:"吾闻相贤者国治,臣忠者主逸。

吾年无几矣,欲遂吾所乐②,卒吾所好③,子其息矣。"晏子曰:"昔文王不敢盘于游田④,故国昌而民安;楚灵王不废乾溪之役,起章华之台,而民叛之。今君不革⑤,将危社稷,而为诸侯笑。臣闻忠臣不避死,谏不违罪⑥。君不听臣,臣将逝矣⑦。"景公曰:"唯唯,将弛罢之。"未几,朝韦囧解役而归⑧。

注释

①游猎:游玩打猎。
②遂吾所乐:满足我的乐趣。遂,尽,满足。
③卒吾所好:实现我的愿望。卒,终、达到。
④盘于游田:在野外打猎。盘,游;田,猎。
⑤不革:不改变。
⑥违罪:避罪。违,避。《左传·庄公四年》:"纪侯大去其国,违齐难也。"
⑦逝:离开。
⑧朝韦囧(jiǒng):召见韦囧。朝,通召,召见。俞越云:"朝者召也。"韦囧,人名。

【今译】

　　景公于春夏之间出去游玩打猎,又兴起修大台的劳役。晏子劝谏说:"春夏间兴起劳役,而且又游玩打猎,这是夺去百姓的耕种时间,必然会使国家仓廪空虚,不可这样。"景公说:"我听说宰相贤能国家就得到治理,臣子忠心君主就闲逸。我的年岁没有多少了,想满足我的乐趣,实现我的愿望,先生去休息吧。"晏子说:"过去周文王不敢纵情于野外游猎,所以国家昌盛而百姓安乐;楚灵王不停止乾溪的战役,又兴建章华之台,因而百姓叛离了他。现在君王不改变你的打算,将会危及国家,而且被诸侯耻笑。我听说忠臣不躲避死,劝谏不逃避罪。君王若不听我的劝谏,我将离开您了。"景公说:"是是,我将停止它。"没有好久,景公召见韦囧解除围猎回朝。

景公猎休坐地晏子席而谏第九

【原文】

　　景公猎休①,坐地而食,晏子后至,左右灭葭而席②。公不说,曰:

"寡人不席而坐地,二三子莫席,而子独搴草而坐之③,何也?"晏子对曰:"臣闻介胄坐陈不席④,狱讼不席⑤,尸坐堂上不席⑥,三者皆忧也⑦。故不敢以忧侍坐。"公曰:"诺。"令人下席曰:"大夫皆席,寡人亦席矣!"

注释

①猎休:在打猎的时候休息。
②灭葭(jiā家)而席:采摘初生的芦苇来当坐席。葭,初生的芦苇。吴则虞按:"'左右'二字恐衍文。晏子后至,独搴草而坐,是搴草者,晏子自为,非左右为之也,故景公有此问。"《北堂书钞》《艺文类聚》《太平御览》引此,均无此二字。译文从此说。
③搴(qiān牵)草:拔草,指采摘芦苇。
④介胄坐陈:吴则虞云:"《书钞》《类聚》《御览》一干皆无'陈'字,'坐陈'不辞,'陈'字恐后人所增。"所言极是。此句的意思是披甲戴盔者坐不垫席。
⑤狱讼不席:诉讼案件的人坐不垫席。
⑥尸坐堂上:王念孙云:"案尸为死人,则不言坐堂上。《御览·百卉部》七引作'尸在堂',是也。"译文从王说。意为尸体停放堂上坐地不席。
⑦三者皆忧:三者指'不胄坐'、'狱讼'、'尸在堂'均为忧虑的事。

【今译】

景公打猎休息,坐在地上吃饭,晏子后到,自拔芦草垫在地上当席子坐。景公不高兴,说:"我没有垫席子坐在地上,其他几个人也没有垫席子,而你独自拔草当席而坐,为什么?"晏子回答说:"我听说披甲戴盔之人坐不垫席,诉讼之人坐不垫席,尸体停放堂上坐不垫席,这三者都是使人忧伤的。所以不敢以忧伤的礼仪侍坐。"景公说:"是。"命令为他铺下席子说:"大夫都坐席子,我也坐席子吧!"

景公猎逢蛇虎以为不祥晏子谏第十

【原文】

景公出猎,上山见虎,下泽见蛇。归,召晏子而问之曰:"今日寡人出猎,上山则见虎,下泽则见蛇,殆所谓不祥也①?"晏子对曰:"国有三不祥,是不与焉②。夫有贤而不知,一不祥;知而不用,二不祥;用而不任③,三不祥也。所谓不祥,乃若此者。今上山见虎,虎之室也;下泽见蛇,蛇之穴也。如虎之室,如蛇之穴,而见之,曷为不祥也!"

【注释】

①殆所谓不祥:恐怕是所说的不吉祥的先兆。殆,大概。不祥,不吉祥。

②是不与焉:这不在其中。是,代词,指上山见虎、下泽见蛇。焉,于之,兼词。之,指三不祥。

③用而不任:用而不信任,即不重用。

【今译】

景公出去打猎,上山看见虎,下泽看见蛇。回来后,召见晏子而问他说:"今天我出去打猎,上山就看见虎,下泽就看见蛇,大概就是所说的不吉祥的兆头吧?"晏子回答说:"国家有三种不吉祥的事,你所说的不在其中。有贤能的人而不知道,是一不吉祥;知道了而不任用他们,是二不吉祥;用了他们而不信任,是三不吉祥。所说的不吉祥,就是这三种情况。现君王上山见虎,山是虎的居处呀;下泽见蛇,泽是蛇的洞穴呀!到了虎的居处,到了蛇的洞穴,而看见它们,怎么是不吉祥呢!"

景公为台成又欲为钟晏子谏第十一

【原文】

景公为台,台成,又欲为钟①。晏子谏曰:"君国者不乐民之哀②。君不胜欲③,既筑台矣,今复为钟,是重敛于民④,民必哀矣⑤。夫敛民之哀,而以为乐,不祥,非所以君国者。"公乃止。

【注释】

①为钟:铸造钟。

②君国者:君临天下之人,即当国君治理天下的人。

③不胜欲:不克制自己的欲望。胜,克制。《孙子·谋攻》:"将不胜其忿而蚁附之。"

④重敛于民:加重税赋于百姓。
⑤民必哀矣:百姓一定感到悲哀。

【今译】

景公修筑高台,台已建成,又想铸造大钟。晏子劝谏说:"当国君治理国家的人不能把百姓的悲哀当作自己的欢乐。君王不能克制自己的欲望,已经修建了高台,现在又想铸造大钟,这是加重赋税于百姓,百姓一定感到悲哀啊。加重百姓的税赋使他们悲哀,而以此换来自己的欢乐,不吉祥,这不是为君治国的人应作的事。"景公于是打消铸钟的想法。

景公为泰吕成将以燕飨晏子谏第十二

【原文】

景公为泰吕成①,谓晏子曰:"吾欲与夫子燕②。"对曰:"未祀先君而以燕,非礼也。"公曰:"何以礼为③?"对曰:"夫礼者,民之纪④,纪乱则民失,乱纪失民,危道也。"公曰:"善。"乃以祀焉。

注释

①泰吕:即大吕。古代十二律之一。中国古代律制,用三分损益法将一个八度分为十二个不完全相等的半音,从低到高依次排列,并相应取名为黄钟、大吕、太簇、夹钟、姑洗、仲吕、蕤宾、林钟、夷则、南吕、无射、应钟。统称十二律,另外又把奇数各律称为"律",偶数各律称为"吕",总称"六律"、"六吕"。这里的"泰吕",是指按大吕之音阶铸成的钟。
②燕:通宴,宴饮。
③何以礼为:即以何为礼,讲什么礼。
④民之纪:约束百姓的纲纪。

【今译】

景公铸造成大吕钟,对晏子说:"我想与先生一起宴饮。"晏子说:"还没有祭祀先君而用它来宴饮,违背礼仪了。"景公说:"还讲什么礼?"晏子说:"礼,是约束百姓的纲纪,纲纪混乱就会失去百姓,纲纪乱失去百姓,这是危险的道路呀。"景公说:"对。"于是用大吕钟祭祀齐国的先君。

景公为履而饰以金玉晏子谏第十三

【原文】

景公为履,黄金之綦①,饰以银,连以珠,良玉之绚②,其长尺,冰月服之以听朝。晏子朝,公迎之,履重,仅能举足。问曰:"天寒乎?"晏子曰:"君奚问天之寒也?古圣人制衣服也,冬轻而暖,夏轻而清③,今君之履,冰月服之,是重寒也④,履重不节⑤,是过任也⑥,失生之情矣。故鲁工不知寒温之节⑦,轻重之量,以害正生⑧,其罪一也;作服不常⑨,以笑诸侯,其罪二也;用财无功⑩,以怨百姓,其罪三也。请拘而使吏度之⑪。"公苦⑫,请释之。晏子曰:"不可。婴闻之,苦身为善者,其赏厚;苦身为非者,其罪重。"公不对。晏子出,令吏拘鲁工,令人送之境⑬,使不得入。公撤履,不复服也。

注释

①黄金之綦:用黄金做鞋带。綦,鞋带。
②良玉之绚(qú 渠):用美玉装饰鞋头。绚,古时鞋头上的装饰,有孔,可以穿系鞋带。
③清(qìng 庆):凉。
④是重寒也:吴则虞云:"《御览》六百九十七'寒'上有'而'字。"是。'是重而寒',谓履重而不暖和。
⑤不节:不适。
⑥过任:承担过重。任,承担。
⑦鲁工:来自鲁国的工匠。
⑧正生:正常的生理。
⑨不常:不合常情。
⑩用财无功:消耗了钱财而对国家没有好处。
⑪使吏度之:让有关官吏衡量其罪而罚之。
⑫公苦:景公说,鲁工作履很苦。张纯一《晏子春秋校注》据王念孙说,此句有脱文"公"之下补"曰鲁工"三字。译文从此说。

⑬送之境:送他出境。

【今译】

　　景公作了一双鞋,用黄金为鞋带,用银子来装饰,用珍珠相连接,又用美玉装饰鞋头,鞋长一尺,冬月间穿起它来听取百官朝奏。晏子朝见景公,景公起来迎接他,鞋太重,仅仅能把脚举起。景公问:"天寒冷吗?"晏子说:"君王为什么问天寒冷呢?古代的圣人制作衣服,冬衣质轻而暖和,夏衣质轻而凉爽,现在君王的鞋,冬月里穿它,鞋既重而又寒冷,鞋的重量不适当,脚的负担就过重,失去人生理的常情了。所以鲁国的工匠不知道冷暖的适度,轻重的分量,用这样的鞋来损害人的正常生理,这是他的第一条罪状;制作鞋子不符常情,以使诸侯嘲笑,这是他的第二条罪状;消耗钱财而对国家没有好处,以使百姓生怨,这是他的第三条罪状。请求拘捕鞋匠而让官吏审判量罪。"景公说鞋匠作工很苦,要求放过他。晏子说:"不行。我听说自身苦而作善事的,赏赐他要丰厚,自身苦而作坏事的,惩治他要加重。"景公不说话。晏子出朝,命令官吏拘捕那个鲁国工匠,派人送他出境,命令他不许再进入齐国。景公脱下鞋,再也没有穿了。

景公欲以圣王之居服而致诸侯晏子谏第十四

【原文】

　　景公问晏子曰:"吾欲服圣王之服①,居圣王之室,如此,则诸侯其至乎?"晏子对曰:"法其节俭则可②,法其服、居其室,无益也。三王不同服而王③,非以服致诸侯也。诚于爱民,果于行善,天下怀其德而归其义④。若其衣服节俭而众说也。夫冠足以修敬⑤,不务其饰;衣足以掩形御寒⑥,不务其美。衣不务于隅眦之削⑦,冠无觚嬴之理⑧,身服不杂彩⑨,首服不镂刻⑩。且古者尝有纯衣挛领而王天下者⑪,其义好生而恶杀,节上而羡下⑫,天下不朝其服,而共归其义。古者尝有处橧巢窟穴而不恶⑬,予而不取⑭,天下不朝其室,而共归其仁。及三代作服,为益敬也⑮。首服足以修敬,而不重也,身服足以行洁⑯,而不害于动作。服之轻重便于身,用财之费顺于民。其不为橧巢者,以避风也;其不为窟穴者,以避湿也。是故明堂之制,下之润湿,不能及也;上之寒暑,不能入也。土事不文[17],木事不镂[18],示民知节也。及其衰也,衣服之侈过足以敬[19],宫室之美过避润湿[20],用力甚多,用财甚费,与民为仇。今君欲法圣王之服,不法其制[21],法其节俭也,则虽未成治[22],庶其有益也[23]。今君穷台榭之高[24],极汙池之深而不止[25],务于刻镂之巧[26],文章之观而不厌[27],则亦与民而仇矣。若臣之虑,恐国之危,而公不平也[28]。公乃愿致诸侯,不亦难乎!公之言过矣。"

注释

①欲服圣王之服:想穿圣王的服装。第一个"服"字用为动词,穿。
②法其节俭:学习、效法他们的节俭精神。法,用为动词,效法、学习。
③三王不同服而王:夏禹、商汤、周文王穿不同的衣服,同样统一天下。
④怀其德而归其义:感念他们的德,归附于他们的义。
⑤修敬:表示敬意。
⑥掩形:蔽体。
⑦衣不务于隅眦之削:王念孙云:"'眦'当为'眦'字之误。"又云:"隅眦者,隅差也。隅,角,差邪也。幅之削者,必有隅差之形,故曰'衣不务隅眦之削。'"意思是剪裁布料缝制衣服,不去追求斜角削领的形状。
⑧觚赢:刘师培补释云:"荀子《儒效篇》云'解果其冠',杨倞注引或说云:'解果'狭隘也,……有狭曲而高之义。'解果其冠',冠之中高旁狭者也。'觚赢'即'解果'之异文。"
⑨杂彩:五颜六色。
⑩首服:头上带的帽子。
⑪纨衣挛领:衣冠相连的服装,即简朴之衣。纨衣,补缀之衣;挛领,卷领。
⑫羡下:下面有剩余。羡,有余。
⑬橧巢:聚柴木以作居室。
⑭予而不取:给予他而不收取。
⑮益敬:有益于表示敬意。
⑯行洁:行动干净利落,即便于行动。
⑰土事不文:土建不描绘纹彩。土事,用土修筑的建筑物。
⑱木事不镂:木头建筑不刻镂花纹。
⑲侈过足以敬:侈奢超过了表示敬意的原则。
⑳美过避润湿:美丽超过了遮避潮湿的标准。
㉑制:泛指道德规范、典章制度等。

㉒未成治:未达到治理。
㉓庶其:即庶几,差不多。
㉔台榭:楼台亭榭。榭:建筑在高台上的敞屋。
㉕汙池:小池塘。
㉖刻镂之巧:追求精巧的雕刻镂花。
㉗文章之观:花纹华丽的宫室。文章,花纹华美。观,指宫室。
㉘不平:不便。平、便一声之转,古多通用。于鬯云:"'不平'即'不得享'之义。'不得享'即'不便'也。"

【今译】

　　景公问晏子说:"我想穿上古圣王的服式,住古圣王的房屋,这样,诸侯会来朝吗?"晏子回答说:"效法古圣王的节约勤俭就可以,效法他们穿的服式、居住他们的房屋,没有益处。夏禹、商汤、周文王穿不同的服式而统一天下,不是因为服式使诸侯归附的呀。诚心诚意地爱护百姓,实实在在地执行善政,天下感念他们的德而归附于他们的义。这就是君王衣服节俭而百姓高兴的原因。帽子足够用来表示庄敬就可以了,不必追求它的装饰;衣裳足够用来蔽体御寒就行了,不必追求它的华美。衣服没有斜角削领,帽子不求高狭的形状,身上穿的衣服不色彩斑斓,头上戴的帽子不镂刻花纹。况且古人曾有穿缝缀简朴,衣领卷曲的服式而统一天下的。他们的仁义喜欢人的生存而怨恶杀戮,君上节俭而百姓有余,天下不朝拜他的服式,而共同归附他的仁义。古代曾有居住橧巢和洞穴而不怨、给予他宫室而不住的人,天下不朝拜他的居室,而共同归附他的仁德。到了三代制作衣服,是为了增加敬肃之意,头上戴的帽子足以表示敬肃就行了,而不求贵重,身上穿的衣服足以使行动方便就行了,而不要有害活动。衣服的厚薄轻重方便于身体,使用钱财的多少顺于民意。后来不再住橧巢的人是因为要避风雨;不住洞穴的人,是为了避潮湿。所以修建宫室的原则是,地下的潮湿,不能浸上,天降的寒暑,不能侵入。土建筑物不饰纹彩,木建筑物不雕镂花纹,向百姓示范要知道节俭。等到这种风气衰败的时候,衣服的奢侈已大大超过能表示敬意的原则,宫室的华美大大超过躲避潮湿的标准了。使用的人力很多,使用的钱财更浪费,这是与百姓为仇敌。现在君王只想效法圣王的服饰,不效法他们的制度。效法他们的节俭,虽然还达不到圣王之治,差不多还是有益的。现在君王尽力追求楼台亭榭的高、池塘的深而没有止境，追求刻镂的精巧、宫室的华丽而没有厌足，那也是与百姓为仇敌呀。如果像我所忧虑的这样，恐怕国家危险了，而君王也得不到安享啊。君王希望诸侯来朝，不是很困难的吗！君王的话错了。"

景公自矜冠裳游处之贵晏子谏第十五

【原文】

景公为西曲潢①，其深灭轨②，高三仞③，横木龙蛇，立木鸟兽④。公衣黼黻之衣⑤，素绣之裳⑥，一衣而五彩具焉；带球玉而冠且⑦，被发乱首⑧，南面而立，傲然。

晏子见，公曰："昔仲父之霸何如⑨？"晏子抑首而不对⑩。公又曰："昔管文仲之霸何如？"晏子对曰："臣闻之，维翟人与龙蛇比⑪，今君横木龙蛇，立木鸟兽，亦室一就矣⑫，何暇在霸哉！且公伐宫室之美⑬，矜衣服之丽⑭，一衣而五彩具焉，带球玉而乱首被发，亦室一容矣。万乘之君⑮，而一心于邪⑯，君之魂魄亡矣，以谁与图霸哉？"公下堂就晏子曰："梁丘据、裔款以室之成告寡人，是以窃袭此服⑰，与据为笑，又使夫子及⑱，寡人请改室易服而敬听命，其可乎？"

晏子曰："夫二子营君以邪⑲，公安得知道哉！且伐木不自其根，则蘖又生也⑳，公何不去二子者，毋使耳目淫焉。"

【注释】

①为西曲潢：凿一个曲折的积水池。吴则虞按：《北堂书钞》一百二十九引无"西"字。潢，积水池。

②其深灭轨：它的深度可以淹过车子。灭轨，孙星衍云："谓灭一车也。"

③高三仞：两丈多高。仞，古代长度单位，周制八尺为一仞。于鬯云："'高三仞'上有脱文……当谓'筑室于曲潢之上高三仞耳'。"译文从此。

④"横木"二句：谓在横木上雕刻龙蛇，在直木上雕刻鸟兽。横木，指梁；直木，指柱。

⑤衣黼黻(fǔ fú 府弗)之衣：穿着绣有黼黻图形花纹的衣服。第一个"衣"字用为动词，穿衣。黼黻，古代礼服上所绣的花纹。黼，黑白相次，作"斧"形；黻，黑青相次，作"亞"形。

⑥素绣之裳:白色绣花下衣。
⑦带球玉而冠且:佩戴美玉而冠饰冕旒。且,俞樾云:"'且'当作'组',《说文·系部》:'组,绶属,其小者以为冕缨。'译文从俞说。
⑧被发:披发。被,通披。
⑨仲父:指管仲,下文所说的管文仲亦指管仲。春秋时期政治家,齐桓公任命为卿,尊称"仲父"。
⑩抑首:低头。
⑪维翟人与龙蛇比:只有翟人与龙蛇为伍。翟,通狄,古族名。
⑫亦室一就矣:只有一室之成就罢了。
⑬伐宫室之美:自夸宫室的华美。
⑭矜衣服之丽:夸耀衣服的华丽。矜,夸耀。
⑮万乘之君:拥有万乘战车的国君。
⑯一心于邪:一心全想邪念。
⑰窃袭此服:偷偷地穿这身衣服。
⑱及:到来。
⑲营君以邪:用邪恶来迷惑国君。孙星衍云:"《说文》:'眷,惑也。''营'与'眷'声相近。"
⑳櫱(niè):树木砍伐后又生出的新芽。

【今译】

　　景公凿成一个曲折的积水池。池水的深度可淹没一辆车子。又在池上修筑一座宫室,宫室高数仞,梁上雕镂龙蛇,柱子上刻满鸟兽,景公穿着五彩斑斓的衣服,白色绣花的下裳,一身衣服各种色彩都齐备;佩戴着美玉,帽子上缀着冕旒,披散着头发在宫室前向南站立,神态傲慢自得。

　　晏子拜见景公,景公说:"过去管文仲佐先君桓公称霸的时候是个什么样子?"晏子低头不回答。景公又说:"过去管文仲佐先君桓公称霸的时候是个什么样子?"晏子回答说:"我听说,只有狄人把自己与龙蛇相比,现在君王在宫室的梁上雕刻龙蛇,柱子上雕刻鸟兽,也不过是一间屋子的成就罢了,哪有时间去考虑霸业呢?况且君王夸耀宫室的华美,夸耀衣服的艳丽,一身衣服各种色彩都齐备,佩戴美玉而披头散发,也不过在一间屋子里打扮罢了。拥有万乘战车的国君,而把心放在邪恶的事情上,君王的魂魄已经不在了,用谁与您去图霸呢?"景公下堂走近晏子说:"梁丘据、裔款因宫室建成而告诉我,所以偷偷穿上这身衣服,与梁丘据等取笑,不想又使先生来到,请让我到另外的房里换了衣服来听您的教诲,这可以吗?"

晏子说:"梁丘据、裔款二人用邪恶来迷惑君王,君王哪里还能懂得治国的道理呢!砍伐树木不挖掉它的根,新芽又会长出来,君王为何不除掉这两人,不要让自己的耳目被他们迷乱!"

景公为巨冠长衣以听朝晏子谏第十六

【原文】

景公为巨冠长衣以听朝①,疾视矜立②,日晏不罢③。晏子进曰:"圣人之服中④,倪而不驵⑤,可以导众⑥,其动作,倪顺而不逆⑦,可以奉生⑧,是以下皆法其服⑨,而民争学其容。今君之服,驵华不可以导众民,疾视矜立,不可以奉生,日晏矣,君不若脱服就燕⑩。"公曰:"寡人受命。"退朝,遂去衣冠,不复服。

注释

①巨冠:又高又大的帽子。
②疾视矜立:迅速地扫视傲然自得地站立。
③日晏不罢:天快黑了还不休息。晏,晚。
④圣人之服中:谓圣人的衣服不长不短,取其适中。
⑤倪(tuō拖)而不驵(zǎng):简易不大。倪,简易。驵,大。
⑥导众:引导众人。
⑦倪顺而不逆:简易轻便不违背常规。
⑧奉生:有利于生命的延长。奉,帮助。
⑨法其服:效法他的穿着。
⑩燕:通晏,休息。

【今译】

景公作了又高又大的帽子和长长的衣服,并穿戴这身衣服来设朝听政,他目光迅速扫视,傲然自得地站立,天快黑了还不散朝。晏子进谏说:"圣人的服装适中,简易而不大,可以引导众百姓,他的一举一动轻松便当而不违背常行,可以延年益寿,所以下边的人都效法他的穿着,而百姓争着学习他的仪容。现在君王的服装,大而华丽不可以用来引导百姓,目光迅速转动,傲然而立,劳形亏神,不可以益寿延年,天晚了,君王不如脱掉这身衣服休息去吧。"景公说:"我接受您的劝告。"退朝后,就脱掉这身衣服,不再穿它。

景公朝居严下不言晏子谏第十七

【原文】

晏子朝,复于景公曰:"朝居严乎①?"公曰:"严居朝,则曷害于治国家哉?"晏子对曰:"朝居严则下无言,下无言则上无闻矣。下无言则吾谓之瘖②,上无闻则吾谓之聋。聋瘖,非害国家而如何也?且合升㪷之微以满仓廪③,合疏缕之绨以成帷幕④,大山之高,非一石也,累卑然后高⑤,天下者,非用一士之言也,固有受而不用⑥,恶有拒而不受者哉⑦!

【注释】

①朝居严乎:设朝听政是否过于严厉。
②瘖:哑,俺然无声。
③㪷(dǒu 抖):同斗。
④合疏缕之绨(tí 提):把稀疏的丝缕织成的绨。绨,古代丝织物名。
⑤卑:低矮。
⑥受而不用:听了可以不采纳。受,接受。
⑦恶有:怎么有。恶,何,怎么。

【今译】

晏子入朝,向景公禀报说:"设朝临政时是否过于严厉了?"景公说:"设朝严厉,这会有害于国家的治理吗?"晏子回答说:"设朝严厉就使臣下不敢说话,臣下不敢说话那君王就不知下情了。臣下不说话就叫做哑,君王听不到下边的声音,就叫做聋。一聋一哑,不是有害于治理国家又是什么呢?再说集中一升一斗这微少的粮食就可以装满粮仓,聚集一丝一缕的绨就可以做成帷幕,大山的高,不是仅用一块石头,而是无数石头从低处堆起来才形成它的高大,天下,不能只听一人的话来治理,当然有时听取了而不采用,怎么有拒绝不听的呢!"

景公登路寝台不终不悦晏子谏第十八

【原文】

　　景公登路寝之台①,不能终,而息乎陛②,忿然而作色,不说③,曰:"孰为高台?病人之甚也④!"晏子曰:"君欲节于身而勿高,使人高之而勿罪也。今高,从之以罪,卑亦从以罪,敢问使人如此可乎?⑤古者之为宫室也,足以便生,不以为奢侈也,故节于身,谓于民⑥。及夏之衰也,其王桀背弃德行,为璇室玉门,殷之衰也,其王纣作为顷宫灵台,卑狭者有罪,高大者有赏,是以身及焉⑦。今君高亦有罪,卑亦有罪,甚于夏殷之王,民力殚乏矣,而不免于罪,婴恐国之流失,而公不得享也!"公曰:"善!寡人自知诚费财劳民,以为无功,又从而怨之,是寡人之罪也!非夫子之教,岂得守社稷哉!"遂下,再拜,不果登台⑧。

注释

　　①路寝:汉墓竹简作"洛帚"。骈宇骞云:"'洛'当读为'路'……'帚'为'寝'之省写。"

　　②"不能"二句:汉墓竹简作"不能冬上而息于陛。"冬,当读为"终"。谓不能登上路寝台的顶端而在中途的台阶上休息。陛,台阶。

　　③"忿然"二句:汉墓竹简无此二句。

　　④"曰孰"三句:汉墓竹简作"公曰:孰为高台,其病人之甚也。"与吴本略有小异。病人之甚,意思是害人不浅。

　　⑤从"晏子曰"至"如此可乎":汉墓竹简仅存"晏子……使民如……罪也"不相连贯的七个字。节于身,谓躬身节俭。高之,使之高,修建高。高,形容词用为动词。

　　⑥从"古者"至"谓于民":汉墓竹简作"夫古之为宫室台榭者,节于身而调于民,不以为奢侈"。译文按此译。

　　⑦从"及夏"至"身及焉":汉墓竹简作"及夏□□也,其王桀怀行弃义,作为顷宫曼台。殷之□也,其王纣作为环室玉门。广大者有赏,埤小者有罪,是以身及焉。"译文依此。骈宇骞云:"'夏'下残缺二字,据明本,疑当为'之衰'二字。'殷

之'下残缺一字,据明本疑当为'衰'字。简文'怀'从人不声,当读为'背',不、背古音相近,可通假。"骈说是。顷宫,当作倾宫,高大的宫室。曍台,即灵台,古代帝王游乐的地方。璇室玉门:雕饰华丽的宫室。璇,美玉。玉门,指宫阙。

⑧从"今君"至"不果登台":汉墓竹简仅存"今君埤亦有罪,高亦有罪,吏寋从事不免于罪,臣主俱困而无所辟患……"三十七字。此段译文依吴本。

【今译】

　　景公攀登路寝宫前的高台,不能到达顶端,中途在台阶上休息,他怒容满面,很不高兴,说:"是谁修建这么高的台!坑害人不浅呀!"晏子说:"君王想减少自己的劳累而不希望台高,命令别人修了高台就不该怪罪人。现在台高了加罪于人,低了也加罪于人,请问像这样役使别人可以吗?古代的人修建宫室台榭,只求便利生存不搞成奢侈华丽,自身节俭而又教育百姓。到了夏朝衰落时,它的国君桀违背德行修建雕饰华丽的宫阙;殷朝衰落时,它的国君纣建造高大的宫室和灵台,修得低小的有罪,修得高大的有赏,因此灾祸延及自身。现在君王筑台修高了有罪,修低了也有罪,大大超过了夏殷二代的桀纣。百姓的力量已经耗尽了,而您还不免罪,我担心国家危殆衰败,而君王不能再享有了!"景公说:"好!我自知这实在是耗费钱财劳苦百姓,又没有用处,又因此埋怨那些筑台的人,这是我的罪过了!不是先生的教诲,哪能守住国家的基业呢!"于是走下台来,两次拜谢晏子,没有再登上台顶。

景公登路寝台望国而叹晏子谏第十九

【原文】

　　景公与晏子登寝而望国①,公愀然而叹曰②:"使后嗣世世有此,岂不可哉!"晏子曰:"臣闻明君必务正其治③,以事利民④,然后子孙享之。《诗》云:'武王岂不事,贻厥孙谋,以燕翼子。'⑤今君处佚怠⑥,逆政害民有日矣,而犹出若言⑦,不亦甚乎!"公曰:"然则后世孰将把齐国⑧?"对曰:"服牛死⑨,夫妇哭,非骨肉之亲也,为其利之大也⑩。欲知把齐国者,则其利之者邪⑪?"公曰:"然,何以易⑫?"对曰:"移之以善政⑬。今公之牛马老于栏牢⑭,不胜服也;车蠹于巨户⑮,不胜乘也;衣裘襦袴⑯,朽弊于藏⑰,不胜衣也;醯醢腐⑱,不胜沽也⑲;酒醴酸⑳,不胜饮也;府粟郁而不胜食㉑;又厚藉敛于百姓,而不以分馁民。夫藏财而不用,凶也,财苟失守,下其报环至㉒。其次昧财之失守㉓,委而不以分人者,百姓必进自分也。故君人者与其请于人,不如请于己也。"

> **注释**
>
> ①登寝而望国:登路寝台而望国都。
> ②愀然:凄然,悲伤之貌。
> ③务正其治:一定要端正自己的治国方法。
> ④以事利民:做有利于百姓的事。
> ⑤"武王"三句:见《诗·大雅·文王有声》,意思是:武王岂不以其功业为事吗,故传其所以顺天下谋略,安定保护其子孙。"仕"《传》:"仕,事也。"《传》:"燕,安也。"孙,高亨云:"当读为洵。洵,远也。"燕,安也。翼,遮护。
> ⑥佚怠:安逸怠慢。佚,通逸。
> ⑦若言:此言。
> ⑧把齐国:执掌齐国。把,握。
> ⑨服牛:耕牛。服,服犁耕作。
> ⑩"夫妇哭"三句:谓牛与人不是骨肉之亲,而牛死则夫妇均为之哭,是因其利大之故也。
> ⑪利之者:给齐国带来利益的人。利,有利,带来利益;之,代词,指齐国百姓。
> ⑫何以易:即以何易,用什么来改变这种状况。
> ⑬移之以善政,用好的政治来改变它。
> ⑭栏牢:关牛马的圈。
> ⑮车蠹(dù 度):车放在车库腐烂。蠹,腐烂。
> ⑯襦袴(rú kù 蠕库):短衣和裤子。
> ⑰朽弊于藏:腐朽破烂在衣橱里。藏,库藏,这里指衣橱。
> ⑱醯醢(xī hǎi 希海):调味用的醋和酱。醯,醋。醢,用肉鱼等制成的酱。
> ⑲沽:卖。
> ⑳醴:美酒。
> ㉑郁:腐臭。
> ㉒"财苟失守"两句:张纯一《晏子春秋校注》:"失,疑矢之形误。《尔雅·释言》:'矢,誓也。'"下,下策。报环至,报怨的人环绕而至。
> ㉓昧财之失守:张纯一《晏子春秋校注》:"昧于财之不守,失守而不悟"。昧:昏暗不明;失,矢也。

【今译】

　　景公与晏子一起登上路寝台而眺望国都,景公悲怆地叹息说:"让子孙世世代代都享有它,难道不可以吗?"晏子说:"我听说圣明的君主一定他端正治国的方法,做有利于百姓的事,然后他们的子孙才能享有国家。《诗经》上说:'周武王岂不以其功业为事吗?故传其所以顺天下的谋略,安定保护他的子孙。'现在君王处于闲逸怠慢,违反德政损害百姓的时间已很长了,还说出这样的话,不也太过分了吗?"景公说:"如此说来,那么后世谁将执掌齐国呢?"晏子说:"耕牛死了,夫妻都为它哭,不是骨肉之亲的关系,而是因为耕牛对他们的利益太大了。想知道执掌齐国是谁?那恐怕就是使齐国人得利的人吧?"景公说:"对,用什么办法来改变这种境况呢?"晏子说:"用好的政治来改变。现在君王的牛马在圈里关老了,不能耕地拉车,车子在车库被蠹虫咬坏了,不能乘坐;衣服皮袄等在衣橱里朽坏了,不能穿;醋酱腐坏了,不能卖;美酒酸了,不能饮;粮仓里的粮食腐臭了而不能吃;还加重税赋搜刮百姓,而不把那些积存之物分给饥饿的百姓。储藏的财物不使用,会带来祸殃,如果誓守着财物这是下等的办法,报怨的人会环绕而来。再下等的是不明白财物不该坚决守着,积累起来不分给百姓,百姓一定会自己前来分它。所以当国君的人与其请人来分,不如让自己来分呀。"

景公路寝台成逢于何愿
合葬晏子谏而许第二十

【原文】

　　景公成路寝之台①,逢于何遭丧,遇晏子于途,再拜乎马前。晏子下车挹之②,曰:"子何以命婴也?"对曰:"于何之母死,兆在路寝之台牖下③,愿请命合骨④。"晏子曰:"嘻!难哉!虽然,婴将为子复之,适为不得,子将若何?"对曰:"夫君子则有以⑤,如我者倚小人,吾将左手拥格⑥,右手捆心⑦,立饿枯槁而死,以告四方之士曰:'于何不能葬其母者也。'"晏子曰:"诺。"遂入见公,曰:"有逢于何者,母死,兆在路寝,当如之何?愿请合骨。"公作色不说;曰:"古之及今,子亦尝闻请葬人主之宫者乎?"晏子对曰:"古之人君,其宫室节,不侵生民之居,台榭俭,不残死人之墓,故未尝闻诸请葬人主之宫者也。今君侈为宫室,夺人之居,广为台榭,残人之墓,是生者愁忧,不得安处,死者离易⑧,不得合骨。丰乐侈游,兼傲生死⑨,非人君之行也。遂欲满求⑩,不顾细民,非存之道⑪。且婴闻之,生者不得安,命之曰蓄忧⑫;死者不得葬,命之曰蓄哀⑬。蓄忧者怨,蓄哀者危,君不如许之。"公曰:"诺。"晏子出,梁丘据曰:"自昔及今,未尝闻求葬公宫者也,若何许之?"公曰:"削人之居⑭,残人之墓,凌人之丧⑮,而禁其葬,是于生者无施⑯,于死者无礼。《诗》云:'縠则异室,死则同穴。⑰'吾敢不许乎?"逢于何遂葬其母路寝之牖之下,解衰去绖⑱,布衣縢履⑲,元冠笸武⑳,踊而不哭㉑,躃而不拜㉒,已乃涕洟而去㉓。

注释

①成路寝之台:吴则虞云:"《御览》五百五十五引'台'作'基'。"又云:"'成路寝之基',是基成而台犹未筑也。逢于何父先葬于此,故于何有求母合葬之请。"吴说是。
②挹之:向他拱手为礼。挹,通揖。之,代词,指逢于何。
③牖(yǒu 有):窗。一说'牖'当为'墉',墉,墙也。译文从后说。
④合骨:合葬。
⑤有以:有缘故。以,缘故。《诗·邶风·旄丘》:"何其久也? 必有以也。"
⑥拥格:护着灵柩之车。王念孙云:"格即'辂'字,谓柩车辕上横木所以属引者也。"
⑦捆心:拍打着心胸。
⑧离易:离散。
⑨傲生死:轻慢生死。
⑩遂欲满求:满足欲望与所求。
⑪非存之道:不是保存国家的作法。
⑫蓄忧:积聚忧伤。
⑬蓄哀:积聚悲哀。
⑭削人之居:铲除别人的居室。
⑮凌人之丧:侵犯别人的丧事。
⑯无施:没有恩惠。
⑰"縠则"二句:见《诗·王风·大车》。意思是活着的时候不同室居,死了也要同穴葬。

⑱解衰(cuī催)去绖：脱掉丧服。衰、绖均为古代丧服。古人服丧胸前当心处缀有长六寸，宽四寸的麻布，名衰，结在头上或腰间的麻带称为绖。
⑲縢屦：用藤条编织的鞋。
⑳元冠疕武：黑色帽子、紫草为带。元，通玄，黑色。疕，紫色草。武，通幠，古时冠上的结带。《礼记·王藻》："缟冠玄武。"
㉑踊，向上跳。
㉒躃(bì壁)而不拜：瘸腿不叩拜。躃，瘸腿。
㉓涕洟(yí夷)：鼻涕。

【今译】

　　景公修成了路寝台的台基。逢于何遇上丧事，在路上碰到晏子，就跪在晏子的马车前再三叩拜。晏子下车向逢于何拱手还礼，说："先生有什么事吩咐我？"逢于何回答说："于何的母亲死了，占卜要葬在路寝台基墙下，希望请求国君准于合葬。"晏子说："嘻！困难啊！虽这样，我将为先生禀告此事。如果请求得不到同意，您将怎么办？"回答说："君子总是有作为的，像我这样的小民，我将用左手扶着灵车，右手捶心，站立饥饿枯槁而死，用它告诉四方的人士说：'于何是不能安葬他的母亲的人了。'"晏子说："是。"于是入朝见景公，说："有个叫逢于何的人，母亲死了，占卜应葬在路寝墙下，当如何处置此事？他希望请求与父合葬。"景公变了脸色不高兴，说："从古至今，先生曾听说过请求安葬死人在国君的宫室里的吗？"晏子回答说："古代的人君，他们修宫室节约，不侵犯百姓的居室，楼台亭榭俭朴，不毁坏死人的坟墓，所以未曾听说有请求埋葬死人于国君宫室的。现在君王大量修建宫室，抢夺百姓的居室，到处建楼台亭榭，毁坏死人的坟墓，这使活着的人忧愁，不能安居，死了的人分离，不能合葬。过度奢侈玩乐，对活着的人和死去的人都一概轻慢，不是作国君的德行啊。为了满足自己的欲望与需求，不顾念百姓，这不是保存国家的办法。况且我听说，活着的人不能安居，叫做蓄积忧愁，死去的人不能安葬，叫做蓄积悲哀，忧愁蓄积就怨恨，悲哀蓄积就很危险，君王不如允许他的请求。"景公说："是。"晏子出朝，梁丘据向景公说："从过去到现在，没有听说请求埋葬死人于国君的宫室中的，为何答应了他？"景公说："剥夺别人的居室，毁坏死人的坟墓，侵犯别人的丧葬，这对生者没有施恩，对于死者是无礼。《诗经》上说：'活着不能同室居，死后也要同穴葬。'我敢不允许吗?"逢于何于是安葬他的母亲在路寝台基墙下,然后脱去丧服,穿上布衣藤鞋,戴上黑色帽子,紫草结带,向上跳了跳但未哭,脚瘸而没有叩拜,做完后,才流着涕泪离开。

景公嬖妾死守之三日不敛晏子谏第二十一

【原文】

　　景公之嬖妾婴子死①,公守之,三日不食,肤著于席不去②,左右以复,而君无听焉。晏子入,复曰:"有术客与医俱言曰:'闻婴子病死,愿请治之。'"公喜,遽起,曰:"病犹可为乎③?"晏子曰:"客之道也,以为良医也,请尝试之。君请屏④。洁沐浴饮食,间病者之宫⑤,彼亦将有鬼神之事焉。"公曰:"诺。"屏而沐浴。晏子令棺人入敛,已敛,而复曰:"医不能治病,已敛矣,不敢不以闻。"公作色不说,曰:"夫子以医命寡人,而不使视,将敛而不以闻,吾之为君,名而已矣。"晏子曰:"君独不知死者之不可以生邪?婴闻之,君正臣从谓之顺,君僻臣从谓之逆。今君不道顺而行僻⑥,从邪者迩,导害者远⑦,谗谀萌通⑧,而贤良废灭,是以诒谀繁于间⑨,邪行交于国也。昔吾先君桓公用管仲而霸,嬖乎竖刁而灭。今君薄于贤人之礼,而厚嬖妾之哀。且古圣王畜私不伤行⑩,敛死不失爱,送死不失哀⑪。行伤则溺己⑫,爱失则伤生,哀失则害性。是故圣王节之也。即毕敛,不留生事⑬,棺椁衣衾,不以害生养⑭,哭泣处哀,不以害生道。今朽尸以留生⑮,广爱以伤行,修哀以害性⑯,君之失矣。故诸侯之宾客慚入吾国,本朝之臣慚守其职。崇君之行⑱,不可以导民;从君之欲,不可以持国。且婴闻之,朽而不敛,谓之僇尸⑱,臭而不收,谓之陈胔⑲。反明王之性,行百姓之诽,而内嬖妾于僇胔⑳,此之为不可。"公曰:"寡人不识,请因夫子而为之㉑。"晏子复曰:"国之士大夫,诸侯四邻宾客,皆在外,君其哭而节之㉒。"仲尼闻之曰:"星之昭昭㉓,不若月之瞳瞳㉔,小事之成,不若大事之废,君子之非,贤于小人之是也㉕。其晏子之谓欤!"

注释

　　①嬖妾:宠爱之妾。

②肤著于席:谓皮肤沾着在坐席上。陶洪庆云:"肤著于席不去"六字,语不可晓。其文云:"公守之不去,三日不敛,肤著于席。"按此,则应为尸肤著于席。
③病犹可为乎:病死还能救活吗?可为,可以医治。
④君请屏:请君王避开。屏,屏避。
⑤间病者之宫:请离开停放死人的宫室。间,隔离。
⑥不道顺而行僻:不走顺道而走邪路。
⑦"从邪"二句:谓跟着干坏事的就亲近,劝导做好事的就疏远。导害,王念孙云:"'导害'二字,义不可通,'导害'当为'道善'"王说是。译文从此说。
⑧谀谀萌通:阿谀进谗的小人明目张胆地勾结。萌,同明。
⑨繁于间:繁衍于宫内。间,宫内,指景公左右之人。
⑩畜私:畜养媵妾。私,指媵妾。
⑪不失哀:不要过于悲哀。
⑫行伤则溺己:损害德行,沉溺于私欲而不能自拔。
⑬"即毕"二句:王念孙云:"'即毕敛'三字,语意不完。'即'上当有'死'字,而今本脱之。"王说是。两句意思是,死就该将尸体入棺,不要指望死者复生。生事,生还之事。敛,殡敛,将死者尸体入棺。
⑭"棺椁"二句:谓丧葬要从简,不要糜费,以免因棺椁衣衾的浪费而有害于生者衣食之供养。
⑮朽尸以留生:腐朽的死尸还希望活过来。
⑯修哀:悲哀不止。王念孙云:"修,当为循字之误。循之言遂也。""遂哀",谓哀而不止也。
⑰崇君之行:推崇君王的行为。
⑱僇(lù 陆)尸:羞辱死尸。僇,羞辱。
⑲陈胔:陈设腐烂的尸体。
⑳内嬖妾于僇胔:将宠妾置于陈尸受羞辱的地步。内,纳。
㉑请因夫子而为之:按先生的意见办理此事。
㉒君其哭而节之:君王为她哭泣时要注意节哀。
㉓昭昭:明亮貌。
㉔曀曀:阴暗。《诗·邶风·终风》:"终风且曀。"毛传:"阴而风曰曀。"这里是用来形容月光被遮。
㉕"小事"四句:意思是办成大事虽有不足,也比办成小事的作用大。君子的错也比小人的是为好。按:这四句是孔子赞扬晏子之辞。晏子为了劝景公节哀及早棺敛死尸,骗景公先离开停尸之宫室,然后棺敛死尸。骗景公是小非,及时敛尸,不让其暴尸受侮,不让景公沉于悲痛而不理朝政,则是大是。

【今译】

　　景公的宠妾婴子死了,景公守着她的尸体,三天不吃饭,皮肤沾着坐席也不愿离开,左右的人劝他,景公总是不听。晏子入宫,禀告景公说:"有懂巫术的人和名医都说:'听到婴子病死,自愿请求救治她。'"景公高兴起来,立即站起,说:"病死的人还可以救活吗?"晏子说:"客人自称他们是良医呀,君王不妨试一试。请君王避一避,先沐浴洗洁,后饮酒吃饭,离开死者的宫室,他们将有祭祀鬼神的事要做。"景公说:"好。"避开死者去沐浴。晏子命令棺敛死尸的人立即将尸体入敛。棺敛完毕,而后回禀景公说:"医师不能治死者的病,已入棺殡敛了,不敢不将此事禀告。"景公面有怒色很不高兴,说:"先生借医病人要我离开,而不让我看,将要殡敛又不让我知道,我当国君,不过是有其名而已。"晏子说:"君王唯独不知道死了的人不可能再活吗?我听说,国君正派臣子服从叫做顺,国君邪僻臣子服从叫做逆。现在君王不走顺道而走邪道,跟着走邪道的就亲近,劝导做善事的就疏远,逸谀小人明目张胆地勾结,而贤德善良的人就废弃消失,所以逸谄阿谀之辈繁衍于宫廷之中,邪僻恶行之人交错于国内。过去我们的先君桓公任用管仲而称霸,宠幸于竖刁而衰败。现在君王对贤人礼薄,而对宠妾厚哀。再说古代的圣王畜养媵妾不损害德行,殡敛死者不过分钟爱,送葬死者不过分悲哀。损伤德行,就会沉溺于私欲,钟爱失度就会伤害生理,悲哀过分就会损害性情。所以圣王能节制它啊。人死就应立即毕敛,不要有侥幸活过来的念头,棺椁衣服的耗费要适度,不要因此损害活人的衣食供养,哭泣哀伤,不能因此损害生存的原则。现在朽腐的尸体还留住希望生还,因过分的爱而伤害德行,因长久的悲哀而损害性情,这是君王的过失了。所以诸侯派来的客人惭愧进入我国,本国的臣子惭愧于职守。崇尚君王的行为,不能引导民众,顺从君王的欲望,不能保持国家。况且我听说,朽尸不入敛,叫做羞辱尸体,臭了不殡敛,叫做陈设腐肉。违背圣明君王的本性,做百姓非议之事,而将宠妾置于陈尸受辱的地步,这是不应该的呀。"景公说:"我不知道,请按先生的想法处理此事吧。"晏子又说:"齐国的士大夫、诸侯及四邻宾客都在外面,君王哭死者时要节哀。"孔子听到这件事后说:"群星灿烂,比不上被云遮住的月光,小事的成功,比不上大事的废弃,君子的过错,比小人做的好事还要有益处,这就是说晏子的吧!"

景公欲厚葬梁丘据晏子谏第二十二

【原文】

梁丘据死,景公召晏子而告之,曰:"据忠且爱我,我欲丰厚其葬,高大其垄①。"晏子曰:"敢问据之忠与爱于君者,可得闻乎?"公曰:"吾有喜于玩好,有司未能我具也②,则据以其所有共我③,是以知其忠也;每有风雨,暮夜求必存④,吾是以知其爱也。"晏子曰:"婴对则为罪,不对则无以事君,敢不对乎!婴闻之,臣专其君⑤,谓之不忠;子专其父,谓之不孝;妻专其夫,谓之嫉。事君之道⑥,导亲于父兄⑦,有礼于群臣,有惠于百姓,有信于诸侯,谓之忠。为子之道,以钟爱其兄弟,施行于诸父⑧,慈惠于众子,诚信于朋友,谓之孝;为妻之道,使其众妾皆得欢忻于其夫⑨,谓之不嫉。今四封之民⑩,皆君之臣也,而维据尽力以爱君,何爱者之少邪?四封之货,皆君之有也,而维据也以其私财忠于君,何忠者之寡邪?据之防塞群臣⑪,拥蔽君,无乃甚乎?"公曰:"善哉!微子,寡人不知据之至于是也。"遂罢为垄之役,废厚葬之令,令有司据法而责⑫,群臣陈过而谏。故官无废法,臣无隐忠⑬,而百姓大说。

注释

①高大其垄:使他的坟墓又高又大。高、大均用为动词。垄,坟墓。

②未能我具:没有给我具备。

③共我:一作供我。供给我。

④暮夜求必存:刘师培《校补》云:"《治要》'求'下有'之'字,是也。"意思是刮风下雨的晚上,召他来,他都必到。求,招来也。《礼·学记》:"求善良。"注:"求,招来。"存,至也。《荀子·议兵》:"所存者神。"《注》:"存,至也。"

⑤臣专其君:臣子把君作为个人专一的侍奉者。

⑥道:原则。

⑦导亲于父兄:劝导与父兄亲近。

⑧诸父:伯父、叔父等。

⑨欢忻(xīn 欣):欢悦。忻,同欣。

⑩四封:四面封疆。封,疆界。

⑪防塞:妨碍堵塞。

⑫据法而责：根据法律来督责臣下。
⑬无隐忠：不隐蔽忠心，即忠心不被埋没。

【今译】
　　梁丘据死了，景公召见晏子而告诉他，说："梁丘据忠心耿耿而且爱戴于我，我想丰厚地安葬他，把他的坟墓修得又高又大。"晏子说："敢问梁丘据的忠君与爱君的具体表现，可以讲给我听吗？"景公说："我喜欢玩好之物，有关部门没有能够具备，梁丘据就将他所有的玩物供给我使用，所以知道他的忠心；或逢刮风下雨的晚上招他来，他必定到，我因此知道他爱戴我。"晏子说："我回答君王问话则与您的意见相违背，不回答那又没有侍奉好国君，敢不回答么！我听说："臣子把君王作为个人专一的侍奉者，叫作不忠，儿子专一顺从父亲，叫做不孝；妻子独专她的丈夫，叫做妒嫉。侍奉君王的原则，是劝导对父兄亲近，对群臣有礼，对百姓有恩惠，对诸侯有信义，这才是忠。做儿子的原则，是劝导父亲钟爱兄弟，施行于伯父、叔父，对所有的孩子慈惠，对朋友忠诚有信，这才是孝；做妻子的原则，是使众妾都能得到丈夫的欢心喜悦，这才叫不嫉妒。现在四方封疆之内的百姓，都是君王的臣民，而唯独只有梁丘据尽力爱戴君王，为何爱君王的人如此之少呢？四方封疆之内的货物，都归君王所有，而唯独只有梁丘据用他的私财来表示忠心，为何忠于君王的人如此之少呢？梁丘据妨碍贤路、堵塞群臣，蒙蔽国君，不是太严重了吗？"景公说："对啊！不是先生，我不知道梁丘据已到这种地步了。"于是停止修坟的劳役，废除厚葬梁丘据的诏令。命令有关部门根据法律来要求臣下，群臣陈述君王过失而进谏。所以官署没有废弃法律，臣子的忠心不被埋没。百姓极为高兴。

景公欲以人礼葬走狗晏子谏第二十三

【原文】
　　景公走狗死①，公令外共之棺②，内给之祭。晏子闻之，谏。公曰："亦细物也③，特以与左右为笑耳。"晏子曰："君过矣！夫厚藉敛不以反民④，弃货财而笑左右⑤，傲细民之忧⑥，而崇左右之笑，则国亦无望已。且夫孤老冻馁,而死狗有祭,鳏寡不恤,死狗有棺,行辟若此,百姓闻之,必怨吾君;诸侯闻之,必轻吾国。怨聚于百姓,而权轻于诸侯,而乃以为细物,君其图之。"公曰:"善。"趣庖治狗⑦,以会朝属⑧。

注释

①走狗:跑得快的狗。这里指猎犬。
②共之棺:供给它棺木。之,指狗。
③细物:细小之事。物,卢文弨曰:"物,犹事也。"
④反民:返还百姓,即做对民姓有利的事,反,通返。
⑤笑左右:使左右之人欢笑。
⑥傲细民之忧:看轻百姓的忧虑。
⑦趣庖治狗:赶快叫厨师烹治狗。
⑧朝属:朝廷上下之人。

【今译】

　　景公的猎犬死了,景公命令在外表的仪式上给狗棺木殓葬,在狗舍内给狗设祭致奠,晏子听到此事后,劝谏景公。景公说:"也不过是件小事罢了,特用它来与左右的人取笑为乐。"晏子说:"君王错了!加重税赋征敛来的财物不用来做对百姓有利的事,浪费财物来与左右取笑欢乐,轻视小百姓的忧虑,而重视左右之人的嬉笑,那国家就失去威望了。况且孤儿老人受冻挨饿,而狗死了还有祭祀,鳏夫寡妇不抚恤,狗死了却有棺木葬殓,行为歪邪到这样程度,百姓听到此事,一定怨恶我们君王;诸侯听到此事,必定轻视我国。怨恨在百姓中聚积,国家被诸侯轻视,而您还认为是小事,请君王权衡一下吧。"景公说:"对。"赶快叫厨师烹任狗肉,用它来会饮朝臣。

景公养勇士三人无君臣之义晏子谏第二十四

【原文】

　　公孙接①、田开疆②、古冶子③事景公,以勇力搏虎闻④。晏子过而趋,三子者不起。晏子入见公曰:"臣闻明君之蓄勇力之士也,上有君臣之义,下有长率之伦⑤,内可以禁暴,外可以威敌⑥,上利其功⑦,下服其勇,故尊其位,重其禄。今君之蓄勇力之士也,上无君臣之义,下无长率之伦,内不以禁暴,外不可威敌,此危国之器也⑧,不若去之。"公曰:"三子者,搏之恐不得,刺之恐不中也。"晏子曰:"此皆力攻勍敌之人也⑨,无长幼之礼。"因请公使人少馈之二桃,曰:"三子何不计功而食桃⑩?"公孙接仰天而叹曰:"晏子,智人也!夫使公之计吾功者,不受桃,是无勇也,士众而桃寡⑪,何不计功而食桃矣。接一搏猏而再搏乳虎⑫,若接之功,可以食桃而无与人同矣⑬。"援桃而起⑭。田开疆曰:"吾仗兵而却三军者再⑮,若开疆之功,亦可以食桃,而无与人同矣。"援桃而起。古冶子曰:"吾尝从君济于河⑯,鼋衔左骖以入砥柱之流⑰,当是时也,冶少不能游,潜行⑱,逆流百步⑲,顺流九里,得鼋而杀之,左操骖尾,右挈鼋头,鹤跃而出⑳。津人皆曰㉑:'河伯也!'若冶视之,则大鼋之首。若冶之功,亦可以食桃而无与人同矣。二子何不反桃!"抽剑而起。公孙接、田开疆曰:"吾勇不子若㉒,功不子逮㉓,取桃不让,是贪也;然而不死,无勇也。"皆反其桃,挈领而死㉔。古冶子曰:"二子死之,冶独生之,不仁;耻人以言㉕,而夸其声㉖,不义;恨乎所行,不死,无勇。虽然,二子同桃而节㉗,冶专其桃而宜㉘。"亦反其桃,挈领而死。使者复曰:"已死矣。"公殓之以服,葬之以士礼焉㉙。

注释

① 公孙接:齐臣,又名子渊捷,顷公之子。接,《左传》作"捷"。
② 田开疆:一作田强。齐臣,陈氏之族。
③ 古冶子:一作古治子,齐臣。
④ 以勇力搏虎闻:凭着勇猛之力捕捉猛虎而闻名。闻,闻名。
⑤ 长率之伦:尊重长者的伦常。
⑥ 威敌:威摄敌人。
⑦ 上利其功:国家因他们的功绩而得到好处。
⑧ 危国之器:危害国家的人。器,人才。
⑨ 勍敌:劲敌。勍,同劲。
⑩ 计功而食桃:按照功劳的大小吃桃。
⑪ 桃寡:桃子少。寡,少也。
⑫ 一搏猏而再搏乳虎:一次捕捉了野猪,二次又捕捉了母虎。猏,三岁之豕,此处指三岁野猪。乳虎:哺乳期的母虎。
⑬ 无与人同:不和别人同享。

⑭援桃：拿桃。
⑮却三军者再：打退敌军两次。三军：左军、中军、右军。这里泛指全军。
⑯济于河：乘船过河。
⑰鼋衔左骖：大鼋衔走左边拉车的马。鼋，水中爬行动物，亦称"绿团鱼"，大者长达一米有余。左骖：古代四马牵一车，左边的马称为左骖。
⑱潜行：潜于水下行走。
⑲逆流百步：向上游走百步。
⑳鹤跃：像白鹤飞起一样逃出水面。
㉑津人：渡口边的人。
㉒不子若：不若子，不如你。
㉓功不子逮：功劳赶不上你。逮，赶上。
㉔挈领：刎领，用剑割颈子。
㉕耻人以言：以言羞辱人。
㉖夸其声：夸耀自己的名声。
㉗同桃而节：同为桃子而死。节，成其名节。
㉘专其桃而宜：独自占有桃子而认为适宜。
㉙葬之以士礼：以葬士的礼仪安葬他们。士，春秋战国时代的一个阶层。多为卿大夫的家臣。后来成了统治阶级中知识分子的通称。

【今译】

公孙接、田开疆、古冶子侍奉景公，凭着勇猛之力捕捉过猛虎而闻名齐国。晏子在他们面前走过，谦逊地小步急走，他们三人却不站起身来。晏子入朝拜见景公说："我听说圣明的国君蓄养勇猛之士，对上有君臣大义，对下有长幼伦常，在国内可以禁止暴力，对国外可以威慑敌军，国家因他们的功绩而得利，臣下也敬服他们的勇力，所以尊重他们的地位，增加他们的俸禄。现在君王蓄养的勇士，对上没有君臣之义，对下不讲长幼伦常，在国内不能禁止暴力，对国外不能威慑敌人，这是危害国家的人呀，不如除掉他们。"景公说："这三个人，拘捕他们恐怕不能成功，刺杀他们恐怕也刺杀不中。"晏子说："他们都是有猛力能攻打强劲之敌的人，不讲长幼的礼让。"于是请景公派人送两个桃子给他们，说："你们三人何不按功劳的大小来吃桃子呢？"公孙接抬头看着天而叹息说："晏子，是个很有智慧的人啊！请景公用计算我们功劳大小的方法食桃，不能得桃的，就是没有勇力的人，人多桃少，怎能不按照功劳大小来吃桃呢?我公孙接一次捕捉了野猪而再次捕捉了哺乳的母虎,像我这样的功劳,可以吃这个桃子而不与他人同享了。"于是将桃拿起。

田开疆说:"我手执兵器而击退敌军多次,像我田开疆的功劳,也可以吃这个桃而不与他人同享了。"于是将桃拿起。

古冶子说:"我曾经与君王一起渡河,大鼋衔走在面拉车的马而潜入暗礁激流之中,那个时候,我年纪尚少而不会游水,就跳入河中潜水步行,逆流而上走了百余步,又顺流而下走了九里,找到大鼋并将它杀死,左手握着马尾,右手提着大鼋的头,像白鹤飞跃一样跳出水面。渡口边的人都说:'河伯出来了!'再一看,是大鼋的头。像我古冶子这样的功劳,也可以吃桃而不与别人同享呀!你们二人怎不将桃归还我。"并站起来抽出宝剑。公孙接、田开疆说:"我们的勇力不如你,功劳也赶不上,取走桃子而不让给功大的人,是贪冒功绩;如果不死,就不是勇士。"二人退还他们所拿的桃子,自刎而死。

古冶子说:"两人因桃而死,我独自因桃而生,是不仁;用语言羞辱人,而夸耀自己的名声,是不义!怨恨自己的行为,不死,不算勇士。虽这样,他二人同为桃子而死于节,我独占有这些桃而应该。"也退回桃,自刎而死。

使者回去禀告说:"三人都死了。"景公用官服收殓了三人的尸体,用葬士的礼仪安葬了他们。

景公登射思得勇力士与之图国晏子谏第二十五

【原文】

景公登射①,晏子修礼而侍②。公曰:"选射之礼③,寡人厌之矣!吾欲得天下勇士,与之图国④。"晏子对曰:"君子无礼,是庶人也;庶人无礼,是禽兽也。夫勇多则弑其君,力多则杀其长,然而不敢者,维礼之谓也。礼者,所以御民也,辔者,所以御马也,无礼而能治国家者,晏未之闻也⑤。"景公曰:"善。"乃饰射更席⑥,以为上客,终日问礼。

注释

①登射:古代诸侯大射之礼。从射中选出优胜者。登,为齐国人发语词。登射,即射。

②修礼而侍:按大射之礼的规定,设置有关物品而侍候于景公身旁。吴则虞云:"《射义》曰:'古者诸侯之射也,必先行燕礼。'《说苑》作'修食礼',即指射日陈燕具席位诸事。"吴说是。

③选射之礼:即大射之礼。按:古代射礼分为礼射与主皮之射。礼射又分大射、宾射、燕射,这三种射均主于礼乐而不贵重于勇力。主皮之射则侧重于勇力。景公欲去大射之礼而贵主皮习武之射。

④图国:谋求治国,这里指成就霸业。

⑤晏未之闻也:苏舆曰:"'晏'疑'婴'之误。"是。未之闻,宾语前置,即未闻之,没有听说过。

⑥饰射:孙星衍云:"《说苑》饰作饬,饬射,饬射礼。"

【今译】

景公举行大射,晏子按射礼的规定作了准备而侍候着景公。景公说:"选射的礼仪,我早已厌烦它了!我想得到天下的勇士,和他们一起谋划国事。"

晏子回答说:"君子不讲礼仪,就成了平民百姓,平民百姓不讲礼仪,就与禽兽一般。勇力多就会弑杀他们的君主,力量大就会杀害他们的长辈,然而不敢这样做,唯一的原因是有礼呀。礼是用来驾御百姓的,辔头是用来驾驭马的,没有礼仪而能够治理好国家的,我从来没有听说过。"景公说:"对。"于是就整饬射礼,变换坐席,将晏子待为上宾,整天向他询问礼仪规范。

晏子春秋·卷第三

内篇问上第三

庄公问威当世服天下时耶晏子对以行也第一

【原文】

庄公问晏子曰:"威当世而服天下,时耶?"晏子对曰:"行也。"公曰:"何行?"对曰:"能爱邦内之民者,能服境外之不善;重士民之死力者,能禁暴国之邪逆;听赁贤者①,能威诸侯;安仁义而乐利世者②,能服天下。不能爱邦内之民者,不能服境外之不善;轻士民之死力者,不能禁暴国之邪逆;愎谏傲贤者之言③,不能威诸侯;倍仁义而贪名实者④,不能威当世。而服天下者,此其道也已。"而公不用,晏子退而穷处⑤。

公任勇力之士,而轻臣仆之死,用兵无休,国罢民害⑥,期年,百姓大乱,而身及崔氏祸⑦。

君子曰:"尽忠不豫交⑧,不用不怀禄⑨,其晏子可谓廉矣!"

【注释】

①听赁贤者:王念孙云:"案'听赁贤者'本作'中听任贤者'。"又云:"中听者,听中正之言也,言听中正之言,而任贤者,则能威诸侯也。"王说是。译文依此。

②安仁义而乐利世:谓安心施行仁义之政,乐于兴办有利于百姓之事。
③愎谏傲贤:不接受劝谏而轻慢贤德之人。愎,执拗。王念孙云:"案:'逆愎谏傲贤者之言'本作'逆谏傲贤者'与'中听任贤者'对文,无'愎之言'三字。……《治要》正作'逆谏傲贤者'。"译文从此。
④倍仁义而贪名实:违背仁义准则而贪求虚名与财物。倍,通背,背离,违背。
⑤退而穷处:辞官隐退到穷僻的地方去居处。
⑥国罢民害:国家疲敝,百姓受害。罢,通疲,疲乏,贫困。
⑦身及崔氏祸:自身遭到崔杼的杀害。
⑧尽忠不豫交:为国尽忠的人,不事先交好于国君。豫,通预。
⑨不怀禄:不贪恋俸禄。

【今译】
　　齐庄公问晏子说:"扬威当代而使天下的人敬佩,是时机造成的吗?"晏子回答说:"是道义。"庄公说:"什么道义?"晏子回答说:"能够爱护国内老百姓的人,就能使国外不亲善的人敬佩;能够重视平民百姓的生死劳苦的人,就能禁止残害国家的邪恶势力;听取中正之言而任用贤能的人,就能威震诸侯;施行仁义之政而乐于为百姓办好事的人,就能使天下臣服,不能爱护国内百姓的人,不能使不亲善的国家的人敬佩,轻视平民百姓的生死劳苦的人,不能禁止危害国家的邪恶势力;不听取劝谏轻慢贤良的人,不能威震诸侯;背离仁义准则而贪求虚名财物的人,不能扬威当世。而想臣服天下的人,这些就是他应遵循的道义了。"庄公不采纳,晏子便辞官离开朝廷到穷僻的地方居住。
　　庄公重用勇猛力强的人,而轻视臣下仆役的生死,出兵打仗没有休止,国家疲敝而百姓遭殃,一年后,百姓大乱,庄公自己也被崔杼杀死。
　　君子说:"竭尽忠心而不预先结交于国君,不被任用后不贪恋俸禄,晏子可以说是廉洁的啊!"

庄公问伐晋晏子对以不可若不济国之福第二

【原文】
　　庄公将伐晋①,问于晏子,晏子对曰:"不可。君得合而欲多②,养欲而意骄③。得合而欲多者危,养欲而意骄者困④。今君任勇力之士,以伐明主,若不济⑤,国之福也,不德而有功,忧必及君。"公作色不说。晏子辞不为臣,退而穷处,堂下生蓼藿⑥,门外生荆棘。庄公终任勇力之士,西伐晋,取朝歌⑦,及太行、孟门⑧,兹于兑⑨,期而民散,身灭于崔氏。崔氏之期⑩,逐群公子⑪,及庆氏亡⑫。

注释

①晋:古国名,姬姓,春秋五霸之一,公元前11世纪,周成王之弟叔虞被分封在今山西西南部,始建晋国,都于唐(今山西翼城西)。春秋初期,曾造成分裂,曲沃武公时又归统一,后来晋文公重耳改革内政,国力富强,遂称霸于诸侯。

②得合而欲多:得到了给予的还想多要。合,通给,《说文·系部》:"给,相足也。"

③养欲而意骄:谓欲望膨胀而意气骄横。养,于省吾云:"犹长也。"

④困:急难。

⑤济:成功。

⑥蓼藿(liǎo huò 憭货)两种草本植物。蓼为蓼草,藿指藿香。文中是泛指杂草丛生。

⑦朝歌:古都邑名。在今河南淇县。

⑧孟门:晋国隧道,在今河南辉县西。

⑨兹于兑:王念孙云:"兑,读为隧,'兹于兑'者,且于之隧也。"此言庄公还自伐晋,遂袭吕,入且于之隧也。"王说是。译文依此。隧,凿山通路、道路。《诗·大雅·桑柔》"大风有隧。"《传》:"隧,道也。"

⑩崔氏之期:崔杼执政期间。

⑪逐群公子:驱逐齐国的众公子。

⑫庆氏:指庆封,齐臣。先与崔杼一起弑杀庄公,崔杼执政,二人有隙,庆封又杀了崔杼,自己亦被国人驱逐,逃奔吴国。

【今译】

庄公打算攻打晋国,向晏子询问,晏子回答说:"不行,君王想得的已有了而还想多得,欲望膨胀就会意气骄横,应得的已得了而还想多得会招致危险,滋长贪欲又意气骄横的必遭困厄。现在君王任用勇力之人去攻打贤明的君主,若不成功,这是国家的福分啊,没有德行而有战功,忧患一定会降临到君王。"庄公面带怒色很不高兴。晏子就辞掉官职,不作臣子,退隐到穷僻之地居住,房前长满了野草,门外生长着荆棘。

庄公终于还是任用勇力之人，向西攻打晋国，夺取了晋国的朝歌，到达太行山、孟门、且于隧等险隘地区。一年之后，百姓散离，庄公被崔杼弑杀。崔杼执政期间，又驱逐齐国王室的众公子，直到庆封逃亡。

景公问伐鲁晏子对以不若修政待其乱第三

【原文】

景公举兵欲伐鲁①，问于晏子，晏子对曰②："不可，鲁好义而民戴之③，好义者安，见戴者和④，伯禽之治存焉⑤，故不可攻⑥。攻义者不祥⑦，危安者必困。且婴闻之，伐人者德足以安其国，政足以和其民⑧，国安民和，然后可以举兵而征暴⑨。今君好酒而辟⑩，德无以安国，厚藉敛⑪，意使令⑫，无以和民⑬。德无以安之则危，政无以和之则乱⑭。未免乎危乱之理⑮，而欲伐安和之国，不可，不若修政而待其君之乱也⑯。其君离，上怨其下，然后伐之，则义厚而利多，义厚则敌寡，利多则民欢。⑰"公曰："善。"遂不果伐鲁。

注释

①"景公"句：汉墓竹简作"景公兴兵将伐鲁"。
②"问于"二句：汉墓竹简作"问晏子，晏子曰"。
③"鲁好"句：汉墓竹简"鲁"下有"君"字。
④见戴者和：国君被拥戴国家就和睦。
⑤"伯禽"句：汉墓竹简作"安和之礼存焉"。吴本与竹简差异较大。译文从竹简。伯禽，周初，周公旦之子，始封于鲁，以礼治国。
⑥"故不"句：汉墓竹简作"未可攻也"。
⑦不祥：不吉祥。祥，汉墓竹简作"羊"。羊，当读为"祥"。
⑧政：汉墓竹简作"正"，两字可通。
⑨"然而"句：汉墓竹简作"然后可以兴兵而正暴"。正，当读为"征"。
⑩好酒而辟：汉墓竹简作"好酒而养辟"。
⑪藉敛：汉墓竹简作"耤敛"。
⑫意使令：汉墓竹简作"急使令"。
⑬无以和民：汉墓竹简作"正无以和民"。

⑭政无以:汉墓竹简作"正无以"。
⑮危乱之理:汉墓竹简作"危乱之礼"。骈宇骞云:"'礼'当读为'理'。"
⑯"不若"句:汉墓竹简作"不若修德而侍其乱也"。
⑰"其君"至"则民欢":汉墓竹简作"其□□□怨上,然后伐之,则义厚而□□□□适寡,利多则民劝"。

【今译】

　　景公兴兵打算攻打鲁国,询问晏子,晏子回答说:"不行,鲁国国君很讲礼义而百姓拥戴他,好礼义的国家安定,国君受到拥戴上下就和睦,伯禽以礼治国还存在于鲁,所以不能攻打。攻打讲礼义的国家不吉祥,去危害安定的国家一定会受困。况且我听说,征伐别人的人,他的德行足以安定自己的国家,他的政治足以使百姓和谐。国家安定百姓和谐,然后才可以兴兵去讨伐残暴。现在君王喜好饮酒而行事邪辟,德行不能用来安定国家,税赋繁重,命令急迫,不能使百姓和谐。德行不能安定国家的就会发生危难,政治不能和谐百姓的就会发生祸乱。治国没有免除危难与祸乱,而想攻打安定和谐的国家,不行。不如修治德义而等待鲁国发生内乱。鲁国发生内乱,君上怨恨臣下,然后讨伐他,那德义重而得利多。德义重反对的人就少,得利多百姓就高兴。"景公说:"好。"就没有攻打鲁国。

景公伐莱胜之问所当赏
晏子对以谋胜禄臣第四

【原文】

　　景公伐莱①,胜之,问晏子曰:"吾欲赏于莱何如②?"对曰:"臣闻之,以谋胜国者,益臣之禄;以民力胜国者,益民之利。故上有羡获③,下有加利,君上享其名,臣下利其实④。故用智者不偷业⑤,用力者不伤苦,此古之善伐者也。"公曰:"善。"于是破莱之臣⑥,东邑之卒⑦,皆有加利。是上独擅名,利下流也。

【注释】

①莱(tái 台):孙星衍云:"莱,即莱也。服虔注《左传》:'齐东鄙邑。'杜预注:

'莱国'今东莱黄县。"

②吴则虞案:"此当作'赏于破釐之臣。'"是,译文从此。

③羡获:多余的收获。

④臣下利其实:谓臣下得到利益实惠。

⑤不偷业:即不偷闲。

⑥吴则虞按:"'破'上当有'赏'字。"

⑦东邑之卒:攻打东邑的士卒。东邑,即莱国,因在齐国东面,故称东邑。

【今译】

景公攻打莱国,取得了胜利,就问晏子说:"我想奖赏攻破莱国的臣子,怎么样?"晏子回答说:"我听说,用智谋战胜敌国的,增加臣子的俸禄;用百姓的力量战胜敌国的,增加百姓的利益。所以君上有更多的收获,臣民有更多的利益,君上享有美名,臣下获得实惠。所以运用聪明才智的人不偷闲,使用劳力的人不怕苦,这就是古代善于征伐者的作法了。"景公说:"好。"于是攻破莱国的臣子,攻打莱国的士兵,也都增加了奖利。这就是君上独自获得美名,利益给予臣下了。

景公问圣王其行若何晏子对以衰世而讽第五

【原文】

景公外傲诸侯,内轻百姓,好勇力,崇乐以从嗜欲①,诸侯不说,百姓不亲。公患之,问于晏子曰:"古之圣王,其行若何?"

晏子对曰:"其行公正而无邪,故谗人不得入;不阿党②,不私色③,故群徒之卒不得容④;薄身厚民⑤,故聚敛之人不得行⑥;不侵大国之地,不秏小国之民⑦,故诸侯皆欲其尊⑧;不劫人以甲兵⑨,不威人以众强⑩,故天下皆欲其强;德行教训加于诸侯,慈爱利泽加于百姓⑪,故海内归之若流水。今衰世君人者,辟邪阿党,故谗谄群徒之卒繁;厚身养⑫,薄视民,故聚敛之人行;侵大国之地,秏小国之民,故诸侯不欲其尊;劫人以兵甲,威人以众强,故天下不欲其强;灾害加于诸侯,劳苦施于百姓,故仇敌进伐,天下不救,贵戚离散,百姓不兴⑬。"公曰:"然则何若?"敛曰⑭:"请卑辞重币⑮,以说于诸侯,轻罪省功⑯,以谢于百姓⑰,其可乎?"公曰:"诺。"于是卑辞重币,而诸侯附,轻罪省功,而百姓亲,故小国入朝,燕鲁共贡⑱。

墨子闻之曰:"晏子知道⑲,道在人为,而失为己⑳。为人者重,自为者轻㉑。景公自为,而小国不与㉒,为人,而诸侯为役㉓,则道在为人,而行在反己矣㉔,故晏子知道矣。"

注释

①从嗜欲:放纵嗜欲。从,通纵,放纵。
②不阿党:不曲从私党。
③不私色:不私心于色,不贪女色。
④群徒之卒:结党聚众的人。
⑤薄身:俭薄自身。薄,节俭。
⑥聚敛之人:搜刮钱财之人,这里证贪赃聚敛之人。
⑦耗(hào 浩):同耗,消耗。
⑧欲其尊:希望他尊崇。
⑨劫人以甲兵:靠武力去劫夺别人财物。
⑩威人以众强:靠人多势大去威胁别人。
⑪利泽:利益恩惠。泽,恩惠。
⑫厚身养:厚于自身的供养,意思是只追求个人的舒适享乐。
⑬百姓不兴:刘师培《校补》云:"《元龟》'兴'作'与'。"是。百姓不与,百姓不亲附。
⑭敚:《说文》:"敚,强取也"。从攴,兑声。"这里是假借作"对"字。
⑮卑辞重币:谦逊的言辞与厚重的财物。重币,指重金,这里泛指财物。
⑯轻罪省功:减轻罪罚,省去劳役,功,事功,这里指劳役。
⑰谢于百姓:谢罪于百姓。
⑱燕鲁共贡:燕国、鲁国一齐朝贡。燕,古国名。公元前 11 世纪周分封的诸侯国,姬姓,开国君主是召公奭,在今河北北部和辽宁西部,建都蓟(今北京城西南隅)。
⑲知道:懂得道义。道,仁义德行。《礼记·乐记》:"君子乐得其道。"《注》:"道,谓仁义也。"道理,《庄子·缮性》:"道,理也。"《韩非子·主道》:"道者,是非之纪也。"
⑳失为己:谓道义的失去在于为了自己。
㉑自为者轻:只为自己着想的人就轻微。
㉒小国不与:小国不归附。

㉓诸侯为役：诸侯乐于为他效力。役，驱使。这里作效力解。
㉔反己：吴则虞云：当为"失己。"即损失自己的利益。

【今译】

　　景公对外傲慢诸侯，对内轻视百姓，喜好勇力的人，崇尚享乐以致放纵嗜欲，诸侯不喜欢他，百姓不亲附他。景公很害怕这种处境，问晏子说："古代的圣王，他们的行事怎样？"

　　晏子回答说："他们行事公平正直而没有邪念，所以谗谄的人不能接近；不曲从私党，不贪女色，所以结党聚众的人不被容忍；自身节俭而宽厚百姓，所以贪婪聚财的人不敢胡作非为。不侵占大国的土地，不耗损小国百姓的民力，所以诸侯都希望他获得尊崇；不用武力抢劫别人的财物，不以人多势大去威胁别人，所以天下的诸侯都希望他强盛；他用自己的美德言行教诲诸侯，用慈爱恩惠对待百姓，所以四海之内的人像流水归大海一样地归附他。现在衰世的国君，行为乖僻而曲从私党，所以谗谄阿谀和拉帮结伙的多起来；丰厚自身供养，鄙薄轻视百姓，所以贪婪聚财之人为非作歹。侵占大国土地，耗损小国百姓的民力，所以诸侯不想尊崇他；用武力抢夺他人财物，凭人多势众威胁别人，所以天下的人都不希望他强大。灾害加给诸侯，劳苦给予百姓，所以仇敌攻打他，天下的人都不去救援，公卿王族纷纷逃散，百姓也不亲附。"景公说："如此那将怎么办？"晏子回答说："请以谦逊的言辞和厚重的财物，用来游说诸侯，减轻刑徒免去劳役，用来向百姓谢罪，这可以办到吗？"景公说："是。"于是用谦逊的语言、厚重财物游说，诸侯归附，减轻刑徒免除劳役，而百姓亲近，所以小国入齐朝拜，燕国、鲁国一起前来进贡。

　　墨子听到这件事后说："晏子懂得治国的方法，得道在于为别人，失道在于为自己，为别人着想的人就受到尊重，为自己着想的人就被轻视。景公为自己，而小国不亲附，为别人，而诸侯都为他效力。这就是在道义上为别人，而在行为上不为自己。所以晏子懂得治国的道理啊。"

景公问欲善齐国之政以干霸王晏子对以官未具第六

【原文】

　　景公问晏子曰:"吾欲善治齐国之政,以干霸王之诸侯①。"晏子作色对曰②:"官未具矣。臣数以闻,而君不肯听也。故臣闻仲尼居处惰倦③,廉隅不正④,则季次、原宪侍⑤;气郁而疾,志意不通⑥,则仲由、卜商侍⑦;德不盛,行不厚,则颜回、骞雍侍⑧。今君之朝臣万人,兵车千乘,不善政之所失于下,贾坠下民者众矣⑨,未有能士敢以闻者⑩。臣故曰:'官未具也。'"公曰:"寡人今欲从夫子而善齐国之政,可乎?"对曰:"婴闻国有具官⑪,然后其政可善。"公作色不说,曰:"齐国虽小,则何谓官不具?"对曰:"此非臣之所复也。昔吾先君桓公身体惰懈,辞令不给⑫,则隰朋⑬睽侍⑭;左右多过,狱讞不中⑮,则弦宁睽侍⑯,田野不修,民氓不安,则宁戚睽侍⑰;军吏怠,戎士偷,则王子成甫睽侍⑱;居处佚怠,左右慑畏⑲,繁乎乐,省乎治,则东郭牙睽侍⑳;德义不中,信行衰微㉑,则管子睽侍。先君能以人之长续其短,以人之厚补其薄,是以辞令穷远而不逆㉒,兵加于有罪而不顿㉓,是以诸侯朝其德,而天子致其胙㉔。今君之过失多矣,未有一士以闻也㉕。故曰:官不具。"公曰:"善。"

【注释】

①"以干"句:孙星衍云:"此句疑脱误,《意林》作'吾欲霸诸侯若何',《孔丛子》作'可以霸诸侯乎?'"根据上句文意,此句当为设问之句,故译文从《孔丛子》。

②晏子作色对曰:王念孙云:"案'对曰'上不当有'作色'二字。"王说是。晏子作为臣子对国君说话,岂敢发怒,故"作色"二字当是衍文,译文从王说。

③"故臣"句:陶鸿庆云:"臣闻上不当有'故'字。"吴则虞按:"《诘墨》'臣'上无'故'字。"是。居处惰倦:居处困倦。惰,懈怠,此处作疲困解。

④廉隅不正:行为随便。廉隅,本谓棱角,后以喻人的行为、品性端方不苟。

⑤季次、原宪:均为孔子的弟子。季次,即公皙哀。《史记·仲尼弟子列传》:"公皙哀,字季次,孔子曰:'天下无行,多为家臣仕于都,唯季次未尝仕。'"原宪(约公元前515年—?),字子思,春秋时鲁国人,一说宋国人。孔子死后,隐居于卫国。

⑥"气郁"二句:谓气塞郁积至病,志向不立心情不舒。

⑦仲由、卜商:均为孔子学生。仲由(公元前542—公元前480年),字子路。亦字季路。春秋时鲁国卞(今山东泗水)人,性直爽勇敢。孔子任鲁国司寇时,他被任为季孙氏家臣,后任卫大夫孔悝的宰,在贵族内讧中被杀。卜商(公元前507年—?),即子夏。春秋末晋国温(今河南温县西南)人,一说卫国人。曾为莒父宰。孔子死后,到魏国西河(济水、黄河间)讲学,主张国君要学习《春秋》,吸取历史教训,防止臣下篡夺。宣扬"生死有命,富贵在天",提出"学而优则仕,仕而优则学"、"大德不逾闲,小德出入可也"等观点。相传《诗》《春秋》等儒家经典是由他传授下来的。

⑧颜回、骞雍:均为孔子弟子。颜回(公元前521—公元前490年),字子渊,又名颜渊。春秋末鲁国人。他贫居陋巷,箪食瓢饮,而不改其乐。孔子非常赞赏他的德行,说他"不迁怒,不贰过","其心三月不违仁"。早卒,孔子极为悲痛。后来封建统治者尊称他为"复圣"。今山东曲阜尚有"陋巷遗址"。骞,即闵子骞(公元前536—公元前487年),名损。春秋时鲁国人。在孔子的学生中以德行著称,与颜渊并称。孔子称赞他说:"贤哉。闵子骞!人不间于其父母昆弟之言。"雍,名仲弓。孔子学生。孔子以仲弓为有德行,曾说:"雍也可使南面。"厚,《孔丛》作勤,译文从此。

⑨不善政句:张纯一《晏子春秋校注》按:"此文不顺而义冗复,《孔丛》作:不善之政加于下民者众矣。"吴则虞按:"元本、活字本、嘉靖本'下'亦作'于'。"又《诘墨》此句作"不善之政加于下民者众矣。"是,译文从此。

⑩敢以闻:敢于禀告。

⑪具官:具有好的职官。

⑫辞令不给:言辞不敏捷。给,敏捷。《荀子·非十二子》:"辩说譬喻,齐给便利。"

⑬隰(xí席)朋:齐臣,与管仲一起辅佐桓公。死后谥成子。

⑭暱侍:近侍。暱,《尔雅·释诂》:"近也。"

⑮狱谳(yàn厌)不中:狱讼审理不公正。

⑯弦宁:齐臣,掌刑狱,余事不详。

⑰宁戚:春秋时期卫国人,因怀才不遇,贩牛于齐,作歌曰:"南山矸,白石烂,中有鲤鱼长尺半。生不遭尧与舜禅,短布单衣绖至骭,从昏饭牛至夜半。"桓公闻歌,以为贤,任为客卿。

⑱王子成甫:齐臣。《韩非子·外储说》:"桓公问置吏于管仲。曰:'三军既成阵,使士视死如归,吾不如公子成父,请以为大司马。'"公子成父,即王子成甫。

⑲慑慑:恐慑畏惧。

⑳东郭牙:齐臣,敢于犯颜进谏,不避死亡,不挠富贵,立为大谏之官。

㉑信行:信义言行。
㉒穷远:极远。穷,尽,尽头。
㉓不顿:锋利不减。
㉔天子致其胙:天子赐给桓公胙肉,以示尊敬,同于文王、武王之后。胙,祭肉。《左传·僖公九年》:"王使宰孔赐齐侯胙。"杜注:"胙,祭肉,尊之比二王之后。"

【今译】

景公问晏子说:"我想好好地整治齐国的政治,可以称霸诸侯吗?"晏子回答说:"属官还没有配备好呀,我多次向君王说过,而君王不肯听取。我听说孔子居处困倦,举止随便的时候,季次、原宪就帮助他;精气壅塞、郁积生病,思想不顺畅时,仲田、卜商就帮助他;德义不昌盛、行为不勤勉时,颜回、闵子骞、仲弓等就帮助他。现在君王的臣子达万人之多,兵车在千乘之上,错误的政策,强加给百姓的太多了。没有一个有能力的人敢于向您禀报。所以我说:'属官未配备好。'"景公说:"我现在要听从先生的意见,搞好齐国的政治,可以吗?"晏子回答说:"我听说国家有了称职的官员,然后他的政治才能搞好。"景公变了脸色很不高兴,说:"齐国虽然小,为什么说属官还未配备?"晏子回答说:"这不是我上面向君王所说的本意。过去我们的先君桓公身体困乏懈怠、辞不达意时,就有隰朋亲近帮助他;左右的人过失多,诉讼审理案件不公正,则弦宁亲近帮助他;田土不整治,百姓不安定时,就有宁戚亲近帮助他;将官懈怠、士卒散漫时,就有王子成甫亲近帮助他;在宫内放纵闲逸、左右的人恐慑畏惧、追求享乐,放弃治国时,就有东郭牙亲近帮助他;德义不恭行、信誉品行衰微时,就有管仲亲近帮助他。先君能够用别人的长处来补自己的短处,用别人的优点来弥补自己的欠缺,所以他的命令传到极远的地方也不会有人违背,出兵攻打有罪的人也不会受到挫折。所以诸侯都来朝贺他的德行,而周天子赐给他祭肉。现在君王的过失太多了,没有一人告诉您。所以说:'属官没有配备好。'"景公说:"对。"

景公问欲如桓公用管仲以成霸业晏子对以不能第七

【原文】

　　景公问晏子曰："昔吾先君桓公,有管仲夷吾保乂齐国①,能遂武功而立文德②,纠合兄弟③,抚存翌州④,吴越受令⑤,荆楚惛忧⑥,莫不宾服⑦,勤于周室⑧,天子加德⑨。先君昭功⑩,管子之力也。今寡人亦欲存齐国之政于夫子,夫子以佐佑寡人,彰先君之功烈,而继管子之业。"晏子对曰："昔吾先君桓公,能任用贤,国有什伍⑪,治徧细民,贵不凌贱,富不傲贫,功不遗罢⑫,佞不吐愚⑬,举事不私⑭,听狱不阿⑮,内妾无羡食⑯,外臣无羡禄,鳏寡无饥色;不以饮食之辟害民之财,不以宫室之侈劳人之力;节取于民,而普施之,府无藏⑰,仓无粟,上无骄行,下无诡德。是以管子能以齐国免于难,而以吾先君参乎天子⑱。今君欲彰先君之功烈,而继管子之业,则无以多辟伤百姓,无以嗜欲玩好怨诸侯,臣孰敢不承善尽力,以顺君意? 今君疏远贤人,而任谗谀;使民若不胜⑲,藉敛若不得;厚取于民,而薄其施,多求于诸侯,而轻其礼;府藏朽蠹,而礼悖于诸侯,菽粟藏深⑳,而怨积于百姓;君臣交恶㉑,而政刑无常㉒。臣恐国之危失,而公不得享也。又恶能彰先君之功烈而继管子之业乎?"

注释

①保乂(yì义):安治。《书·君奭》:"保乂有殷。"《传》:"安治于殷。"
②"能遂"句:谓能够通过武力建立功业、又用文治来建立德政。
③纠合:纠集组合,即联合。
④翌州:即冀州,指中原一带地方。
⑤吴越:春秋时期的两个强国。吴,古国名,姬姓,始祖是周太王之子太伯、仲雍,有今江苏、上海大部和安徽、浙江的一部分,建都于吴(今苏州),春秋后期,国力始强,公元前506年破楚,后又战胜越国,北上与晋争霸。公元前473年为越所灭。越,古国名,姒姓。相传始祖是夏代少康的庶子无余,建都会稽(今浙江绍兴),公元前494年为吴王夫差战败,越王勾践卧薪尝胆,刻苦图强,用范蠡、文仲之计,击败吴国,并称霸诸侯。公元前306年被楚国灭。

⑥荆楚惛忧:楚国听到恐惧。《吕氏春秋·知分》:"余何忧于龙焉。"注"忧,惧也。"荆楚,指楚国,其最早的疆域约当古荆州地区,故谓荆楚。楚国的始祖是鬻熊,芈姓。先建都于丹阳(今湖北姊归东南),后来势力渐强,占有长江中游大片地区,建都郢(今湖北江陵西北),常与周朝发生战争,楚庄王时曾称霸诸侯。

⑦宾服:服从归顺。

⑧勤于周室:尽力于周王朝。

⑨加德:嘉奖功德。

⑩昭功:赫赫显功。昭,明、显。

⑪什伍:古代户籍与军队的编制,户籍以五家为伍,十家为什,军队以五人为伍,二伍为什。《礼记·秋官·士师》:"掌乡合州、党、族、闾、比之联,与其民人之什伍。"

⑫功不遗罢:不以有功谴责无功。遗,于鬯云:"'遗'盖'遣'字形近之误。'遣'者,'谴'之假字,《说文·言部》云:'谴,谪问也。'"于说是。

⑬佞不吐愚:有才智之人不唾弃愚昧之人。佞,才能。《左传·成公十三年》:"寡人不佞。"自谦无能。

⑭举事不私:举办事情不为自己着想。

⑮听狱不阿:审理案件不偏袒。

⑯羡食:剩余的食品。羡,剩余。

⑰府无藏:府库没有储藏。

⑱参乎天子:指诸侯尊之为霸主。

⑲使民若不胜:使用民力已尽还认为不够。

⑳藏深:严严实实的贮藏。

㉑君臣交恶:君臣之间互相怀恨。

㉒政刑无常:政令法规变化无常。

【今译】

景公问晏子说:"过去我们的先君桓公,有管仲辅佐治理齐国,能通过武力建立功业而又能用文治来建立德政,联合诸侯,安抚保存冀州,吴国、越国均接受命令,楚国感到恐惧,诸侯无不服从归顺,共同尽力于周王室,所以周天子嘉奖先君。先君桓公建立的显赫功业,全凭管仲的力量呀。现在我也想把保持齐国美政的重任托付给先生,先生辅佐我,光大先君的丰功伟绩,而继管仲之后成就霸业。"晏子回答说:"过去我们的先君桓公,能够任用贤能,国家有什伍的管理制度,治理遍及百姓,所以高贵不欺凌低下,富有不傲视贫穷,有功的人不谴责无功的人,有才能的人不唾弃愚昧的人,办事不自私,审理案件不偏袒,宫内妻妾没有剩余的食品,宫外的朝臣没有多余的俸禄,鳏夫寡妇也没有饥饿的面色。先君不用饮食的偏好耗损百姓的钱财,不修华丽的宫室去劳烦百姓的人力,从百姓中收取的少,而又普遍施恩于百姓,府库没有储藏,仓里没有粮食,君上没有骄矜的行为,臣下没有谗谄的品质。所以管仲能使齐国免除灾难,而诸侯尊之为霸主。现在君王想光大先君的业绩,继管仲之后成就霸业,那就不要用过多的癖好去伤害百姓,不要用奢欲玩好去结怨于诸侯,臣子谁敢不秉承君王的美意去竭尽全力,实现君王的意愿呢? 现在君王疏远贤良,信任谗谀,役使百姓唯恐不尽,征收民财唯恐不得;在百姓中收取的太多,而施与百姓的却很少;向诸侯索取的多,而轻视对他们的礼敬;府库里储藏的东西朽坏虫蛀,而接待诸侯却违背了礼仪;粮食严严实实地储藏,而在百姓中积下怨恨。君臣之间相互怀恨,而政令刑律变化无常。我害怕国家的倾危失败,而君王不能再享有了,又哪能光大先君的功业,继管仲之后成就霸业呢?"

景公问莒鲁孰先亡晏子对以鲁后莒先第八

【原文】

　　景公问晏子:"莒与鲁孰先亡?"对曰:"以臣观之也,莒之细人,变而不化①,贪而好假②,高勇而贱仁③,士武以疾④,忿急以速竭⑤,是以上不能养其下⑥,下不能事其上,上下不能相收⑦,则政之大体失矣。故以臣观之也,莒其先亡。"公曰:"鲁何如?"对曰:"鲁之君臣,犹好为义,下之妥妥也⑧,奄然寡闻⑨,是以上能养其下,下能事其上,上下相收,政之大体存矣。故鲁犹可长守⑩。然其亦有一焉,彼邹滕雉奔而出其地⑪,犹称公侯,大之事小⑫,弱之事强久矣,彼周者,殷之树国也⑬,鲁近齐而亲殷⑭,以变小国,而不服于邻,以远望鲁,灭国之道也⑮。齐其有鲁与莒乎?"公曰:"鲁与莒之事,寡人既得而闻之矣,寡人之德亦薄,然后世孰践有齐国者⑯?"对曰:"田无宇之后为几⑰。"公曰:"何故也?"对曰:"公量小,私量大,以施于民⑱,其与士交也,用财无筐箧之藏,国人负携其子而归之,若水之流下也。夫先与人利,而后辞其难⑲,不亦寡乎!若苟勿辞也,从而抚之,不亦几乎!"

注释

①变而不化:民风常变而不从善。不化,缺乏教化。
②贪而好假:性贪而喜好作假。
③高勇而贱仁:推崇勇力而鄙弃仁德。高、贱,均用为动词。
④士武以疾:士,学行优于细人者。亦唯持武力,行为轻率。
⑤忿急以速竭:愤怒急迫从而迅速枯竭、不能持久。
⑥上不能养其下:君上不能教育培养臣民。养,教育、熏陶。《孟子·离娄下》:"中也养不中,才也养不才。"朱熹注:"无过不及之谓中,足以有为之谓才,养,谓涵育熏陶,俟其自化也。"
⑦上下不能相收:上下不能互相收取其利益。即不相配合。
⑧妥妥也:安泰之貌。孙星衍云:"'妥'当作'绥'。《尔雅释诂》:'绥,安也。'与莒人急忿相反。"
⑨奄然寡闻:沉默而孤陋寡闻。奄然,暗然,沉默不语。张纯一案:"此谓鲁人不妄动,不妄听。"
⑩长守:长期守住。
⑪"彼邹"句:谓邹、滕两国的土地极为狭小,雄奔就能越过国境。邹、滕均为春秋末期的弱小诸侯国。
⑫大之事小:王念孙云:"当作'小之事大'。"是。译文从王说。
⑬"彼周"二句:苏时学云:"'殷',谓宋也,'殷'、'周'误倒,当作'彼殷者,周之树国也。'"是。译文从苏说。此句的意思是宋国是周朝分封而建立起来的国家。
⑭"鲁近"句:谓鲁国靠近齐国不亲附齐国而去亲附宋国。按:此句的"殷",亦指宋国。俞樾云:"此所谓殷,即宋也。"
⑮"以变"四句:孙星衍云:"'变小'疑为'偏小'。"是。"以远望鲁",俞樾云:"'以远望鲁'当作'以远望晋'……晏子之意,盖谓鲁与齐为邻,而不知事齐,所亲者宋,所望者晋,宋既小弱,不足为援,晋相去又远,缓急不足恃,故曰:此灭国之道也。"
⑯践有:践位,享有齐国的君位。
⑰"田无"句:意思是田无宇的后裔可能享有齐国。田无宇,即陈桓子。几,近也。
⑱"公量"三句:谓田无宇为了收买人心,为最终享有齐国作准备,所以用小斗收进租税,用大斗贷出,让百姓从中得到实惠。

⑲辞其难:辞让国君之位。张纯一《晏子春秋校注》云:"自来先以利施于人,而后不任其人之难者盖寡矣。难,谓为君难。理国政,御外侮,甚不易也。"

【今译】
　　景公问晏子:"莒国与鲁国哪一个先灭亡?"晏子回答说:"以我的观察,莒国的小民,改变常道而不从善,性格贪婪而喜好作假,国君崇尚勇力而鄙弃仁德,士人亦唯持武力,行为轻率,性皆急遽,不能持久,所以君上不能教养百姓,百姓也不能侍奉君上。上下不能相互配合,那国家的根本就丢失了。所以凭我观察,莒国先灭亡。"景公说:"鲁国如何呢?"晏子回答说:"鲁国的君臣还喜欢仁义,臣民安定,不妄听妄动,所以君上能教养百姓,百姓也能侍奉君上,上下相互配合,国家的根本是保存的,所以鲁国还可以长期守住基业。然而他有一个致命弱点,那邹国、滕国都是弱小国家,野雉奔跑就能越过国境,还能称公称侯,小国依附大国,弱国依附强国已经由来很久了。宋国是周朝分封建立的国家,鲁国靠近齐国不依附齐国而去依附宋国,以狭小的国土,不依附邻近的强国,而是寄希望于遥远的晋国,这将是它灭亡的原因了。齐国或许能占有鲁国与莒国呢!"景公说:"鲁国与莒国的事,我已经知道他们的情况了,我的德行也很薄,然而后世将会有谁践位享有齐国呢?"晏子回答说:"田无宇的后裔可能接近了。"景公说:"什么原故呢?"晏子说:"收进用小斗,量出用大斗,用这种办法施恩于百姓;田氏与士子交好,使用钱财慷慨到没有筐箧的储藏,百姓背儿携女归附他,就像河水向下流淌一样。已先给百姓恩惠,而后要辞让为民作君主的事是太少了。假若不想辞让君主,又从而去安抚百姓,不是接近享有齐国了吗?"

景公问治国何患晏子
对以社鼠猛狗第九

【原文】
　　景公问于晏子曰:"治国何患?"晏子对曰:"患夫社鼠①。"公曰:"何谓也?"对曰:"夫社,束木而涂之②,鼠因往托焉③,熏之则恐烧其木,灌之则恐败其涂④,此鼠所以不可得杀者,以社故也。夫国亦有焉,人主左右是也。内则蔽善恶于君上,外则卖权重于百姓⑤,不诛之则乱,诛之则为人主所案据⑥,腹而有之⑦,此亦国之社鼠也。人有酤酒者⑧,为器甚洁清⑨,置表甚长⑩,而酒酸不售,问之里人其故,里人云:'公狗之猛,人挈器而入,且酤公酒,狗迎而噬之⑪,此酒所以酸而不售也。'夫国亦有猛狗,用事者是也⑫。有道术之士⑬,欲干万乘之主⑭,而用事者迎而龁之⑮,此亦国之猛狗也。左右为社鼠,用事者为猛狗,主安得无壅⑯,国安得无患乎?"

注释

①社鼠:躲藏于社庙中的老鼠。社,古指土地神。《礼记·祭法》:"共工氏之霸九州也,其子曰后土,能平九州,故祀以为社。"文中是指土地神庙。

②束木而涂之:用木板捆扎起来再用泥土涂抹而成。涂,用泥土涂抹。

③托:寄托,指老鼠在社庙内掘穴而居,躲藏在庙内。

④败其涂,怕损坏社庙的泥墙。

⑤卖权重于百姓:对百姓卖弄权术,利用职权坑害百姓。重,亦权也。

⑥案据:安定之。这里是包庇、保护的意思。案,安也。

⑦腹而有之:王念孙云:"腹而有之,谓恩厚而亲有之。"《尔雅》曰:"腹,厚也。"

⑧酤酒者:买酒的人。

⑨器:这里指装酒的器皿。

⑩表:指挂在酒店前的酒幌。

⑪噬:咬。

⑫用事者:指国君身边那些专权的人。

⑬道术之士:指有治国方略的贤能之士。

⑭干:求见也。指道术之士,欲面呈国君治国的得失。

⑮龁(hé核):咬。

⑯壅:壅塞,这里指受蒙蔽。

【今译】

景公问晏子说:"治理国家,最害怕的东西是什么?"晏子回答说:"最害怕躲在社庙里的老鼠。"景公说:"为什么这样说呢?"晏子回答说:"社庙是将木料捆扎起来再涂抹上泥土修成的,老鼠掘穴躲藏在里边,用火熏烤它又怕烧坏社庙;用水去淹灌它又怕冲坏社庙上的泥土,这些老鼠之所以不能杀死它,是因为躲在社庙里的原故。国家也有这种老鼠,国君左右的小人就是了。对内他们蔽善扬恶,欺骗国君,对外他们专权欺压百姓,不诛灭他们,国家就会乱,诛灭他们则国君又庇护着,而且厚爱亲近他们,这些人也就是国家的社鼠了。有个卖酒的人,他用来装酒的器皿极为清洁,酒店外高挂着很长的酒幌,但酒放酸了也没有人去买,他问乡里的人这是什么原因,乡里人说:'你家喂的狗太凶猛,别人拿着酒罐进你的酒店,要买你的酒,狗就迎面扑去咬人,这就是你的酒放酸了也卖不出去的原因。'国家也有凶猛的狗,那些掌握权柄的人就是了。有治国方略的人才,想进见万乘之国的君主面呈治国的得失,而这些人就像狗那样迎面去咬人,这些专权的人也就是国家的猛狗了。君王左右的人是社鼠,掌握权柄的人是猛狗,君王怎么会不被蒙蔽呢?国家怎么会没有祸患呢?"

景公问欲令祝史求福晏子对以当辞罪而无求第十

【原文】

　　景公问于晏子曰:"寡人意气衰,身病甚①。今吾欲具珪璋牺牲②,令祝宗荐之乎上帝宗庙③,意者礼可以干福乎?④"晏子对曰:"婴闻之,古者先君之干福也⑤,政必合乎民⑥,行必顺乎神;节宫室⑦,不敢大斩伐⑧,以无逼山林⑨;节饮食,无多畋渔⑩,以无逼川泽⑪;祝宗用事,辞罪而不敢有所求也⑫。是以神民俱顺,而山川纳禄⑬。今君政反乎民而行悖乎神⑭;大宫室,多斩伐⑮,以逼山林;羡饮食,多畋渔,以逼川泽。是以民神俱怨,而山川收禄⑯,司过荐罪,而祝宗祈福⑰,意者逆乎!"公曰:"寡人非夫子无所闻此,清革心易行。"于是废公阜之游⑱,止海食之献⑲,斩伐者以时,畋渔者有数⑳,居处饮食,节之勿羡,祝宗用事,辞罪而不敢有所求也㉑,故邻国忌之㉒,百姓亲之,晏子没而后衰。

【注释】

　　①"寡人"二句:银雀山汉墓竹简作:"寡人志气甚痿,身体甚病。"意思是我精

气枯瘘,身体病重。骈宇骞《校释》云:"'瘘'即'痿'字,病名。指身体筋肉痿缩,偏枯之病。"按:本篇译文均依银雀山汉墓竹简。

②"今欲"句:汉墓竹简作:"今吾欲具圭璧牺生",圭璧,玉器。生,同牲。牺牲,古代供祭祀用的纯色整体牲畜,纯色为"牺",牛、羊、豕为牲。

③"令祝宗"句:汉墓竹简作:"令祝宗荐之上下"。祝宗,杨伯峻云:"疑是祝史之长。"

④"意者"句:汉墓竹简作:"意者体可奸福乎?"骈宇骞云:"'体',当读为'礼',《说文》"礼,履也,所以事神致福也。"奸,求也。《汉书·孔光传》:"以奸忠直。"注云:"奸,求也。"

⑤"古者"句:此句"干"字,汉墓竹简缺,骈宇骞云:"疑当作'奸'字。'奸福',求福。"

⑥政必合乎民:汉墓竹简"政"作"正"。全句意思是政事必须合于民心。

⑦节宫室:汉墓竹简作"故节宫室",多一"故"字。意为修建宫室必须注意节俭,勿求华丽。

⑧"不敢大斩伐":汉墓竹简作"毋敢大斩伐"。毋,同无。斩伐,即砍伐。

⑨以无逼山林:汉墓竹简作"毋以服山林"。骈宇骞云:"'服'当读为'逼'。"逼,侵迫也。

⑩无多畋渔:汉墓竹简作"毋敢多田鱼"。田鱼,指打猎捕鱼。

⑪以无逼川泽:汉墓竹简作"以毋怀川睪"。骈宇骞云:"'怀',从怀声,不、逼古音相近,'怀'当读为'逼'。'睪'当读为'泽'。"

⑫辞罪而不敢有所求也:责备罪过而不敢向神求福。张纯一云:"《礼记·礼器》曰:'祭祀不祈。'郑注云:'祭祀不为求福也。'"

⑬而山川纳禄:汉墓竹简作"而川山入琭"。骈宇骞云:"'琭'当读为'禄'。"入琭,亦即纳禄,致福。

⑭"今君"句:汉墓竹简作"今君之正反乎民,行㝵乎神"。正,同政,㝵,当读为悖。

⑮"大宫室"二句:汉墓竹简作"大宫室而多斩伐"。大,用为动词。

⑯民神:汉墓竹简作"神民"。收禄:汉墓竹简作"收琭"。

⑰"司过"二句:谓司过举荐至善,祝宗祈祷求福。司过,官名,内史。"荐罪",汉墓竹简作"荐至","祈福"作"靳福"。骈宇骞云:"'靳'当读为'祈'。"

⑱公阜:地名,不详。

⑲海食之献:文廷式云:"《说苑·君道篇》曰:'海人入鱼,景公以五十乘赐弦章。'此即海食之献也。"

⑳畋鱼者有数:谓打猎捕鱼有一定次数。

㉑"辞罪"句:汉墓竹简作"辞罪而不敢有靳求也"。"靳"读为"祈"。

㉒忌之:汉墓竹简作"患之"。

【今译】
　　景公向晏子问道:"我神志精气都衰弱,身体病得很厉害,现在我打算具备珪璧、牲畜等祭品,命令祝宗用它祭祀天地,心想祭祀可以求福吧?"晏子回答说:"古代的先君求福,政事必须合乎百姓的心愿,行为必须顺从神灵的旨意。所以官室节俭,不敢大肆砍伐,以不侵迫山林生长,饮食节俭,不敢过多的打猎捕鱼,以不侵迫河流湖泽的繁育。祝宗举行祭祀,只是向神灵告罪而不敢有所祈求,所以神灵百姓都顺心,而山川致福。现在君王政事违反百姓意愿而行为背离神灵旨意,官室修得大而砍伐树木多,以此侵害山林;贪图美食,频繁打猎捕鱼,以此侵害河流湖泽,所以神灵百姓都怨恶,因此山川收回了福禄。司过之官举出罪过,祝宗又祈祷求福,与神灵之意相违呀!"景公说:"我没有先生就不能听到这些规劝,请允许我洗心革面,改变行为。"于是撤销公阜的游览,停止进献海鲜,砍伐树木适时,打猎捕鱼有一定数量,居室饮食,都节俭不贪华美,祝宗祭祀只责备自己的罪过而不敢有所祈求,所以邻国都惧怕齐国,百姓也亲附景公。晏子死后齐国就衰弱了。

景公问古之盛君其行如何晏子对以问道者更正第十一

【原文】
　　景公问晏子曰:"古之盛君,其行何如?"晏子对曰:"薄于身而厚于民,约于身而广于世①;其处上也,足以明政行教②,不以威天下;其取财也,权有无③,均贫富,不以养嗜欲;诛不避贵,赏不遗贱;不淫于乐④,不遁于哀⑤;尽智导民,而不伐焉⑥,劳力岁事⑦,而不责焉;为政尚相利,故下不以相害,行教尚相爱,故民不以相恶为名,刑罚中于法⑧,废罪顺于民⑨。是以贤者处上而不华⑩,不肖者处下而不怨⑪,四海之内,社稷之中,粒食之民⑫,一意同欲,若夫私家之政。生有遗教⑬,此盛君之行也。"公不图。晏子曰:"臣闻问道者更正⑭,闻道者更容⑮。今君税敛重,故民心离;市买悖⑯,故商旅绝;玩好充,故家货殚⑰。积邪在于上,蓄怨藏于民,嗜欲备于侧,毁非满于国,而公不图。"公曰:"善。"于是令玩好不御⑱,公市不豫⑲,宫室不饰,业土不成⑳,止役轻税,上下行之,而百姓相亲。

注释

① 约于身:约束自身。即对自己极节制。
② 明政行教:政治清明,教化施行。
③ 权有无:权衡有无。
④ 不淫乐:不过于沉溺于享乐。淫,过于沉溺。
⑤ 不遁于哀:张纯一云:"遁,当读为循。"循哀,不哀痛过久。即节丧。
⑥ 不伐:不夸耀。
⑦ 岁事:王念孙云:"'岁事'本作'事民','事',治也。"是。
⑧ 中于法:不偏不倚,符合法度。
⑨ 废罪:俞樾云:'废罪'当作'废置'。"是,译文依此。
⑩ 处上面不华:谓处上作官的不哗众取宠。华,通谇。
⑪ 不肖者:本指见识鄙薄的人,这里是指普通百姓。
⑫ 粒食之民:谓只有谷食的人。指一般庶民百姓。
⑬ 生有遗教:王念孙云:"案《治要》作'生有厚利,死有遗教'",是,译文依此。
⑭ 更正:张纯一云:"'正'疑'心'讹,'更心'与'更容'对文。""更心",改变不正的想法。
⑮ 更容:更改面貌。即肃然起敬。
⑯ 市买悖:买卖东西欺诳诈骗。
⑰ 殚:尽。
⑱ 不御:不用。御,用。
⑲ 不豫:不欺诳。
⑳ 业土:已修筑而未成的土建工程。

【今译】

景公问晏子说:"古代圣明的国君,他们的德行如何?"晏子回答说:"对自身薄而对百姓厚,约束自身而博施于人;居君位,足可以使政治清明百姓教化,不用武力威迫天下;他们征收钱财,先权衡有无,使贫富均匀,不以此来满足自己嗜欲;行诛不回避权贵,行赏不忘记下民,不过度沉溺享乐,不哀痛过久,竭尽智能教导百姓,而不自我夸耀,努力治理国家,而不责罚百姓。治国崇尚相互有利,所以百姓之间不相互伤害,施行教化崇尚互相爱护,所以百姓不互相怨恶,量刑处罚适于法度,废弃和兴办事情都顺从民心,所以有才能的人在上不哗众取宠,没有能力的人在下边也无怨言。四海之内,举国之中,庶民百姓思想一致。好像办一家人的事情一样,他们生的时候对百姓有厚利,死后还有遗教,这就是圣明君主的德行了。"景公不想这样办。晏子说:"我听说询问道义的人先更改不好的思想;听到道义的人要改变原来的面貌,现在君王的税赋过重,所以民心离散,作买卖的人欺诈,因此经商的客人绝迹;君王的玩好之物充实,所以百姓家中的财物竭尽,邪僻积结于上边,怨恨蓄藏于百姓,喜好的东西齐备在君王身边,毁坏君王的议论就充满国内,而国君不去解决。"景公说:"好。"于是下令玩好之物一律不用,市场买卖不准欺诈,宫室不修饰,未建成的工程不再建,停止劳役,减轻赋税,上下一起行动,百姓相互亲爱。

景公问谋必得事必成何术
晏子对以度义因民第十二

【原文】

　　景公问晏子曰:"谋必得,事必成,有术乎?"。晏子对曰:"有"。公曰:"其术如何?"晏子曰:"谋度于义者必得,事因于民者必成①。"公曰:"奚谓也②?"对曰:"其谋也,左右无所系,上下无所縻③,其声不悖,其实不逆④,谋于上,不违天,谋于下,不违民,以此谋者必得矣。事大则利厚,事小则利薄,称事之大小,权利之轻重,国有义劳⑤,民有如利⑥,以此举事者必成矣。夫逃人而谟⑦,虽成不安⑧,傲民举事,虽成不荣⑨。故臣闻义谋之法以民事之本也⑩,故及义而谋,信民而动⑪,未闻不存者也⑫。昔三代之兴也,谋必度其义,事必因于民。及其衰也,建谋不及义⑬,兴事伤民。故度义因民,谋事之术也。"公曰:"寡人不敏,闻善不行,其危如何?"对曰:"上君全善,其次出入焉,其次结邪而羞问。全善之君能制;出入之君时问,虽日危,尚可以没身⑭;羞问之君,不能保其身。今君虽危,尚可没身也。"

注释

①"谋度于义者"二句:谋划合于义,就能实现。办事顺于民,就能成功。因,随顺。

②奚谓:何谓,为什么这样说呢?

③縻:系缚、牵连。

④"其声"二句:谓谈的话不背离义的规范,做的事不与百姓的愿望相反。

⑤义劳:陶鸿庆云:"'义劳'乃'羡荣'二字之误。"是。"羡荣"即余荣,荣誉有加。

⑥如利:陶鸿庆云:"当作'加利。'"是,译文依此。

⑦逃人而谟:王念孙云:"'人'当作'义',方与上下文合。"译文依王说。谟,同谋。意思是避开义的准则而谋事。

⑧不安:不妥。不安稳。

⑨"傲民"二句:谓轻视臣民百姓的利益去兴办事情,即使办成了也不荣耀。

⑩"故臣闻"句:办事要考虑德义,这是根本的方法,德义的标准是把百姓的事情视为根本。

⑪"故及义而谋"二句:王念孙云:"'及'当为'反','信'当为'倍','倍'亦'反'也。"此句意为,违反义去谋划,违背百姓的利益去办事。

⑫未闻不存者:王念云"'不'字乃后人所加。"是。

⑬羞问:羞于下问,实际是指独断专横。

⑭尚可以没身:尚可以保全自己到死。

【今译】

景公问晏子说:"谋划事情一定实现,兴办事业一定成功,有办法吗?"晏子回答说:"有。"景公说:"这种办法是什么?"晏子回答说:"谋划事情符合于义就一定能实现,办事情顺从人民的就一定成功。"景公说:"为什么这样说呢?"晏子说:"谋划事情,左右的人没有干系,上下之间没有牵连,他的言论不违背于行为,他做事的结果不违反本意,谋划事情上不违背天意,下不违背民心,用这种方法谋事一定成功。谋大事就获大利,谋小事就得小利。衡量事情的大小,权衡利益的多寡,使国家有荣誉,百姓获厚利,用这个标准办事一定取得成功。避开义的原则去谋事,虽取得成功,也不能安稳;轻视百姓去兴办事情,虽然成功也不光荣。我听说符合德义的谋事方法是以百姓的利益为根本,所以违反义的原则去谋事,违背百姓的利益去办事,没有听说成功的。过去三代的兴盛,谋事一定先考虑德义,举事一定顺从民意。到它衰败时,谋事不考虑德义,办事又伤害了人民。所以度量德义顺从民心是谋事的根本方法。"景公说:"我不聪明,听到善言也未施行,这危险有多大?"晏子说:"上等的明君一切都择善而行,次一等的国君办事不全善,再次一等的就只干邪僻之事而羞于问善。上等的明君能够裁断,次等的国君有时能下问,虽然一天比一天危险,尚能保全自身到死,羞于下问的国君,不能保全自身。现在君王有危险,尚能保全自身。"

景公问善为国家者何如晏子对以举贤官能第十三

【原文】

　　景公问晏子曰:"莅国治民,善为国家者何如?"晏子对曰:"举贤以临国,官能以敕民①,则其道也。举贤官能,则民与若矣②。"公曰:"虽有贤能,吾庸知乎③?"晏子对曰:"贤而隐,庸为贤乎④?吾君亦不务乎是⑤,故不知也。"公曰:"请问求贤。"对曰:"观之与其游⑥,说之与其行,君无以靡曼辩辞定其行⑦,无以毁誉非议定其身,如此,则不为行以扬声⑧,不掩欲以荣君⑨,故通则视其所举⑩,穷则视其所不为,富则视其所不取⑪。夫上士,难进而易退也;其次,易进易退也;其下,易进难退也。以此数物者取人,其可乎。"

注释

　　①"官能"句:谓给有才能的人授官,以整饬百姓。敕,整饬。此处意为治理。
　　②则民与若矣:吴则虞云:"疑作'则民兴善矣。''善'、'若'亦形近而讹,'兴善'与《大学》之'兴仁'、'兴让'句法同。"译文从吴说。
　　③吾庸知乎:我怎么知道呢?庸,岂,怎么。
　　④"贤而隐"二句:谓隐居者不能称贤。按:齐国自太公起不容隐士,谓隐则非贤,故晏子有此言。
　　⑤不务乎是:没有真正地去办此事。
　　⑥与其游:与他交游的人。
　　⑦靡曼:美丽。
　　⑧为行:伪装出来的行动。为,通伪。

⑨荣君:迷惑君王。王引之云:"'荣'读为'营','营',惑也。"
⑩通:达,显贵。
⑪"富则"句:王念孙云:"《治要》作'富则视其所分,贫者视其所不取。'是也。今本脱'分'字及'贫者视其所'五字,则文不成义。"译文从王说。

【今译】

景公问晏子说:"当国君治理百姓,善于治国的办法有哪些?"晏子回答说:"举荐贤明的人来治国,授官给有才能的人来治理民众,这就是治国的方法。举荐贤明授官给能者,那百姓就会办善事了。"景公说:"虽有贤能的人,我怎么了解他们呢?"晏子回答说:"贤明而隐居,怎么还称得上贤呢?国君也没有认真的去办这件事,所以不知道。"景公说:"请问寻求贤人的方法。"晏子说:"观察与他交游的人,听他说话观察他的行为,君王不要凭漂亮的巧言去判定一个人的品行,也不要以别人的诽谤议论去判定一个人的好坏,这样,人们就不会伪装自己行为来张扬声誉,不会掩盖自己的欲望来迷惑君王。所以得意时就观察他所举办的事,失意时观察他所不愿做的事;富贵时观察他分财物给什么人,贫贱时观察他所不愿取的东西。最贤良的人,难于进身为官却容易引退,次一等的容易进身也容易引退,再下一等的容易进身却不愿引退。用这几条标准去考察录用人,这就可以了。"

景公问君臣身尊而荣难乎晏子对以易第十四

【原文】

景公问晏子曰:"为君,身尊民安,为臣,事治身荣,难乎,易乎?"晏子对曰:"易。"公曰:"何若?"对曰:"为君节养其余以顾民①,则君尊而民安;为臣忠信而无逾职业,则事治而身荣。"公又问:"为君何行则危?为臣何行则废②?"晏子对曰:"为君,厚藉敛而托之为民,进谗谀而托之用贤,远公正而托之不顺,君行此三者则危;为臣,比周以求进③,逾职业,防下隐利而求多,从君,不陈过而求亲,人臣行此三者则废。故明君不以邪观民④,守则而不亏⑤,立法仪而不犯⑥,苟有所求于民,而不以身害之,是故刑政安于下,民心固于上[7],故察士不比周而进[8],不为苟而求[9],言无阴阳[10],行无内外,顺则进,否则退,不与上行邪,是以进不失廉,退不失行也。"

注释

①节养:节约费用。养,供养,这里指宫室里的开支。
②废:除去,罢免。
③比周:植党营私。
④观民:于鬯云:"'观'当训示。"昭示于百姓。
⑤守则而不亏:刘师培《校补》云:"'则'当作'财',上脱'民'字。"意为:守于民财,无亏其利。
⑥立法仪而不犯:张纯一案:"此言立法为万民之仪表,而君身不得自犯。"
⑦"是故"二句:刘师培《校补》云:"戴校云:'上、下字当互易。'"是。
⑧察士:廉洁正直的人。
⑨不为苟而求:不作非义的求取。
⑩言无阴阳:谓光明正大,不阳奉阴违。

【今译】

　　景公问晏子说:"当国君的,自身受到尊重百姓得到安宁,作臣子的,办好国事自身获得荣耀,是难于办到呢还是容易办到?"晏子回答说:"容易。"景公说:"为什么?"回答说:"当国君的节约开支将多余的钱财用来照顾百姓,那么国君受到尊敬而百姓安宁;作臣子的忠正守信而不亏于职守越权行事,那么国家的事情就能办好而自身也获得荣耀。"景公又问:"当国君的什么行为就危险,作臣子的什么行为就罢免?"晏子回答说:"当国君的加重税赋还借口说是为了百姓,任用谗谀小人还托词是任用贤良,疏远光明正大的人而借口说他们不顺从,国君办了这三件事就危险;作臣子的,结党营私以求进身,超越职权,防遏下民,隐瞒财物而求自己多得,侍奉君王,不陈述君王的过失而骗取国君的亲近,人臣做了这三件事的就应罢免。所以圣明的君主不用邪僻之行昭示百姓,守护人民的财物而不损害其利益,制定了法规为万民的仪表而自身不违犯,如果有所求于百姓,也不因自身的需要而伤害百姓。这就是上面刑律政治稳定,下面民心牢固,所以廉洁正大的人不结党营私求进身,不为不义的求取,说话不阳奉阴违,行为表里如一,顺乎民情就进,不顺就引退,不与国君一起做邪僻之事,所以进身不失廉洁,引退不失德行。"

景公问天下之所以存亡
晏子对以六说第十五

【原文】

　　景公问晏子曰:"寡人持不仁,其无义耳也①。不然,北面与夫子而义②。"晏子对曰:"婴,人臣也,公曷为出若言?"公曰:"请终问天下之所以存亡③。"晏子曰:"缦密不能④,麤苴学者诎⑤,身无以用人,而又不为人用者卑。善人不能戚,恶人不能疏者危。交游朋友从⑥,无以说于人,又不能说人者穷。事君要利,大者不得,小者不为者餧⑦。修道立义,大不能专,小不能附者灭⑧。此足以观存亡矣。"

【注释】

　　①无义:苏舆云:"'义'当读为'议',盖叚字,'议'、'义'一声之转。"无议,即无足与议的意思。下文"与夫子而义"的"义"亦读为"议"。
　　②"不然"二句:意思是不如让位给晏子,君臣位置互倒。不然,于鬯云:"'不然'即'不如'也。"
　　③终问:询问事情的终究。
　　④缦密不能:精细的事不能做。缦密,精微、精细。
　　⑤麤苴(cū jū 粗拘):粗卤、卤莽。
　　⑥从:张纯一云:"旧衍'从'字,从王校删。"
　　⑦餧:同馁,饥饿。
　　⑧附:协作、附合。

【今译】

　　景公问晏子说:"我不仁德,不足以议政,不如坐南向北与先生谈论。"晏子回答说:"我是臣子,君王为何说出这样的话?"景公说:"请求终问天下之所以兴盛衰亡的根由。"晏子说:"精细的事不会做,粗放的事不愿学的屈于人下,自身没有见识不能任用人,而自己又不被别人任用的人低贱。对善良的人不能亲近,对邪恶的人不能疏远的人危险。结交朋友，自己没有被人喜欢的长处又不喜欢别人的人，自绝于人。侍奉君王就想牟取私利，大的事情得不到做，小的事情又不愿做的人必受饥饿。修养道德树立仁义，大的事情不能单独负责，小的事情不能附和协作的一定失败。这些足以用来观察兴盛衰亡了。"

景公问君子常行曷若 晏子对以三者第十六

【原文】

景公问晏子曰："君子常行曷若①？"晏子对曰："衣冠不中②，不敢以入朝；所言不义，不敢以要君③；行己不顺，治事不公，不敢以莅众。衣冠无不中，故朝无奇僻之服④；所言无不义，故下无伪上之报⑤；身行顺，治事公，故国无阿党之义⑥。三者，君子之常行者也。"

【注释】

①常行：正常的行为举止。
②不中：不正。
③要君：要求国君。
④奇僻之服：奇怪邪僻的服装，即今人所说的奇装异服。
⑤伪上之报：欺骗国君的报告。
⑥义：吴则虞按："阿党不可称'义'，疑'议'之残。"译文依此说。议，谋也。

【今译】

景公问晏子说："君子正常的言行举止是什么？"晏子回答说："衣冠不端正，不敢进入朝廷；说的话不符合义，不敢用来要求国君；自己的行为不遵循礼仪规范，办事不公正，不敢莅临官署治理百姓。衣冠没有不端正的，所以朝廷之上没有奇形怪状的衣服；所说的话没有不义的，所以臣下不会来向国君作假报告；自身行为遵循礼仪规范，办事公正，所以国家没有结党营私的活动。这三条，就是君子的正常行为了。"

景公问贤君治国若何晏子对以任贤爱民第十七

【原文】

　　景公问晏子曰:"贤君之治国若何①?"晏子对曰:"其政任贤②,其行爱民,其取下节③,其自养俭④;在上不犯下,在治不傲穷⑤,从邪害民者有罪,进善举过者有赏。其政,刻上而饶下⑥,赦过而救穷⑦;不因喜以加赏,不因怒以加罚;不从欲以劳民,不修怒而危国⑧;上无骄行,下无谄德;上无私义⑨,下无窃权⑩,上无朽蠹之藏⑪,下无冻馁之民⑫;不事骄行而尚司⑬,其民安乐而尚亲⑭。贤君之治国若此。"

注释

①若何:银雀山汉墓竹简作"何若"。按:本篇译文均按汉墓竹简。

②其政任贤:汉墓竹简在此句之前尚有"贤君之治国也"一句,应据补作"贤君之治国也,其政任贤。"政,竹简作"正"。

③其取下节:向下索取能节制。

④其自养俭:汉墓竹简作"其自养敛"。骈宇骞云:"'敛'当读为'俭',二字皆从金得声,古音相同,可通假。"

⑤在治不傲穷:汉墓竹简此句作"任治不骛穷"。骈宇骞云:"'任'字当为'在'字之误。"又云:"'骛'当读为'傲'。"

⑥饶下:竹简作"诐下"。诐,当读为饶。

⑦赦过而救穷:竹简作"正诐而杌穷"正,通政。䉷,通彻,《说文》"彻,通也。"杌,骈宇骞云:"'杌'从木九声,当读为'救',九,求古音相同,可通假。"

⑧不修怒而危国:谓不结怨激怒诸侯使国家免于危亡。"而",汉墓竹简作"以"。苏舆云:"'修怒'疑当作'修怨'。"译文从此说。

⑨上无私义:汉墓竹简"上毋私众"。

⑩下无窃权:汉墓竹简作"下无私义"。

⑪上无朽蠹之藏:汉墓竹简作"毋歺橐之藏"。无"上"字。骈宇骞云:"歺,即朽之异体。"又云"橐,当读为蠹。"

⑫下无冻馁之民:汉墓竹简无"下"字。又"冻"作"湅",两字古通用。

⑬"不事"句:汉墓竹简作"是以其士民藩兹而尚同"。藩兹,繁衍生长。

⑭"其民"句:汉墓竹简无"其"字。

【今译】

　　景公问晏子说:"贤明的国君是怎样治理国家的?"晏子回答说:"贤明的国君治国,他们在政治方面能任用贤良,他们的言行爱护百姓,在向百姓索取时能够节制,他们自身的供养比较节俭;处于尊位的不侵犯下面的利益,为官治民的不轻视贫穷,放纵邪恶残害百姓的有罪,进献善言举出过失的有赏。治政上严格要求官吏而宽抚百姓,赦免过失而救济贫穷;不因个人的喜欢而增加奖赏,不因个人的愤怒而加重惩罚;不放纵自己的嗜欲来劳损百姓,不结怨于诸侯,使国家危险。上边没有骄横的行为,下边没有谗诡的品德;上边没有曲从私党的活动,下属没有私下利用职权,上面没有腐朽虫蛀的钱粮,下面没有饥寒交迫的百姓;所以他们的人民繁衍而崇尚同一,百姓安居乐业而崇尚亲爱。贤明的国君就是这样治理国家的。"

景公问明王之教民何若
晏子对以先行义第十八

【原文】

　　景公问晏子曰①:"明王之教民何若?"晏子对曰:"明其教令,而先之以行义②;养民不苛,而防之以刑辟③;所求于下者,不务于上④;所禁于民者,不行于身⑤。守于民财,无亏之以利;立于仪法⑥,不犯之以邪。苟所求于民,不以身害之,故下之劝从其教也⑦。称事以任民⑧,中听以禁邪⑨,不穷之以劳,不害之以实⑩,苟所禁于民,不以事逆之,故下不敢犯其上也⑪。古者百里而异习,千里而殊俗⑫,故明王修道,一民同俗,上爱民为法,下相亲为义,是以天下不相遗,此明王教民之理也⑬。"

【注释】

　　①"景公"句:汉墓竹简作"景公问于晏子曰。""问"下有"于"字。
　　②"晏子"三句:汉墓竹简"对曰"作"合曰","先之以行义"作"先之以行"。骈宇骞云:"'合'当读为'答'。"
　　③"养民"二句:汉墓竹简无"辟"字。两句的意思是养育百姓不能施以苛政,

但也要用刑罚来防范作恶之人。

④不务于上:汉墓竹简"不"作"弗"。

⑤不行于身:汉墓竹简"不"作"弗"。

⑥立于法仪:汉墓竹简作"立法义"。骈宇骞云:"义,当读为仪。"法仪,礼法礼仪,指古代礼的道德规范。

⑦"故下"句:汉墓竹简残缺。苏舆云:"《治要》作'故下从其教也'。"是。译文从苏说。

⑧称事:度量事情。

⑨中听:公正地审理案狱。听,听狱。

⑩不害之以实:王念孙云:"案'害之以实',义不可通,'实'本作'罚',谓不以刑罚害民也。"王说是,译文从之。

⑪"苟所"三句:汉墓竹简作"笱所求于民,不以事逆,故下不敢犯禁也。"骈宇骞云:"笱,当读为苟。"

⑫"古者"二句:汉墓竹简作"古者百里异名,千里异习"。译文从此说。

⑬"此明王"句:汉墓竹简作"此明王之教民也"。

【今译】

景公向晏子问道:"圣明的君王是怎样教导百姓的?"晏子回答说:"声明教义与法令,而首先自己实行;养育百姓不用苛政,而刑罚只是防范作恶的人;要求臣民不做的事,君上自己不做,对百姓所禁止的事,自己不违犯。保护百姓的钱财,不让他们的利益受到损害,制订了法规礼仪,自己不以邪僻去违犯。如果向百姓有所求取,不以自身的需要损害他们,所以下边听从他的教导。度量事情来使用民力,公正听狱来禁止邪恶,不乱派劳役使百姓穷困,不乱用刑罚来坑害百姓,如果对百姓有所禁止的事,君上也不以任何事由违反,所以臣民不敢违禁作乱。古代百里之内不同名称,千里之内不同习俗,因此圣明的国君修行道义,与百姓一起遵守习俗,君上以爱护百姓为法,百姓以相亲为义,所以天下之人不互相遗弃,这就是圣明的君主教导百姓的方法了。

景公问忠臣之事君何若晏子
对以不与君陷于难第十九

【原文】

　　景公问于晏子曰:"忠臣之事君也何若?"晏子对曰:"有难不死,出亡不送①。"公不说,曰:"君裂地而封之②,疏爵而贵之③,君有难不死,出亡不送,可谓忠乎?"对曰:"言而见用,终身无难,臣奚死焉;谋而见从,终身不出④,臣奚送焉。若言不用,有难而死之⑤,是妄死也⑥;谋而不从,出亡而送之,是诈伪也⑦。故忠臣也者,能纳善于君⑧,不能与君陷于难⑨。"

注释

　　①"有难"二句:谓国君有难,不为他去死,国君逃亡,不给他送行。出亡,出逃。

　　②裂地而封之:分割土地来封赏他。

　　③疏爵而贵之:分出爵位授他使他显贵。疏,分也。贵之,使动用法,使之贵。

　　④不出:不出逃。

　　⑤死之:为他而死。之,指有难而死的国君。

　　⑥妄死:即枉死,死得没有价值。

　　⑦诈伪:欺诈作假的行为。

　　⑧纳善于君:能使国君采纳好的。

　　⑨与君陷于难:让国君陷于灾难。

【今译】

　　景公向晏子问道:"忠臣是怎样侍奉国君的?"晏子回答说:"国君有灾难,不为国君去死,国君出国逃亡,不为他送行。"景公很不高兴,说:"君王分割土地来封赏他,分出爵位来授给他使他显贵,国君有难而不为国君去死,国君出逃而不给国君送行,可以谈得上是忠君之臣?"晏子回答说:"臣子的善言被采纳,君王终身都不会有灾难,臣子怎么会死呢? 臣子的良谋被采用,国君终身都不会出逃,臣子怎么会去送呢? 如果善言不采用,君王有难而臣子去为他死,是枉死了;良谋不被采纳，君王出逃去送他，是虚假的行为了。所以作为忠臣，能够让国君采纳善言，不要让君王陷入灾难。"

景公问忠臣之行何如晏子
对以不与君行邪第二十

【原文】

景公问晏子曰："忠臣之行何如？"对曰："不掩君过，谏乎前，不华乎外①；进贤选能，不私乎内②；称身就位，计能定禄②；睹贤不居其上，受禄不过其量；不权居以为行，不称位以为忠③；不揜贤以隐长④，不刻下以谀上；君在不事太子，国危不交诸侯⑤；顺则进，否则退，不与君行邪也。"

注释

①不华乎外：不向外宣扬。华，喧哗。

②计能定禄：根据才能来接受俸禄。定禄，王念孙云："禄由君定，非由臣定也，'定禄'本作'受禄'，下文'受禄不过其量'即其证。"

③"不权居"二句：吴则虞云："二'不'字疑衍。'权居以为行'即'素其位而行'，'称位以为忠'即'陈力就列'，承上文'称身就位'而来。"译文从吴说。两句的意思是安于自己现在之位，去做应做之事，才能称职便是忠心。

④不揜(yǎn掩)贤以隐长：不遮掩贤良的人而隐蔽他们的长处。揜，掩盖，遮蔽。

⑤国危不交诸侯：谓国家发生危急时不与其他诸侯结交。

【今译】

景公问晏子说："忠臣的德行是什么样子？"回答说："不遮掩君王的过失，进谏于君王之前，不宣扬君过于外；推荐贤良选拔能人，不偏向于自己的内亲；度量自己的德才而居官位，权衡自己的才能来接受俸禄；发现贤良之人不居官在他之上，接受俸禄不超过贤者的数量；安于自己现在的职位去做应做的事，尽力称职就是忠于职守，不掩盖贤良和隐瞒他们的优点，不刻薄下属来献谀国君；国君在位时不侍奉太子，国家危急时不交好诸侯。君臣相得时就立身朝廷，君臣相背对就辞官，不参与国君做邪僻之事。"

景公问佞人之事君何如晏子对以愚君所信也第二十一

【原文】

景公问①:"佞人之事君如何?"晏子对曰②:"意难,难不至也③。明言行之以饰身④,伪言无欲以说人⑤,严其交以见其爱,观上之所欲而微为之偶⑥,求君逼迩⑦,而阴为之与⑧;内重爵禄,而外轻之以诬行⑨,下事左右,而面示正公以伪廉⑩;求上采听,而幸以求进⑪;傲禄以求多,辞任以求重⑫;工乎取,鄙乎予;观乎新,慢乎故⑬;吝乎财⑭,薄乎施;覩贫穷若不识,趋利若不及⑮;外交以自扬⑯,背亲以自厚⑰;积丰义之养⑱,而声矜卹之义⑲;非誉乎情,而言不行身⑳,涉时所议,而好论贤不肖㉑;有之己,不难非之人,无之己,不难求之人;其言强梁而信,其进敏逊而顺㉒,此佞人之行也。明君之所诛,愚君之所信也㉓。"

注释

①景公问:汉墓竹简作"公有问曰"。

②晏子对曰:汉墓竹简作"合曰"。骈宇骞云:"'合'当读为'答'。"

③"意难"二句:汉墓竹简作"意难之不至也。"骈宇骞云:"'意难之不至也',即'知难之不至也'。"译文从其说。

④"明言"句:汉墓竹简作"明言行□饬其□"缺二字,骈宇骞云:"据明本,疑简本补齐缺字作'明言行以饬其身。'"译文依此。

⑤"伪言"句:汉墓竹简作"□□无欲也兑□",据明本补齐缺文当作"伪言无欲也兑人",兑,骈宇骞云:"当读为'悦'。"

⑥"严其交"二句:汉墓竹简作"其交观上□□欲而微之",缺二字,据明本补齐当为"其交观上之所欲而徽为之。"徽,同微。这两句与汉墓竹简出入较大,译文依汉墓竹简。

⑦求君逼迩:汉墓竹简作"窃求君之比玺"。骈宇骞云:"'窃',明本误作'偶',后人遂以之属上读,误。明本'尔'、简本'玺'皆当读为'迩','比迩'指亲信。"是。译文依此说。

⑧而阴为之与:谓求君宠信之人私下结为同党。"与",苏舆云:"党与也。"

⑨诬行:欺骗的行为。

⑩伪廉:假装廉洁。

⑪悻以求进:希望得到国君的宠幸而窃取高官。

⑫辞任以求重:辞去轻微的官职企求更大的官位。按:从"下事左右"至"辞任以求重"汉墓竹简作:"□□□□而面公正以伪廉,诬行伪廉以夜上",较明本少"求上采听而信以求进,傲禄以求多,辞任以求重"十九字。译文依明本。

⑬"工乎取"四句:汉墓竹简作"工于取,蕫乎□,观于新,曼乎故"。工,巧饰也。观,当读为"欢",喜乐也。四句意思是,巧取豪夺,不愿施舍,喜欢新的,厌恶旧的。

⑭吝乎财:汉墓竹简作"邻于财"。骈宇骞云:"'邻'当读为'吝',二字古音相近,可通假。"

⑮"觊贫"二句:汉墓竹简作"堵贫穷若弗式,驪富利若弗及"。骈宇骞云:"'堵'当读为'睹','驪'当读为'趋',趋,求也,谋也。"译文从此。

⑯"外交"句:谓对外交结诸侯权臣,张扬自己的名声,以便求取重要官职。

⑰"背亲"句:意思是为了攫取厚利,即使至亲也要背弃。

⑱"积丰"句:意思是表面上很讲礼仪修养。丰义,于省吾云:"'丰义'乃'礼仪'二字之古文。《说文》:'丰,行礼之器也。'"

⑲"而声"句:谓声扬自己有矜卹贫穷的德义。按:从"外交以自扬"至"矜卹之义",汉墓竹简没有这二十一字。译文依吴本。

⑳"非誉"句:汉墓竹简作"非誉不徵乎而请言不合乎行"。骈宇骞云:"'非'当读为'诽'。'请'当读为'情'。"意思是诽议不能验正于情,而所说的话不能付诸于行。

㉑"涉时"二句:汉墓竹简作"身殷存所义而好论贤不宵"。骈宇骞云:"'殷'当读为'隐','义'当读为'议','宵'当读为'肖',皆同音假借。"《礼·大学》:"君子有诸已,而后求诸人;无诸已而后非诸人"小人则相反。

㉒"其言"二句:汉墓竹简无。

㉓"明君"二句:汉基竹简无。

【今译】

景公问晏子说:"奸佞之人怎样侍奉国君的?"晏子回答说:"知道有灾难时他就不来了。他们公开的言行只不过用来装饰自己,假称不想取悦于人,他们交往时先看君上喜欢什么样的人才去联络,暗地里与君王亲近的人交好,并与这些人结盟为党。内心看重高官厚禄,而表面假意轻视来伪装自己的行为,他们小心地侍候君王左右的人,而表面却显示公正假装廉洁;他们企求君王采纳他们的意见,从而有幸求取高官,他们用轻视俸禄的手段来索取更多的俸禄,用辞去官职的办法来求取更大的官位。他们巧取豪夺,轻视给予;喜欢新的,厌恶旧的,吝惜钱财,施舍极少,看见贫穷的亲友好像不认识,争相取利唯恐落于人后;在外交结诸侯的权臣来抬高自己,背叛至亲来谋取厚利。表面有礼仪修养,并声称有矜恤贫穷的德义,他们的诽谤赞誉都不符合实情,他们所说的话不会见于行动。他们隐蔽自己的坏行却乱说这个好那个坏;自己在做的事,就不非议别人在做,自己不做的也就不要求别人去做,他们说话专横自负,他们求取官职敏捷而顺当,这就是奸佞小人的言行了。圣明君主要斥责的人却是愚昧君主所宠信的人。"

景公问圣人之不得意何如晏子对以不与世陷乎邪第二十二

【原文】

　　景公问晏子曰:"圣人之不得意何如?"晏子对曰:"上作事反天时①,从政逆鬼神,藉敛殚百姓;四时易序②,神祇并怨;道忠者不听,荐善者不行,谀过者有赉③,救失者有罪。故圣人伏匿隐处,不干长上④,洁身守道,不与世陷乎邪,是以卑而不失义,瘁而不失廉⑤。此圣人之不得意也。""圣人之得意何如?"对曰:"世治政平,举事调乎天,藉敛和乎百姓;乐及其政⑥,远者怀其德;四时不失序,风雨不降虐;天明象而赞⑦,地长育而具物;神降福而不靡⑧,民服教而不伪;治无怨业,居无废民⑨,此圣人之得意也。"

注释

　　①上作事反天时:谓国君作事违背天意。上,指君上。天时,本指日月星辰的运行和四季交替的规律,这里指上天的旨意。
　　②四时易序:春夏秋冬的运行失去了秩序。四时,指春夏秋冬四个季节。
　　③赉(lài 赖):赏赐。《书·汤誓》:"子其火赉汝。"
　　④不干长上:不干预君王的事。长上,指君王。
　　⑤瘁而不失廉:到死也不失去廉洁。
　　⑥乐及其政:王念孙云:"案《治要》作'举事调乎天,藉敛和乎民,百姓乐其政,远者怀其德',是也。"译文从此说。
　　⑦天明象而赞:王念孙云:"《治要》作'天明象而致赞',是也。'致赞',谓天

致祯祥以赞王者。"这句的意思是上天显示吉祥象征称赞贤君。

⑧不靡:不停止。靡,倒下,此作停止解。

⑨废民:游手好闲的人。废,荒废。

【今译】

　　景公问晏子说:"圣人的不得意的事是什么?"晏子回答说:"君上做事违反上天旨意,从事政治违背鬼神,征收税赋枯竭百姓;春夏秋冬四季改变了次序,神鬼一起埋怨;讲忠诚话的没有人听,举荐善良的无人任用,阿谀掩过的得到奖赏,挽救失误的反而有罪。所以圣人埋名隐居,不干预国君的事情,廉洁自身,坚守道义,不同世俗陷于邪恶,所以地位低下而不失德义,活到死也不失去廉洁。这就是圣人不得意的事了。"景公又问:"圣人的得意又是怎样的呢? 晏子回答说:"国家得到治理政治清平,举办事情与天意协调,征收税赋百姓感到和平,人民高兴这样的政治,远方的人怀念他的德泽;春夏秋冬四时运转正常,风雨不降灾害,上天显示吉祥来赞美,大地长育万物;神灵降福而不停止,百姓服从教导而没有虚伪;治理国家没有被人埋怨的事,百姓居住的地方没有游手好闲的人,这就是圣人得意的事了。"

景公问古者君民用国不危弱晏子对以文王第二十三

【原文】

　　景公问晏子曰:"古者君民而不危①,用国而不弱②,恶乎失之③?"晏子对曰:"婴闻之,以邪莅国,以暴和民者危④;修道以要利,得求而返邪者弱⑤。古者文王修德,不以要利,灭暴不以顺纣⑥,干崇侯之暴⑦,而礼梅伯之醢⑧,是以诸侯明乎其行⑨,百姓通乎其德⑩,故君民而不危,用国而不弱也。"

【注释】

①君民:为君治民。

②用国:使用国力。

③恶乎失之:陶鸿庆云:"'失'盖'先'之误。'恶乎先之',言君民不危,用国

不弱,当以何者为先。"陶说是。译文依陶说。

④以暴和民:用残暴来加害百姓。和,陶鸿庆云:"'和'当为'加'字之误。"陶说是。

⑤"修道"二句:谓推行治国的办法的目的是想求取利益,得到了所求的东西后又回到邪恶的道路上去了,这样的国君就会衰败。

⑥"灭暴"句:谓消灭残暴的坏人是不让他去助纣为虐。顺纣,顺从纣王。这里是助纣为虐的意思。

⑦干崇虎之暴:干预侯崇虎的暴行。崇虎,指侯崇虎,殷纣王的臣子。

⑧梅伯之醢:梅伯的醢刑。梅伯,人名,纣王之臣。醢,古代的一种酷刑,将人剁为肉酱。《吕氏春秋·行论篇》:"纣为无道,杀梅伯而醢之,以礼诸侯于庙,文王流涕而咨之。"

⑨明乎其行:赞美他的德行。明,昭明,显耀,这里作赞美解。

⑩通乎其德:传颂他的恩德。通,传达。

【今译】

景公问晏子说:"古代当国君治理百姓而不招致危难,使用国力而不会衰弱,什么是为先的?"晏子回答说:"我听说,用邪恶的人来治理国家,用暴力来加于百姓的就会招致危难;推行治国之道是为了索取利益,得到所求取的东西后又返回到邪恶的就会衰败。古代周文王修行德义,不用它来索取利益,消灭残暴不让他去助纣为虐,干涉侯崇虎的暴行,而礼待梅伯的被醢,所以诸侯赞美他的德行,百姓传颂他的恩德,因而治民而国家不招致危难,使用国力而国家不会衰败。"

景公问古之莅国者任人如何晏子对以人不同能第二十四

【原文】

景公问晏子曰:"古之莅国治民者,其任人何如?"晏子对曰:"地不同生①,而任之以一种,责其俱生不可得②;人不同能,而任之以一事,不可责遍成③。责焉无已④,智者有不能给⑤,求焉无餍⑥,天地有不能赡也⑦。故明王之任人,谄谀不迩乎左右,阿党不治乎本朝;任人之长,不强其短,任人之工⑧,不强其拙。此任人之大略也。"

【注释】

①地不同生：土地有不同的性能。俞樾云："古'生'、'性'字通用。"
②责：求也。
③不可责遍成：不能苛求他普遍取得成功。
④责焉无已：苛求于他没有止境。焉，于之，兼词。无已，没有尽头。
⑤不能给：不敏捷。给，敏捷。《荀子·非十二子》："辩说譬喻，齐给便利。"
⑥餍：饱，引申为满足。
⑦赡：给足。
⑧任人之工：谓使用人要用他的擅长之处。

【今译】

景公问晏子说："古代君临天下治理百姓的君王，他们任用人的情况如何？"晏子回答说："土地有不同的性能，而不同性能的土地只能栽种一种植物，要求它什么都能生长是不可能的；人有不同的才能，而不同才能的人只能任用他办一个方面的事，不能苛求他什么事都取得成功。要求没有穷尽，即使聪明绝顶的人也有不敏捷的时候，要求没有止境，天地也有不能给足的时候。所以圣明的君主任用人，谗谄阿谀的小人不能靠近他的左右，结党营私的人不能在他的朝廷上理事；任用人的长处，不过问他的短处，任用人的擅长，不勉强他的拙劣，这就是使用人的概要了。"

景公问古者离散其民如何晏子对以今闻公令如寇仇第二十五

【原文】

景公问晏子曰："古者离散其民，而陨失其国者，其常行何如？"晏子对曰："国贫而好大，智薄而好专；贵贱无亲焉，大臣无礼焉；尚谗谀而贱贤人，乐简慢而玩百姓①；国无常法，民无经纪②；好辩以为忠，流湎而忘国③；好兵而忘民；肃于罪诛④，而慢于庆赏；乐人之哀，利人之难⑤；德不足以怀人⑥，政不足以惠民；赏不足以劝善，利不足以防非⑦，亡国之行也。今民闻公令如寇仇，此古离散其民，陨失其国所常行者也。"

注释

① "乐简"句:谓乐于怠慢和轻视百姓。简慢,怠慢。
② 经纪:秩序。《礼记·月令》:"毋失经纪。"
③ 流湎:流连沉醉,放纵无节制。
④ 肃于罪诛:严急于治罪诛灭。肃,严急。《礼记·礼运》:"刑肃而俗敝,则法无常。"
⑤ 利人之难:把别人的灾难视为有利。
⑥ 怀人:使人怀念。怀,使动用法。
⑦ 防非:防止过错。

【今译】

景公问晏子说:"古代使自己的百姓离散,而丧失自己国家的人,他们通常的行为如何?"晏子回答说:"国家贫困而好大喜功,智力浅薄而好专断;贵戚平民都不亲近他,大臣也不讲礼仪;推崇谗谀献媚的人而看轻贤明的人,喜欢简慢和轻视百姓;国家没有恒定的法律,百姓没有秩序;把摇唇鼓舌的人视为忠臣,沉湎酒色而忘记了国家,喜欢打仗而忘记百姓;严急于治罪杀人,而轻慢于庆功赏赐;把别人的悲哀视为欢乐,把别人的灾难视为有利;德行不足以使人怀念,政令不足以使百姓受惠,赏赐不足以用来劝导善良,刑罚不足以用来防止坏事,这就是亡国的行为了。现在百姓听到君王的命令就像遇到了贼寇。这就是古代离散自己的百姓,丧失自己国家的通常行为了。"

景公问欲和臣亲下晏子
对以信顺俭节第二十六

【原文】

景公问晏子曰:"吾欲和民亲下奈何①?"晏子对曰:"君得臣而任使之,与言信,必顺其令②,赦其过。任大无多责焉③,使迩臣无求嬖焉④,无以嗜欲贫其家,无亲谗人伤其心,家不外求而足⑤,事君不因人而进,则臣和矣。俭于藉敛,节于货财,作工不历时⑥,使民不尽力,百官节适⑦,关市省征⑧,山林陂泽,不专其利⑨,领民治民⑩,勿使烦乱,知其贫富,勿使冻馁,则民亲矣。"公曰:"善!寡人闻命矣。"故令诸子无外亲谒⑪,辟梁丘据无使受报⑫,百官节适,关市省征,陂泽不禁,冤报者过⑬,留狱者请焉⑭。

> **注释**
>
> ①和民亲下:俞樾云:"'和民'当作'和臣'。"是。本篇标题就是"和臣亲下"。意思是君臣相得,亲近百姓。
> ②顺其令:顺其善。令,善也。
> ③"任大"句:谓任用大臣不要过多地苛求于他。任大,孙星衍云:"当为'任大臣'。"是。
> ④嬖:宠爱的人。
> ⑤家不外求:大夫之家不向外求取。家,古代大夫的家族。《孟子·梁惠王上》:"千乘之国……百乘之家。"
> ⑥作工不历时:谓兴办工程不要历时太久。不历时,不把时间拖得太久。
> ⑦节适:节制适度。
> ⑧关市省征:关口集市只稽查不征税。
> ⑨不专其利:不专有它的利益。其,指山林坡泽。
> ⑩领民:领有百姓。
> ⑪外无亲谒:谓不令外人亲近进谒者。
> ⑫辟:摒除。
> ⑬冤报者过:冤枉举报别人的有罪过。

【今译】

　　景公问晏子说:"我想与臣子和谐与百姓亲近该怎么样做?"晏子回答说:"君王得到能臣而任用他们,和他们谈话要守信用,一定听从他们的善言,赦免他们的过失。任用大臣不要过分求全他们,使用近臣不要用自己宠爱的人,不要因自己的贪欲使臣子的家贫穷,不要亲近逸谀小人伤害臣子的心,臣下居家应不向外求取而能自足,臣子事奉国君不以个人的亲疏来举荐人,这样君臣就和谐了。征收税赋从轻,使用财货节省,兴办工程不历时太久,使用百姓不枯竭民力,百官设置适当,关口集市只稽查而不征税,山林陂泽所产之物,不专有它的利益,领有和治理百姓,不使他们烦恼和动乱,知道他们贫穷或富有的情况,不要让他们受冻挨饿,这样百姓就亲附了。"景公说:"好!我听教诲了。"因此下令所有臣下不准外人亲近进谒者,摒除梁丘据,不让他接受举报,百官设置适当,关口集市稽而不征,山林水泽不禁止百姓进入,冤枉举报他人的人有罪过,留在监狱的人进行清理释放。

景公问得贤之道晏子对以举之以语考之以事第二十七

【原文】

　　景公问晏子曰:"取人得贤之道何如?"晏子对曰:"举之以语,考之以事①,能谕②,则尚而亲之,近而勿辱以取人③,则得贤之道也。是以明君居上,寡其官而多其行④,拙于文而工于事⑤,言不中不言⑥,行不法不为也⑦。"

注释

　　①"举之"二句:谓从他的言谈来举荐,从他所做的事情去考察。
　　②能谕:能晓喻。这里指通晓治国之道。
　　③"近而"句:谓对贤人要亲近,以礼待人而不侮辱人。
　　④"寡其"句:谓减少冗官而多多嘉奖实干。多,赞赏,称赞。
　　⑤"拙文"句:谓不饰文采而善于理事。
　　⑥言不中:说的话不符正道。
　　⑦行不法:做的事不符合法令。

【今译】

　　景公问晏子说:"录用人能得贤良的办法是什么?"晏子回答说:"用他说的话来判断是否举荐,用他所做的事来考察他的才能,能懂得治国之道的,就任用并亲近他,亲近贤人要有礼貌而不能侮辱,就是得到贤人的办法了。所以圣明的国君居处君位,减少冗官而赞扬实干,不讲求言辞的华丽,而看重善于办事的能力。说话不符正道不说,办事不符法令不做。"

景公问臣之报君何以晏子对报以德第二十八

【原文】

　　景公问晏子曰:"臣之报君何以?"晏子对曰:"臣虽不知①,必务报君以德。士逢有道之君,则顺其令②;逢无道之君,则争其不义③。故君者择臣而使之,臣虽贱,亦得择君而事之。"

【注释】

①不知:不智、愚昧。知,通智。
②顺其令:顺从他的命令。令,命也。
③争其不义:谓见国君做事不义要敢于进谏争辩。

【今译】

　　景公问晏子说:"臣子用什么来报效国君?"晏子回答说:"我虽然愚昧,一定做到用德行来报效君王。士人遇上有道的国君,就顺从他的命令,遇到无道的国君,就对国君的不义之举争谏。所以国君要选择良臣来使用,臣下虽然卑贱,也要选择有德的国君来侍奉他。"

景公问临国莅民所患何也晏子对以患者三第二十九

【原文】

　　景公问晏子曰:"临国莅民,所患何也?"晏子对曰:"所患者三:忠臣不信①,一患也;信臣不忠②,二患也;君臣异心,三患也。是以明君居上,无忠而不信,无信而不忠者。是故君臣同欲③,而百姓无怨也。"

【注释】

①忠臣不信:忠臣而国君不信赖。
②信臣不忠:国君信赖的臣子不忠于国君。

③君臣同欲:国君与臣子同一个想法。

【今译】

　　景公问晏子说:"国君治理百姓所担忧的是什么?"晏子回答说:"所担忧的有三条:忠于国君的臣子不被国君信赖,这是第一担忧;国君信赖的臣子不忠于国君,这是第二担忧;国君与臣子不同心,这是第三担忧了。所以圣明的君主在上,没有忠臣不受国君信赖的,没有被国君信赖而不忠于国君的。所以国君与臣子同心同德,百姓就没有怨恨了。"

景公问为政何患晏子对以善恶不分第三十

【原文】

　　景公问于晏子曰:"为政何患?"晏子对曰:"患善恶之不分。"公曰:"何以察之?"对曰:"审择左右①。左右善,则百僚各得其所宜,而善恶分。"孔子闻之曰:"此言也信矣②!善进,则不善无由入矣;不善进,则善无由入矣。"

注释

①审择左右:审察选择好左右近臣。
②信:确切,真实。

【今译】

　　景公问晏子说:"治理国家害怕什么?"晏子回答说:"害怕善良与邪恶分不清。"景公说:"怎样去察觉善恶呢?"晏子说:"审察选择好国君身边的人,国君左右的近臣忠善,那百官就会各自得到他所适宜的位置,而善与恶就分清了。"孔子听到此事后说:"晏子的话确切呀!忠善的人进到国君身边,那不善的人就没有办法进入了,邪恶的人进到国君身边,那忠善的人就没有办法进入了。"

晏子春秋·卷第四

内篇问下第四

景公问何修则夫先王之游晏子对以省耕实第一

【原文】

景公出游,问于晏子曰:"吾欲观于转附、朝舞①,遵海而南②,至于琅琊③,寡人何修④,则夫先王之游⑤?"晏子再拜曰:"善哉!君之问也。闻天子之诸侯为巡狩⑥,诸侯之天子为述职。故春省耕而补不足者谓之游⑦,秋省实而助不给者谓之豫⑧。夏谚曰:'吾君不游,我曷以休⑨?吾君不豫,我曷以助⑩?一游一豫,为诸侯度⑪。'今君之游不然,师行而粮食⑫,贫苦不补,劳者不息。夫从南历时而不反谓之流,从下而不反谓之连,从兽而不归谓之荒⑬,从乐而不归谓之亡。古者圣王无流连之游,荒亡之行。"公曰:"善。"命吏计公掌之粟,藉长幼贫氓之数⑭。吏所委发廪出粟,以予贫民者三千钟⑮,公所身见癃老者七十人⑯,振赡之,然后归也。

注释

①转附、朝舞:一说皆山名。一说无此山,转附、朝舞,犹轴之转载斛石。是时齐海运,故景公欲浮舟而南。译文从前者。

②遵海而南:沿海向南。遵,循也。
③琅琊:山名,在山东省东部胶南县南境,面临黄海。
④寡人何修:我如何加强修养。修,修养。刘师培补释:"案'修'当作'循'……'循则'者与'效法'之义同,'寡人何循则夫先王之游',十字为句。"译文从前说。
⑤则夫先王之称:仿效先王的游历。则,法,效仿。
⑥之诸侯:到诸侯国去。之,动词,去。巡狩:巡视。
⑦"春省"句:谓春天出去察看耕种情况而补助贫困之人叫做游。省(xǐng醒),察看。
⑧"秋省"句:秋天察看庄稼收获情况,补助那些不能自给者叫做豫。实,此指收成;豫,游乐。此处与巡同义,意为巡视。
⑨我曷以休:我怎得休息。(君王不游,不得见百姓的劳苦,故不能得休息。)
⑩我曷以助:我怎能得到补助。(因君王不来游乐,看不到不能自给,故不得补助。)
⑪度:法度。
⑫师行而粮食:随君出行的人都就食于老百姓。粮,一说为量,量限其食;一说粮食,即粮食其民,犹言就食于民。即要人民供应粮食。译文从此说。
⑬"从兽"二句:跟随野兽的踪迹不归叫作荒。意为无节制的打猎。荒,迷乱。放纵游乐而不停止,叫做亡德。亡,失也。
⑭藉:通籍。登记。
⑮锺:古容量单位。《左传·昭公三年》:"釜十则钟"杜预注:"〔钟〕六斛四斗。
⑯癃(lóng龙)老者:手脚不灵活的人与老人。

【今译】

　　景公出去巡游,问晏子说:"我想在转附、朝舞观游,然后沿海路南下,到达琅琊,我如何加强修养来仿效先王的巡游呢?"晏子再拜后说:"好啊!君王的垂问。听说天子到诸侯国去视察叫做巡狩,诸侯去朝拜天子叫做述职。所以春天察看耕种情况而补助那些贫困不足的百姓叫作巡游,秋天察看粮食收成情况而补助不能自给的叫作游乐。夏朝的谚语说:'我们君王不巡游,我怎会得到休息?我们君王不游乐,我怎会得到补助。又巡游又视察,应成为诸侯的法度。'现在君王的出游不是这样,队伍出行而吃百姓的粮食,贫苦的人得不到补助,劳动的人得不到休息。从高处往下游乐而忘返,叫做流;从下往上游乐而忘返,叫做连;毫无节制的打猎叫做迷乱;放纵游乐而不停止就叫失德。古代的圣明君王没有流连不归的巡游,没有迷惑失德的行为。"景公说:"好。"命令官吏计算国家所掌握的粮食,登记年老、幼小和贫困百姓的人数。官吏所发出的仓粟,用来给予贫苦百姓的有三千钟,景公所见到的手脚不灵的人和年老的人七十个,都赈济了他们,然后就回到国都。

景公问桓公何以致霸晏子对以下贤以身第二

【原文】

景公问于晏子曰:"昔吾先君桓公,善饮酒穷乐①,食味方丈②,好色无别③,辟若此,何以能率诸侯以朝天子乎?"晏子对曰:"昔吾先君桓公,变俗以政④,下贤以身。管仲,君之贼者也⑤,知其能足以安国济功,故迎之于鲁郊,自御⑥,礼之于庙。异日,君过于康庄⑦,闻宁戚歌⑧,止车而听之,则贤人之风也,举以为大田⑨。先君见贤不留⑩,使能不怠,是以内政则民怀之⑪,征伐则诸侯畏之。今君闻先君之过,而不能明其大节⑫,桓公之霸也,君奚疑焉?"

注释

①穷乐:极尽欢乐。穷:尽,此指尽情。

②食味方丈:美食佳肴摆满见方一丈的桌子。《孟子·尽心下》:"食前方丈。"赵注:"极五味之馔,食列于前方一丈。"

③无别:指齐桓公不分亲疏之别,淫诸姑姊妹,不嫁者凡七人之事。

④变俗以政:用政治教化来改变民俗。

⑤"管仲"二句:谓管仲是齐桓公的仇敌。此指桓公执政前的事。先是管仲与鲍叔牙相善,管仲贫,与鲍叔合伙经商,多取其利,鲍叔不以为意。公元前685年齐国发生内乱,齐襄公被杀,当时鲍叔事小白亡于莒,管仲事公子纠亡于鲁,小白与纠为争齐国君权两相争斗,管仲曾用箭射小白,中衣带之钩,有"射钩之罪"。后来小白夺取政权,是为桓公。管仲因箭射桓公,故为桓公仇敌。后因鲍叔举荐,桓公爱其才,不计前仇,举以为相,齐国大治。

⑥自御:自己驾车。

⑦康庄:谓康庄大道。古以五达之路称为康,六达之路称为庄。康庄,亦泛指四通八达的大道。

⑧宁戚歌:宁戚,春秋时期卫国人,有奇才而不遇,家贫贩牛于齐,在齐国都城外因作歌而被桓公听见,桓公爱其才,举为客卿。其歌曰:"南山矸,白石烂,中有鲤鱼长尺半。生不遇尧与舜禅,短布单衣才至骭,以昏饭牛薄夜半。"

⑨大田:官名。春秋时期齐国设置,掌田园开辟、农作仓廪之事,为田官之长。

⑩见贤不留:见贤德有能之人不让他埋没在民间。

⑪"是以"句:谓内政修治,百姓归附。怀,归向。《书·皋陶谟》:"安民则惠,黎民怀之。"

⑫大节:治国大纲。《左传·成公二年》:"礼以行义,义以生利,利以平民,政之大节也。"

【今译】

景公问晏子说:"过去我的先君桓公,喜好饮酒而尽情享乐,吃的佳肴美味摆满见方一丈,爱好美女对亲疏无有差别,邪辟到这种程度,为何能够率领诸侯去朝拜周天子呢?"晏子回答说:"过去我们的先君桓公,用政治来变更风俗,自身礼贤下士。管仲,是桓公的仇敌,先君知道管仲有足以治国安邦取得成功的才能,所以到鲁国的郊外去迎接他,还亲自驾车,并在太庙内礼待管仲。有一天,先君经过国门外的大道,听到宁戚在唱歌,就停下车来仔细听他唱,那歌词有贤人的讽喻,就任命他担任大田之职。先君看见贤良的人后就不让他留在民间,使用他们能做到不怠慢,所以国内政治修明而百姓归附于先君,征伐暴虐又使诸侯敬畏他。现在君王只听到先君的一些小过失,而不知道先君治国的大节,桓公称霸诸侯之事,君王怎么怀疑呢?"

景公问欲逮桓公之后晏子对以任非其人第三

【原文】

景公问晏子曰:"昔吾先君桓公,从车三百乘①,九合诸侯②,一匡天下③。今吾从车千乘,可以逮先君桓公之后乎④?"晏子对曰:"桓公从车三百乘,九合诸侯,一匡天下者,左有鲍叔,右有仲父。今君左为倡,右为优⑤,谗人在前,谀人在后,又焉可逮桓公之后者乎?"

注释

①从车:跟随的战车。
②九合诸侯:多次召会诸侯,这里的"九"是虚指,言次数很多。
③一匡天下:安定天下。匡,救。此处意为安定。
④逮:跟随。引申为后继者。
⑤"今君"二句:谓景公左右近臣皆为小人。倡,伎女。优,俳优。伎女、俳优,均为以歌舞、演戏以助兴之人。

【今译】

景公问晏子说:"过去我的先君桓公,跟随他的战车只有三百乘,而能多次召会诸侯,安定天下。现在我有战车千乘,可成为先君之后称霸诸侯者吗?"晏子回答说:"桓公能以战车三百乘,多次召会诸侯,安定天下的原因,是他左有鲍叔,右有管仲。现在君王身边左为倡伎,右为俳优,进谗言之人在前,阿谀奉承的人在后,又怎么能跟在桓公的后边称霸诸侯呢?"

景公问廉政而长久晏子对以其行水也第四

【原文】

景公问晏子曰:"廉政而长久①,其行何也?"晏子对曰:"其行水也②。美哉水乎清清,其浊无不雩途③,其清无不洒除④,是以长久也。"公曰:"廉政而速亡,其行何也?"对曰:"其行石也。坚哉石乎落落⑤,视之则坚,循之则坚⑥,内外皆坚,无以为久,是以速亡也。"

注释

①廉政:廉洁正直。政:同正。
②其行水也:他们的品行就像水一样。按:这里是用为比喻之词。谓廉洁正直之人,性有不同。如果品行像清清的流水一样,水性柔和,故能驭物,柔以克刚。
③雩(yū 淤)途:孙星云:"《说文》:'汙涂也'。'雩途'即'汙涂',谓'涂

墁'。"涂"即饰墙,"墁",仰涂。《广韵》:"墁,仰涂也。"《汉书·谷永传》:"凶年不墍涂"师古注云:"墍,如今之仰泥屋。"

④洒除:洒,洗涤。

⑤落落:形容石头之坚硬性格。与水性柔相对,石性刚,如人虽有廉政之性,而以坚强行之,随时随地逆忤事和人,故刚者易折,不能长久。

⑥循之:抚摩它。循,抚摩。

【今译】

景公问晏子说:"廉洁正直的人而能长久,他们的品行如何?"晏子回答说:"他们的品行就像水一样。美好啊清清的流水,它浑浊的时候无不用来饰墙泥屋,当它清澈时无不用来洗涤除去污秽,所以能长久。"景公说:"廉洁正直的人有的迅速灭亡,他们的品行又怎样?"晏子说:"他们的品行就像石头,坚硬啊磊磊的石头,看它表面是坚硬的,抚摩它也是坚硬的,内外都坚硬,坚硬的东西容易折断,不能坚持长久,所以速迅灭亡了。"

景公问为臣之道晏子对以九节第五

【原文】

景公问晏子曰:"请问为臣之道。"晏子对曰:"见善必通①,不私其利;庆善而不有其名②;称身居位,不为苟进;称事授禄③,不为苟得;体贵侧贱④,不逆其伦;居贤不肖⑤,不乱其序;肥利之地,不为私邑⑥;贤质之士⑦,不为私臣;君用其所言,民得其所利,而不伐其功。此臣之道也。"

【注释】

①见善必通:谓看到有好的事,必定推而广之,与人同利。通,《易·系辞上》:"推而行之谓之通。"

②"庆善"句:谓举荐贤人而不以此自居。"庆",王念孙云:"'庆'本作'荐'。……《治要》正作'荐善'。"是。译文依此。

③授禄:当作"受禄"。接受俸禄。苏舆云:"《治要》'授'作'受',《拾补》亦作'受',旁注:'授'字。禄由君授,与臣无涉,作'受'是。"

④体贵侧贱:谓列位分其尊卑。侧,同厕,列也。
⑤居贤不肖:谓贤与不肖各得其位。
⑥私邑:私人的食邑。
⑦贤质之士:有才德而又诚信的人。质,诚信、朴实。

【今译】

　　景公问晏子说:"请问做臣子的原则。"晏子回答说:"有好事,必定推广于人,不个人得到好处。举荐贤人而不自我图名;衡量自身才能担任相应职位,不做苟求进爵之事;按照自己的职事接受俸禄,没有苟求多得的行为;列位体现贵贱之分,不违背它的伦常,安置贤与不肖的人,使其各得其位。肥沃有利的土地,不占为自己的食邑,德才诚信的人,不用做自己的家臣;君王采纳他所说的话,百姓得到他所带来的利益,而不夸耀自己的功劳。这就是做臣子的原则了。"

景公问贤不肖可学乎晏子对以勉强为上第六

【原文】

　　景公问晏子曰:"人性有贤不肖,可学乎?"晏子对曰:"《诗》云:'高山仰止,景行行止①。'之者其人也②。故诸侯并立,善而不息者为长;列士并学,终善者③为师。"

【注释】

　　①"高山"二句:见《诗·小雅·车舝》。《郑笺》:"古人有高德者则仰慕之;有明行者则而行之。"后因以高山、景行(大道)为仰慕之词。
　　②之者:向往的人。之:往。动词。
　　③善终:坚持到最后。

【今译】

　　景公问晏子说:"人的本性有聪明和愚笨,可以学习吗?"晏子回答说:"《诗经》上说:'仰望高山,走着大路。'向往的就会如同那人。所以诸侯共同存在,有德而不懈怠的就成为诸侯的首领;士子在一起学习,坚持到最后的会成为老师。"

景公问富民安众晏子对以节欲中听第七

【原文】

景公问晏子曰:"富民安众难乎①?"晏子对曰:"易。节欲则民富,中听则民安②,行此两者而已矣。"

> 注释

①"富民"句:意思是使人民富裕使大众安宁困难吗?"富"、"安",均为使动用法。
②中听:公正地不偏不倚的审理案件。听,听讼。

【今译】

景公问晏子说:"使百姓富裕使大众安宁困难吗?"晏子回答说:"容易。国君节制自己的嗜欲百姓就会富裕,公正地审理案件百姓就会安宁,做好这两件事就行了。"

景公问国如何则谓安晏子对以内安政外归义第八

【原文】

景公问晏子曰:"国如何则可谓安矣?"晏子对曰:"下无讳言,官无怨治①;通人不华②,穷民不怨;喜乐无羡赏③,忿怒无羡刑;上有礼于士,下有恩于民;地博不兼小④,兵强不劫弱;百姓内安其政,外归其义⑤,可谓安矣。"

> 注释

①官无怨治:谓官吏治理有方,没有使百姓生怨的事。
②通人不华:显贵的人不奢华。通人,本指学识渊博,是通古今之人,这里指显贵之人。
③羡赏:滥加赏赐。羡,多余,此处作加解。下文"羡刑"即是"加刑"。

④兼小：兼并小国。
⑤外归其义：诸侯因他有德而归附。陶鸿庆云："'外归其义'之上当有'诸侯'二字。本书以'诸侯'、'百姓'对文者多矣。"译文从此说。

【今译】
　　景公问晏子说："国家怎样才可以称得上安定？"晏子回答说："臣民说话没有忌讳，官吏的治理百姓没有怨言；显贵的人不奢华，贫穷的人无怨恨；国君高兴欢乐的时候不随意加赏，忿怒的时候不随意增刑；在上能礼待贤能的人，在下有恩惠于百姓；土地宽广不去兼并小国，兵力强盛不去掠夺弱国；国内的百姓安心于政治，诸侯在外归附其德义，可以说国家安定了。"

景公问诸侯孰危晏子对以莒其先亡第九

【原文】
　　景公问晏子曰："当今之时，诸侯孰危？"晏子对曰："莒其先亡乎！"公曰："何故？"对曰："地侵于齐①，货竭于晋②，是以亡也。"

注释
　　①地侵于齐：土地接近齐国。侵，渐近。接近。
　　②货竭于晋：财物全部拿到晋国去。按：春秋时期的莒国国都在今山东莒县，有今山东安丘、诸城、沂水、莒、日照等县间地，土地与当时的齐国接近，而他不依附齐国却依附离他很远的晋国，在诸侯纷争之际，他实际没有依靠，所以国势危。

【今译】
　　景公问晏子说："当今时候，诸侯当中哪一个国家危急？"晏子回答说："莒国恐怕先灭亡吧！"景公说："什么原因？"晏子回答说："莒国的土地接近齐国，但它的财物却全部送给晋国，所以它先灭亡。"

晏子使吴吴王问可处可去
晏子对以视国治乱第十

【原文】

　　晏子聘于吴①,吴王曰:"子大夫以君命辱在敝邑之地②,施贶寡人③,寡人受贶矣,愿有私问焉④。"晏子巡遁而对曰⑤:"婴,北方之贱臣也⑥,得奉君命,以趋于末朝⑦,恐辞令不审⑧,讥于下吏⑨,惧不知所以对者。"吴王曰:"寡人闻夫子久矣,今乃得见,愿终其问。"晏子避席对曰⑩:"敬受命矣。"吴王曰:"国如何则可处,如何则可去也?"晏子对曰:"婴闻之,亲疏得处其伦⑪,大臣得尽其忠,民无怨治,国无虐刑,则可处矣。是以君子怀不逆之君⑫,居治国之位。亲疏不得居其伦,大臣不得尽其忠,民多怨治,国有虐刑,则可去矣。是以君子不怀暴君之禄,不处乱国之位。"

注释

　　①聘于吴:出使于吴国。聘,古代国与国之间派遣使臣访问。
　　②子大夫:即大夫先生的意思。子,古代对人的尊称,相当于现代汉语中的先生。
　　③施贶(kuàng况):施赐。贶:赐与。
　　④私问:私下询问、请教。
　　⑤巡遁:显出欲回避的样子。遁,通循。
　　⑥贱臣:地位低下的臣子。这是晏子的谦称。
　　⑦以趋于末朝:从末朝来到。这亦是谦逊的外交辞令。末朝,即末国,指齐国。
　　⑧不审:不确切。
　　⑨讥于下吏:被吴王下属的官吏讥笑。
　　⑩避席:离开坐席站起来。
　　⑪"亲疏"句:谓不分亲疏依其才能各得到应有的位置。伦,张纯一注:"伦者理也,贤者亲之,不肖者疏之。"
　　⑫不逆:不违背正道。

【今译】

晏子出使于吴国,吴王说:"大夫因齐君的命令受辱来在我们这地方,施赐于我,我受恩赐了。希望私下向您请教。"晏子显出欲回避的样子,然后说:"我晏婴,只是北方的一个卑贱之臣,奉君王的命令,从未朝来到贵国,恐怕我说的话不对,被下边的官吏讥笑,害怕不知如何回答。"吴王说:"我闻名先生已经很久了,今天才得相见,希望回答完我的询问。"晏子离开坐席站起来说:"我恭敬地接受您的命令了。"吴王说:"国家在什么情况下就可以居处,在什么情况下就可离开?"晏子回答说:"我听说,亲近和疏远的人各自得到他们应该的位置,大臣们各自得以尽到忠心,百姓不怨恨国家的政治,国家没有残暴的刑罚,就可以居处了。所以君子归向有德行的君主,愿意处于治国的职位。亲近与疏远的人不能得到他们应得的位置,大臣不能尽到他们的忠心,百姓多怨恨国家的政治,国家有残害人民的刑罚,就可以离开了。所以君子不怀念残暴君主的俸禄,不处乱国的官位。

吴王问保威强不失之道晏子对以先民后身第十一

【原文】

晏子聘于吴,吴王曰:"敢问长保威强勿失之道若何?"晏子对曰:"先民而后身,先施而后诛①;强不暴弱②,贵不凌贱,富不傲贫;百姓并进③,有司不侵,民和政平;不以威强退人之君④,不以众强兼人之地;其用法⑤,为时禁暴,故世不逆其志;其用兵,为众屏患,故民不疾其劳;此长保威强勿失之道也。失此者危矣!"吴王忿然作色,不说。晏子曰:"寡君之事毕矣,婴无斧锧之罪⑥,请辞而行。"遂不复见。

【注释】

①先施:先施行教化。
②强不暴弱:强盛的不用暴力侵犯弱小的。
③并进:无论工农有能者均可举进。即《墨子·尚贤》云:"官无常贵,民无终贱。"
④退人之君:逼迫别国的君王退位。

⑤其用法：他使用法令。法，指法令。
⑥斧锧之罪：杀头之罪。锧，古时一种刑具，铁砧板，人伏其上砍头。

【今译】

晏子出使于吴国，吴王说："敢问长期保持声威强盛不衰败的办法怎样？"晏子回答说："首先为百姓而后为自身，首先施行教化而后再行诛罚；强盛的不用暴力欺负弱小的，显贵的不凌辱卑贱的，富有的不轻视贫穷的；百姓均可举进，官吏不侵害人民，人民和气政治清平；不用声威强盛去逼迫别国的君主退位，不用人多势强去兼并别人的土地；他使用法律手段，为当世禁止暴乱，所以世人不违背他的意志；他使用武力，是为大众摒除祸患，所以百姓不厌恶征伐的劳苦。这就是长期保持声威强盛不衰败的办法了。失去这些的人就危险了！"吴王愤怒得变了脸色，很不高兴。晏子说："我的国君交我办的事已完了，我没有杀头之罪，请求告辞回国。"于是不再见吴王。

晏子使鲁鲁君问何事回曲之君晏子对以庇族第十二

【原文】

晏子使鲁，见昭公①，昭公说曰："天下以子大夫语寡人者众矣，今得见而羡乎所闻②，请私而无为罪③。寡人闻大国之君，盖回曲之君也④，曷为以子大夫之行，事回曲之君乎？"晏子逡循对曰⑤："婴不肖，婴之族又不若婴，待婴而祀先者五百家，故婴不敢择君。"晏子出，昭公语人曰："晏子，仁人也。反亡君⑥，安危国，而不私利焉；僇崔杼之尸⑦，灭贼乱之徒，不获名焉；使齐外无诸侯之忧，内无国家之患，不伐功焉；锵然不满⑧，退托于族，晏子可谓仁人矣。"

注释

①昭公：鲁国国君。公元前541—公元前510年在位。
②羡乎所闻：超过了我所听说的。
③"请私"句：谓请求私下问问，不要因此而罪怪。
④回曲之君：邪辟不公正的国君。回，邪辟。《诗·小雅·鼓钟》："其德不

回。"毛传:"回,邪也。"曲,弯曲,引申为不公正。

⑤逡(qūn 囷)循:迟疑不决的样子。

⑥反亡君:使已失国之君王返国,即恢复被亡的国君。吴则虞按:晏子无反亡君之事。此处有误。张纯一以"反"为"哭"字之伪,可存参。

⑦僇(lù 路):通戮、杀戮。

⑧锴然不满:不自满,锴然,不自满的样子。

【今译】

晏子出使鲁国,拜见鲁昭公。昭公高兴地说:"天下人把先生的情况告诉我的太多了,今天得以相见而又超过了我所听说的,请求私下问问不要怪罪。我听说大国的君主,大多是邪辟不正的国君,为何凭先生的德行,去侍奉邪辟不正的国君呢?"晏子迟疑了一下说:"晏婴我是个愚笨的人,我的家族中的人又不如我,期待我的帮助而祭祀祖先的有五百家,所以我不敢选择君主。"晏子出来后,鲁昭公对人说:"晏子是个仁德的人。使灭亡的国君反国,使危亡的国家转为安定,而不图私利;杀戮崔杼的尸体,消灭了叛乱的坏人,不获取名义;使齐国外没有被诸侯侵犯的忧虑,内没有国家的祸患,不炫耀功绩,没有自满的样子,谦逊地用家族作推托,晏子可以说是仁德的人啊!"

鲁昭公问鲁一国迷何也晏子对以化为一心第十三

【原文】

晏子聘于鲁,鲁昭公问焉:"吾闻之,莫三人而迷①,今吾以鲁一国迷虑之,不免于乱②,何也?"晏子对曰:"君之所尊举而富贵,入所以与图身,出所与图国③,及左右逼迩,皆同于君之心者也。犒鲁国化而为一心④,曾无与二⑤,其何暇有三? 夫逼迩于君之侧者,距本朝之势⑥,国之所以治也⑦;左右谀谀,相与塞善⑧,行之所以衰也;士者持禄⑨,游者养交⑩,身之所以危也。《诗》曰:'芃芃棫朴,薪之槱之,济济辟王,左右趋之⑪。'此言古者圣王明君之使以善也。故外知事之情,而内得心之诚,是以不迷也。

注释

①莫三人而迷:谓办事如果不与三人共同商讨就会迷惑。

②"今吾"二句:意思是现在我与一国之人来商议它,鲁国还不免于乱。王念孙云:"此'迷'字盖涉上'迷'字而衍。'鲁'字当在'不免于乱'上。"是。译文从王说。

③"入所以"二句:吴则虞云:"'君之所尊举而富贵',是言合乎君意者获其荣利,臣下以揣摩为事。'入所以图身'者,惟以迎合上意,'出所以图国'者,亦秉上意行之,是所以图身者,亦即所以图国矣。"译文据此。

④犒鲁国:卢文弨曰:"'犒',《文选·劝进表注》引作'矫'。"吴则虞云:"作'矫'是也,'矫'为'揉矫'之'矫',本非一心,揉而矫之,使为一也。"吴说是。"矫鲁国",意思是矫揉鲁国不齐之心为一之心。

⑤曾无与二:谓不允许有二心的。

⑥距本朝之势:有抗拒满朝臣子势力。距,通拒。此指大臣专本朝的权。

⑦所以治也:王念孙云:"'治'上当有'不'字。"是。译文从王说。

⑧相与塞善:相互勾结,堵塞贤路。

⑨持禄:只知拿俸禄,无所作为。

⑩养交:为自身俸禄之养而交结权贵。《荀子·臣道》:"偷合苟容,以之持禄养交而已耳,国贼也。"

⑪"芃芃"四句:见《诗·大雅·棫朴》。意思是:茂盛的棫朴,堆积起来点火烧。庄严的君王,左右的人都趋附他。芃芃,草木茂盛的样子。棫朴,丛木名。槱(yóu犹),堆积。济济,庄严威武貌。

【今译】

晏子出使鲁国,鲁昭公问他:"我听说,举事没有三人商议就会迷惑,现在我与鲁国满朝的人商议,还免不了乱,什么原因呢?"晏子回答说:"你所器重举用而得富贵的人,入朝为官就是为图取自己的富贵,出朝做官,也是为了获得封邑。在君王左右的近臣,都与君王的想法相同。矫揉鲁国人之心为一心,就是不允许有不同意见,怎允许有三呢? 在君王身边的近臣,能抗拒朝廷群臣,国家所以不能治理了;左右的人进谗献媚,相互勾结堵塞贤路,这是德行衰弱的原因。为官的保持俸禄,闲居的为保持俸养交结权贵,这是国君自身危险的原因。《诗经》上说:'茂盛的棫树,砍下来堆积起。庄重肃敬的君王,群臣趋附他。'这是说古代圣明的君主是根据美德使用人。所以在外能知事情真相,在内能得到真诚之心,所以不迷惑了。"

鲁昭公问安国众民晏子对以事大养小谨听节俭第十四

【原文】

　　晏子聘于鲁,鲁昭公问曰:"夫俨然辱临敝邑①,窃甚嘉之②,寡人受贶,请问安国众民如何③?"晏子对曰:"婴闻傲大贱小则国危,慢听厚敛则民散④。事大养小⑤,安国之器也⑥;谨听节俭⑦,众民之术也。"

注释

　　①"夫俨然"句:意思是先生庄重地到我们敝国来。夫,夫子,即先生。俨然,庄严、庄重。敝邑,这是古时候外交场合常使用的谦逊之辞。
　　②窃甚嘉之:我内心很高兴您的到来。窃,暗自。嘉,乐,这里指高兴。
　　③众民:使民众,即增加人口。这里可理解为百姓归附。
　　④慢听:不愿听百姓的呼声。慢,怠慢,看轻。
　　⑤事大养小:善于与大国相处,又能扶助小国。
　　⑥器:这里指方略。
　　⑦谨听节俭:认真听取百姓呼声,减少税赋。俭,俞樾云:"'俭'乃'敛'之误。"是。译文依此说。

【今译】

　　晏子出使鲁国,鲁昭公问他说:"先生屈尊庄重地来到我们这个国家,我内心非常高兴,我受恩赐了。请问安定国家使百姓归附增多的办法是什么?"晏子回答说:"我听说傲视大国鄙视小国的危险,不愿听取百姓呼声而大量征收税赋百姓就离散。善于与大国相处而又能扶助小国,这是安定国家的方略;认真听取百姓呼声,减少税赋,是使百姓归附、增多的办法。"

晏子使晋晋平公问先君得众若何晏子对以如美渊泽第十五

【原文】

晏子使晋①,晋平公飨之文室②,既静矣,晏以③,平公问焉,曰:"昔吾先君得众若何?"晏子对曰:"君飨寡君,施及使臣④,御在君侧⑤,恐惧不知所以对。"平公曰:"闻子大夫数矣⑥,今乃得见,愿终闻之。"晏子对曰:"臣闻君子如美,渊泽容之⑦,众人归之,如鱼有依⑧,极其游泳之乐;若渊泽决竭,其鱼动流,夫往者维雨乎,不可复已⑨。"公又问曰:"请问庄公与今孰贤⑩?"晏子曰:"两君之行不同,臣不敢不知也⑪。"公曰:"王室之正也⑫,诸侯之专制也,是以欲闻子大夫之言也。"对曰:"先君庄公不安静处,乐节饮食,不好钟鼓⑬,好兵作武,士与同饥渴寒暑⑭,君之强,过人之量⑮,有一过不能已焉⑯,是以不免于难。今君大宫室,美台榭,以辟饥渴寒暑,畏祸敬鬼神,君之善,足以没身,不足以及子孙矣。"

注释

①晋:公元前11世纪周分封的诸侯国名。姬姓。开国君主是周成王之弟叔虞,在今山西西南部,建都于唐(今山西翼城西)。春秋初期晋昭侯分封叔父成师于曲沃(今山西闻喜东北),造成分裂局面,后为曲沃武公所统一。晋献公时迁都于绛(今山西翼城东南),晋文公时,改革内政,国力强盛,称霸诸侯。

②晋平公:姓姬,名彪,公元前557—公元前532年在位。飨:飨礼,设宴招待。古代飨礼很庄重,主君飨宾,亲献醴,一般是诸侯之间相互迎接的礼仪。文室:华丽的宫室。文,通纹,指雕梁画栋。

③"既静"二句:谓飨礼停止,欢迎宴会结束。静,黄以周云:"'静'、'竫'古通,《说文》:'竫,亭安也。''竫'古'停'字,'既竫矣',谓飨事毕,'晏以'当作'以宴'。"译文从其说。

④"君飨"二句:意思是您用飨礼来迎接我们的国君,国君没有来,将这种迎接诸侯的礼仪施及于使臣。说明晋平公用礼待诸侯的礼仪迎接晏子,表示对晏子的尊重。

⑤御:奉,这里是伺候的意思。

⑥数矣:多次。

⑦"臣闻"二句:君子如像水一样,大海湖泽能容纳他。于鬯云:"'美'字必误,疑本作雨。'君子如雨'故云'渊泽容之'。"译注者以为应活用为水解。古人常以水比为美德。这就使下文顺理而易解。

⑧如鱼有依:就像鱼儿得水有了依托。

⑨不可复已:不可能再回去。

⑩庄公:这里指的是齐庄公。今:指齐景公。

⑪臣不敢不知也:"不知"卢文弨云:"'不'字衍。"这句话的意思应是我不敢知道,即不好对本国君王说长道短。

⑫王室之正也。陶鸿庆云:"'王室之正'当作'王室之不正',与'诸侯之专制'相为对文。斯时晋为盟主,平公因晏子辞不肯对,自知失问,故为此言以自解耳。'不知'之不,即此句之脱文,而校者误补入上句耳。"陶说是。译文依此。

⑬钟鼓:本指古代的两种打击乐器。这里用来指礼乐。

⑭士与:顾广圻云:"当作'与士'。"

⑮过人之量:有超过别人的力量。

⑯有一过:有一次过失。指庄公私通崔杼之妻。

【今译】

　　晏子出使晋国,晋平公在华丽的宫室设盛宴招待他,迎宾礼仪停止,宴会结束,晋平公就问晏子说:"过去我的先君得到众人拥护的情况怎样?"晏子回答说:"君王用礼待我们国君的飨礼,来礼待我这个使臣,我伺候在君王的身边,受宠惶恐得不知怎样回答。"晋平公说:"听到先生的大名已多次了,今天才得相见,希望从始至终都听到您的回答。"晏子回答说:"我听说君子如像水一样,江河湖泽容纳他。众人归附他,就像鱼儿得水有了依托,可以极大地得到自行游泳的欢乐;如果江河湖泽决堤干涸,它里边的鱼儿就会游动流失,流向那唯一有雨水的地方,不能再回来。"晋平公又问:"请问齐庄公与齐景公哪一位贤德?"晏子说:"两位国君的德行不相同,我不敢知道。"晋平公说:"王室里有不正风气,诸侯里有专横现象,所以想听听先生的意见。"晏子说:"先君庄公不喜欢安闲清静的生活,乐于节制饮食,不喜好礼乐歌舞,喜好练兵崇尚勇武,能和将士一起忍饥受渴共度寒暑。庄公力强,有超过一般人的力量,但有一次过失使他不能控制住自己,所以不能免于祸难。现在的君王喜欢建造高大的宫室,华美的楼台亭榭,用来避免饥渴寒热,畏惧祸乱而敬奉鬼神。君王的善行,足够用来保全终身,不足用来造福及他的子孙。"

晋平公问齐君德行高下
晏子对以小善第十六

【原文】

晏子使于晋,晋平公问曰:"吾子之君,德行高下如何?"晏子对以"小善"。公曰:"否,吾非问小善,问子之君德行高下也。"晏子蹴然曰①:"诸侯之交,绍而相见②,辞之有所隐也③。君之命质④,臣无所隐,婴之君无称焉。⑤"平公蹴然而辞送,再拜而反曰:"殆哉吾过⑥!谁曰齐君不肖!直称之士⑦,正在本朝也。"

注释

①蹴(cù促)然:不安貌。
②绍而相见:经介绍而相见,这里指初次相见。
③有所隐:有所隐讳,应为尊者讳,有不敢言者。
④君之命质:君王的询问诚信。命,这里指询问。
⑤无称:没有值得称赞的。
⑥直称之士:敢于举过的人。直,耿直;称,举。《书·牧誓》:"称尔戈。"

【今译】

晏子出使在晋国,晋平公问他说:"先生的国君,德行高下怎样?"晏子回答说:"有小的善行。"平公说:"不,我不是问小的善行,问先生的国君德行高下怎样呢。"晏子不安地说:"诸侯相互交往,初次见面,回答国君的问话有不便说的。国君的询问很诚恳,我不敢隐瞒,我们的国君没有值得称赞的。"平公恭敬地送别晏子,两次拜谢后返回说:"危险呀我的过失!谁说齐国的君主不好,敢于直言的臣子,正在我们朝廷呀!"

晋叔向问齐国若何晏子对
以齐德衰民归田氏第十七

【原文】

晏子聘于晋,叔向从之宴①,相与语。叔向曰:"齐其何如?"晏子对曰:"此季世也②,吾弗知,齐其为田氏乎!"叔向曰:"何谓也?"晏子曰:"公弃其民,而归于田氏。齐旧四量③:豆、区、釜、钟④,四升为豆,各自其四,以登于釜⑤,釜十则钟;田氏三量,皆登一焉⑥,钟乃巨矣。以家量贷⑧,以公量收之⑨。山木如市⑩,弗加于山⑪,鱼盐蜃蛤,弗加于海⑫。民参其力,二入于公,而衣食其一⑬;公积朽蠹,而老少冻馁;国都之市,屦贱而踊贵⑭,民人痛疾⑮,或燠休之⑯。昔者殷人诛杀不当,僇民无时⑰,文王慈惠殷众⑱,收邺无主⑲,是故天下归之,无私与⑳,维德之授㉑。今公室骄暴㉒,而田氏慈惠,其爱之如父母,而归之如流水。无获民,将焉避㉓?箕伯、直柄、虞遂、伯戏㉔,其相胡公大姬,已在齐矣㉕。"

叔向曰:"虽吾公室,亦季世也。戎马不驾㉖,卿无军行㉗,公乘无人㉘,卒列无长㉙;庶民罢弊㉚,宫室滋侈㉛,道殣相望㉜,而女富溢尤㉝;民闻公命,如逃寇仇;栾郤、胥原、狐续、庆伯㉞,降在皂隶㉟,政在家门㊱,民无所依,而君日不悛㊲,以乐慆忧㊳;公室之卑,其何日之有!谗鼎之铭曰㊴:'昧旦丕显,后世犹怠',况日不悛,其能久乎㊵!"晏子曰:"然则子将若何?"叔向曰:"人事毕矣,待天而已矣!晋之公族尽矣。肸闻之,公室将卑,其宗族枝叶先落,则公从之。肸之宗十一族,维羊舌氏在而已,肸又无子,公室无度,幸而得死,岂其获祀焉。"

【注释】

①叔向:姓羊舌,名肸(xī 希),字叔向,又名叔肸、杨肸。晋国大夫。

②季世:末世,衰乱之世。

③四量:四种量器。

④豆、区、釜、钟:量器名。四升为一豆,四豆为一区,四区为一釜,十釜为一钟。

⑤登:加。

⑥皆登一焉:都比齐国的量器增加一,即五升为一豆,五豆为一区,五区为一釜。

⑦钟乃巨矣:钟的量就很大了。

⑧以家量贷:用私家的量器度量借粮给百姓。按:田成子为了收买民心,取代齐国,用大的量器量谷物借出去,用小的量器收进来,让百姓通过借贷得到实惠。

⑨公量:指齐国通行的四进位的量器。

⑩如市:运到市上。如:往、到。

⑪弗加于山:山上不会再增加。

⑫蜃(shèn 慎)蛤:蛤蟆。蜃,大蛤蟆。

⑬"民叁其力"三句:意思是百姓的劳动成果分为三份。公室拿走两份,而剩下的一份为百姓衣食之用。叁,同三。

⑭屦贱踊贵:鞋的价格低廉而受过刖刑的人所穿的假脚鞋贵。按:齐景公时刑罚严酷,凡有过错者,常处以断足的刑罚(刖罚),被断足者日益增多,故晏子曾以屦贱踊贵来讽喻景公。

⑮痛疾:痛恨。

⑯燠休:病痛的声音。

⑰僇民无时:残杀百姓没有休止。僇,通戮。

⑱慈惠殷众:仁慈施惠于殷纣的百姓。

⑲无主:无家可归的人。

⑳无私与:没有私下给与。

㉑维德之授:只施行德政。

㉒公室:王族,王亲国戚。

㉓"无获民"二句:谓齐国不能获得百姓拥护,灾祸又怎能避免。

㉔箕伯、直柄、虞遂、伯戏:人名,四人均系舜的后裔,田氏的先民。

㉕"其相"二句:谓田陈氏的始祖胡公以及其妃大姬的灵位已在齐国了,意思是田氏将取代齐国。其相,刘师培《校补》云:"《左传》同。《疏》引定本'相'作'祖'。"胡公,田氏之祖。

㉖戎马不驾:战马不驾战车,即战备松懈。

㉗卿无军行:公卿大夫没有军事才能。

㉘公乘无人:战车上没有编定士兵。公乘,指战车。

㉙卒列无长:士兵列队没有长官指挥。

㉚庶民罢弊:百姓疲乏民生凋蔽。罢,通疲。

㉛滋侈:奢侈之风滋长。

㉜道殣相望:道路上饿死的人比比皆是。殣,饿死的人。

㉝女富溢尤:公室富裕得更甚。女,如,于省吾云:"'女'读为'妇女'之

'女',殊误,'女'、'如'古同字。"尤,过也,甚也。

㉞栾郤、胥厚、狐续、庆伯:均为晋国功臣后裔。狐续,应作"狐续"。

㉟降在皂隶:地位下降成为贱臣。皂隶,本指着黑色衣服的奴隶,此指贱臣。

㊱政在家门:谓大权旁落,权柄落在臣子手中。家,大夫之称谓。

㊲不悛:不悔改。

㊳以乐慆忧:用歌舞欢乐来忘记隐忧。孙星衍云:"《说文》:'慆,说也。''说忧'即'乐忧'。"即用乐来忘忧。

㊴谗鼎:在鼎上铭刻警戒贪食者之鼎。孙星衍云:"《韩非·说林》:'齐伐鲁索谗鼎。'鲁以其赝往。"《左传》《正义》引服虔曰:"疾谗之鼎,《明堂位》所云崇鼎是也。"

㊵竜:孙星衍云:"竜不成字,《左传》作'能'。"是。

【今译】

晏子出使晋国,晋国大夫叔向陪他饮宴,相互间边饮边说话。叔向说:"齐国的情况如何?"晏子回答:"它已到了末世,我不敢断定,齐国恐怕要被田陈氏取代了!"叔向说:"为什么这样说呢?"晏子说:"国君抛弃百姓,而让他们去归附田陈氏。齐国原来的四种量器:豆、区、釜、钟,四升为一豆,各自以四进位,以到釜,十釜就为一钟。田陈氏使用三种量器,都在齐国量器的基础上加一进位。钟的数量就显得巨大了。田陈氏用私家的量器度量谷物借贷出去,用齐国通用的量器收进来。山上的林木运到市上,山上不会再增加;鱼、盐、蛤蟆运到市上,海里不会再增加。百姓的劳动成果分成三等分,三分之二被公室拿走,而留下三分之一作为衣食之用。公室的积蓄朽坏虫蠹,而百姓中老人小孩却在受冻挨饿;国都的集市上,正常人的鞋价格低廉而受刖刑的人所穿的鞋价格昂贵。百姓痛恨疾愤,只有痛苦的呻吟不止。过去殷纣王诛杀无罪之人,残害百姓没有休止,周文王慈爱施惠殷朝的民众,接收抚邮无家可归的人,所以天下的人归附他。文王不私自给予,只是施行德政。现在国君的王族骄横残暴,而田陈氏却仁慈恩惠,爱百姓像父母爱自己的子女,而百姓归附他就像流水归赴大海一样。齐国不能获得百姓的拥护,灭亡的命运又怎么能逃避得了呢?田陈氏的先人箕伯、直柄、虞遂、伯戏的神位以及陈国的祖先胡公和他的妃子大姬的灵位,已经迁在齐国了。"

叔向说:"就是我们晋国王室,也处于末世了。战马不拉战车,公卿没有指挥军事的才能,战车上没有打仗的士兵,士兵的队伍没有长官;百姓疲乏民生凋蔽,官廷王室越来越奢侈,道路上饿死的人比比皆是,而公室好像富裕得更甚;百姓听到国君的命令,就像遇到贼寇仇敌一样逃开;栾郤、胥厚、狐续、庆伯这些晋国功臣的后裔,地位下降成为贱臣,国家的权柄落入权臣手中,百姓没有依靠,而君主却天天不悔改,用取乐来忘记隐忧;王室的衰微,还有多少时日!谗鼎的铭文说:'求大功,创大业的人,天未明就起来办事,后世子孙还会懈怠。'何况天天不悔改,它能长久吗?"晏子说:"既这样那先生将怎么办?"叔向说:"人该做的事已做完了,等待上天的安排罢了!晋国的王族已到尽头了。我听说,王室将衰微,它的宗族就如树的枝叶一样先枯落,然后国君跟在它后边。我的宗族有十一支,只有羊舌氏一支存在到现在,我没有儿子,国家荒淫无度,我有幸能到善终,哪敢还希望得到后来的祭祀。"

叔向问齐德衰子若何晏子对以进不失忠退不失行第十八

【原文】

　　叔向问晏子曰:"齐国之德衰矣,今子何若?"晏子对曰:"婴闻事明君者,竭心力以没其身,行不逮则退①,不以诬持禄②。事惰君者,优游其身以没其世③,力不能则去,不以谀持危④。且婴闻君子之事君也,进不失忠,退不失行。不苟合以隐忠⑤,可谓不失忠;不持利以伤廉,可谓不失行。"叔向曰:"善哉!《诗》有之曰:'进退维谷。'⑥其此之谓欤!"

注释

　　①行不逮则退:谓安国利民,达不到目的就引退。逮,到。
　　②不以诬持禄:不用欺骗行为白拿俸禄。
　　③优游:张纯一云:"优游者,不逢恶,不长恶,尽力职守,不急奉官而已。"即独善自身之意。
　　④不以谀持危:不用阿谀奉承的手段去支持危亡。
　　⑤苟合:无原则的附和。

⑥进退维谷:见《诗·大雅·桑柔》。意思是进退两难。

【今译】

叔向问晏子说:"齐国的德义已经衰败了,现在先生怎么打算?"晏子回答说:"我听说侍奉圣明的君主,就竭尽心力去办事直到身死,如果治国利民达不到目的就辞去官职,不用欺骗行为去白拿俸禄。侍奉的是懈怠昏庸的君主,就独善自身直到身死,力量不能胜任就离去,不用阿谀奉承去支持危亡。况且我听说君子侍奉国君,进身不失去忠心,引退不失去德行。不搞无原则的附和隐没自己的忠诚,才可以谈得上不失去忠,不贪图私利来伤害廉洁,才可谈得上不失去德行。"叔向说:"好啊!《诗经》上说:'进退两难',你的话就是这个意思呀!"

叔向问正士邪人之行如何晏子对以使下顺逆第十九

【原文】

叔向问晏子曰:"正士之义①,邪人之行,何如?"晏子对曰:"正士处势临众不阿私,行于国足养而不忘故②;通则事上,使邮其下,穷则教下,使顺其上;事君尽礼行忠,不正爵禄③,不用则去而不议。其交友也,论身义行④,不为苟戚⑤,不同则疏而不悱⑥;不毁进于君⑦,不以刻民尊于国⑧。故用于上则民安,行于下则君尊;故得众上不疑其身,用于君不悖于行。是以进不丧亡⑨,退不危身,此正士之行也。邪人则不然,用于上则虐民,行于下则逆上;事君苟进不道忠⑩,交友苟合不道行;持谀巧以正禄⑪,比奸邪以厚养⑫,矜爵禄以临人⑬,夸礼貌以华世⑭,不任于上则轻议,不笃于友则好诽。故用于上则民忧,行于下则君危,是以其事君近于罪,其交友近于患,其得上辟于辱⑮,其为生偾于刑⑯,故用于上则诛,行于下则弑。是故交通则辱⑰,生患则危⑱,此邪人之行也。"

【注释】

①正士:光明正大的人士。即正直之士。

②"正士处势"二句：谓正直之士处于权势治民时不偏私，不处其位行于国时不忘旧。
③不正爵禄：不求俸禄。王念孙云："'正'当为'句'，《广雅》曰：'句，求也。'谓以礼与忠事君，而不求爵禄也。"王说是。译文从王说。
④论身义行：刘师培《补释》云："'论'当作'谕'，'身'为'信'字之假，'义行'当倒文作'行义'，'谕信行义'，与上'尽礼行忠'对文。"是。译文依此。
⑤不为苟戚：不苟求亲近。戚，亲近。
⑥疏而不悱：黄以周云："当从下又作'诽'。"此句意为：疏远而不诽议别人。
⑦不毁进于君：谓不用谗毁他人的手段来骗取国君信任。
⑧不以刻民尊于国：不用刻薄百姓的手段在国内取得尊位。
⑨丧亡：王念孙云："'亡'当为'己'字之误也。"是。译文从王说。
⑩苟进不道忠：苟谋进身而不按忠诚之道行事。
⑪谀巧：巧言令色阿谀献媚。
⑫比奸邪：勾结奸邪。比，勾结。
⑬矜爵禄：炫耀高官厚禄。
⑭夸礼貌以华世：谓夸耀讲礼守节用来哗众取宠。礼貌，礼节。《礼记·儒行》："礼节者，仁者之貌也。"
⑮辟于辱：专做邪辟背理之事。辱，吴则虞云："辱，《管子·侈靡篇》注'逆也'。"
⑯其为生偾于刑：吴则虞云："生，疑'士'字之误。"此句意思是他们作刑狱之官必用酷刑虐民。士，古时掌刑狱之官。偾，偾骄，偾发骄矜，不可禁制。
⑰交通：相交勾通。
⑱生患则危：谓与邪人交往，生出祸患就会危及自身。

【今译】

叔向问晏子说："正人君子的德义，奸邪小人的品行，各是怎样的？"晏子回答说："正人君子处于权势治理百姓时不偏袒自己的亲友，不在权势之位而行于国中时不忘故旧。所以他们通达时侍奉君上，使国君怜恤百姓，当他们穷处时就教育百姓，使百姓顺从国君；他们侍奉国君尽到礼仪，做事忠诚，不苟求高官厚禄；不被信用就辞官而不议论。他们结交朋友，就劝谕朋友行义，不苟求亲近，志趣不同就疏远而不诽谤别人；不做毁誉他人之事来进身君侧，不做刻薄百姓的事来获取尊位。他们被国君任用时百姓就得到安宁，治理百姓时国君就会受到尊敬；因此他们得到百姓拥护时国君不怀疑，被国君任用时也不会背离忠君的德行。所以他们进身为官不会有害自己,辞官引退也不会危及自身,这就是正人君子的德行了。奸邪小人就不是这样,他们被君上任用就会残害百姓,在下面办事就倒行逆施;他们侍奉国君苟且求进就不会尽忠,结交朋友苟且相合不会行义。靠花言巧语以求禄位,勾结奸邪以求丰厚供养;在人前炫耀高官厚禄,夸耀礼貌来哗众取宠,不被君上任用时就轻蔑议论,不忠于朋友时就喜欢诽谤别人。所以他们被君上任用百姓就有忧患,他们在下办事就会危及国君。因此他们侍奉国君就接近于犯罪,他们结交朋友就接近于祸患。他们得到君上任用就会邪辟背理,他们若为刑狱之官就会用酷刑残害人民,所以他们被国君任用就会诛杀百姓,在下面办事就会犯上弑君。由于这样的原故与他们来往就会受辱,发生祸患就会危及自身。这就是奸邪小人的行径了。"

叔向问事君徒处之义奚如晏子对以大贤无择第二十

【原文】

　　叔向问晏子曰:"事君之伦①,徒处之义奚如?②"晏子对曰:"事君之伦,知虑足以安国③,誉厚足以导民④,和柔足以怀众,不廉上以为名⑤,不倍民以为行,上也;洁于治己,不饰过以求先,不谗谀以求进,不阿以私⑥,不诬所能⑦,次也;尽力守职不怠,奉官从上不敢惰⑧,畏上故不苟,忌罪故不辟,下也。三者,事君之伦也。及夫大贤,则徒处与有事无择也⑨,随时宜者也。有所谓君子者,能不足以补上,退处不顺上,治唐园,考菲履⑩,共恤上令⑪,弟长乡里,不夸言,不愧行⑫,君子也。不以上为本,不以民为忧,内不恤其家,外不顾其身游⑬,夸言愧行,自勤于饥寒⑭,不及丑侪⑮,命之曰狂僻之民,明上之所禁也。进也不能及上,退也不能徒处,作穷于富利之门⑯,毕志于畎亩之业⑰,穷通行无常处之虑,佚于心⑱,利通不能,穷业不成⑲,命之曰处封之民⑳,明上之所诛也。有智不足以补君,有能不足以劳民,俞身徒处㉑,谓之傲上,苟进不择所道,苟得不知所恶㉒,谓之乱贼。身无以与君,能无以劳民,饰徒处之义,扬轻上之名㉓,谓之乱国。明君在上,三者不免罪。"叔向曰："贤不肖,性夫！吾每有问,而未尝自得也。"

注释

①事君之伦:侍奉君主者的分类。伦,类。

②徒处:独处,谓做处士不做官。

③知虑:智虑。才智谋虑。知,通智。

④誉厚:吴则虞云:"'誉厚'疑'举厝'形近而误。"举厝:举用。厝,通措,用也。《礼记·中庸》:"时措之宜。"《疏》:"措,犹用也。"

⑤不廉上以为名:不向君上表白廉洁作为追求名利的手段。

⑥不阿以私:不偏袒自己的亲朋好友。以私,王念孙云:"'以',当作'所'。"

⑦不诬所能:不夸张自己的能力。诬,《说文》:"诬,加也。"把无说成有。

⑧不敢隋:不敢懒惰。隋,当作惰。

⑨"则徒"句:谓一个人是独处还是侍奉于君不自己选择。有事,即侍奉于君。

⑩治唐园、考菲履:谓耕于唐园,编织草鞋。唐园,种植蓏枣之园。考,击也。菲履当为"菲屦",《方言》:"菲屦,粗屦也。"粗屦,即草鞋。《吕氏春秋·尊师篇》:"治唐圃,积茈屦。"与此意思相同。

⑪共恤上令:共,同恭,谓恭敬体恤君上政令。

⑫不愧行:没有奇怪的行为。愧,当作傀,傀、怪也。下文"夸言愧行"之"愧"亦作"傀"。

⑬外不顾其身游:王念孙云:"按家可以言内,身不可以言外,且'身游'二字,义不相属。'身'字乃后人所加也。'内不恤其家,外不顾其游'者,'游'谓交游也。"王说是,译文从王说。

⑭自勤于饥寒:刘师培云:"'勤',当训'忧'《吕氏春秋·不广篇》:'勤无子之难',高注:'勤,忧也。'"意思是自己忧于自身饥寒。

⑮丑侪:同类,同辈,这里指朋友。丑,通俦,同类。侪,亦指同辈。

⑯作穷于富利之门:谓穷困于富利的门前,没有能力通向富利之途。

⑰毕志于畎田之业:吴则虞云:"'毕志'二字,疑'弃怠'二字形近而讹。"译文从吴说。这句意思是对农耕之业懈怠,甚至丢弃。

⑱"穷通"二句:刘师培云:"'穷通'二字,均涉下而衍,'行无常之虑,佚于心',言所行无恒久之虑而不劳其心也。"刘说是。

⑲穷业不成:各种事业都不成功。

⑳处封:张纯一云:"屏诸封疆之边。"弃之于边境之地。

㉑偷身徒处:偷身独处。偷,同偷。

㉒苟得不知所恶:苟且得官便忘记自己做的坏事。

㉓"饰徒"二句:美化自己偷身独处的意义,宣扬轻视君上的虚名。

【今译】

　　叔向问晏子说:"侍奉君王者的类别,独自隐处的意义是什么?"晏子回答说:"侍奉君王者的类别:才智谋虑足够用来安定国家,举措足够用来引导百姓,和霭温柔足以安抚众人,不以向君上表白廉洁来追求名利,行事必合乎人民的意愿,这是上等的;要求自己廉洁,不掩盖自己的过失来求进身,不谗毁阿谀来求取功名,不偏袒自己的亲朋好友,不夸张自己的能力,这是次一等的;尽自己的能力做好本职工作不懈怠,服从上级不敢懒惰,畏惧上级不苟且从事,害怕犯罪所以不为非作歹,这是下等的。这三种,就是侍奉君王者的分类了。至于大贤之人,独处与奉君不由己选择,随时局而适宜行事吧了。有一些所谓君子的人,才能不能用来补益国君,退身独处又不愿顺从国君。耕治唐园,编织草鞋,敬遵君令,友爱同辈,尊敬乡里,不夸夸其谈,没有奇怪行为,这是君子。不把君上看作根本,不忧虑百姓的事,对内不能体恤自己的家人,对外不能顾及朋友,夸夸其谈行为乖戾,自己只忧虑独自的饥寒,不顾及同辈,这种人称为狂邪之人,是圣明之君所禁用的人。进身不能顾及君上,退身不能独处,在富贵门前作穷困之态,怠慢荒弃农耕之业,行为没有恒定长久的打算,不愿劳烦心思,没有获取利益通向富有的本领,什么事都做不成,这种人叫僻处闭塞的人,是圣明之君所要惩罚的。有智慧不足用来补益国君,有能力但不足以用来为百姓作事,偷身独处,这种人称为傲上。苟求进身不择手段,一旦得官就不知所做的坏事,这种人称为乱贼。自身不能有益于国君,能力不能为百姓做事,美化自己的隐居独处,宣扬轻视君上的虚名,这种人称为乱国之人。圣明的君主在上,这三种人是不能免于治罪的。"叔向说:"贤明愚昧,是本性么!我每有询问,而未曾是我自知的。"

叔向问处乱世其行正曲
晏子对以民为本第二十一

【原文】

　　叔向问晏子曰:"世乱不遵道,上辟不用义;正行则民遗①,曲行则道废。正行而遗民乎？与持民而遗道乎②？此二者之于行何如？"晏子对曰："婴闻之，卑而不失尊③，曲而不失正者，以民为本也。苟持民矣，安有遗道！苟遗民矣，安有正行焉！"

【注释】
①正行：公正行事，行为端正。
②持民：扶民、保民。即爱抚百姓。与读为抑。
③卑而不失尊：洁身守道，不陷于世的邪辟，位虽卑而不失义。

【今译】
叔向问晏子说："世道混乱不遵循道义，国君邪僻不施行德义，行为端正就失去百姓，行为乖辟就废弃道义，是要行为端正而失去百姓呢，抑或爱抚百姓而丢掉道义呢？这两者行为将怎样选择？"晏子回答说："我听说，卑下而不失尊严，委曲而不失正理的，是把百姓看作根本。如果能爱抚百姓，怎么会丢掉道义呢！如果失去了百姓，哪里还说得上行为端正呢？"

叔向问意孰为高行孰为厚
晏子对以爱民乐民第二十二

【原文】
叔向问晏子曰："意孰为高①？行孰为厚？"对曰："意莫高于爱民，行莫厚于乐民。"又问曰："意孰为下？行孰为贱？"对曰："意莫下于刻民，行莫贱于害身也②。"

【注释】
①意孰为高：刘师培云："此节四'意'字，均'德'字之讹也。"是。这句的意思是德义哪一种境界最高。
②害身也：汉墓竹简作"害民"。依此。

【今译】
叔向问晏子说："德行哪一种最崇高？品行哪一种最伟大？"晏子

回答说:"德行最高的是爱护百姓,品行最好的是使百姓欢乐。"叔向又问道:"德行什么是最低下的? 行为什么是最卑贱的?"晏子回答说:"德行最低下的是刻薄百姓,品行最卑劣的是残害人民。"

叔向问啬吝爱之于行何如晏子
对以啬者君子之道第二十三

【原文】

　　叔向问晏子曰①:"啬吝爱之于行何如?②"晏子对曰:③"啬者,君子之道④;吝爱者⑤,小人之行也。"叔向曰:⑥"何谓也?"晏子曰⑦:"称财多寡而节用之,富无金藏,贫不假贷,谓之啬⑧;积多不能分人⑨,而厚自养,谓之吝⑩;不能分人,又不能自养,谓之爱⑪。故夫啬者⑫,君子之道,吝爱者⑬,小人之行也。"

注释

①叔向问晏子曰:汉墓竹简作"有问曰"。按:汉墓竹简此章与上章相连。骈宇骞云:"'有问曰'上紧接'行莫贱于害民'句。'有'当读为'又'"。又说"'有问曰'承上文而言,指叔向又问于晏子,简本不分章,明本析为两章。"

②啬吝爱:汉墓竹简作"邻啬"。骈宇骞云:"'邻'当读为'吝',二字古音相同,可通假。"吝啬,谓不肯分人,舍不得。

③晏子对曰:汉墓竹简作"合曰",合,当读为"答"。

④"啬者"句:汉墓竹简无"也"字。啬,节俭。

⑤吝爱:汉墓竹简作"舜爱"。舜,通吝。

⑥叔向曰:汉墓竹简作"叔乡曰"。骈宇骞云:"'乡',当读为'向',《荀子·儒效篇》'乡有天下',注云:'乡读曰向。'"

⑦晏子曰:汉墓竹简作"合曰"。合,读为答。

⑧谓之啬:汉墓竹简作"之谓啬"。

⑨"积多":汉墓竹简作"积财"。

⑩"而厚"两句:汉墓竹简作"独自养之谓舜"。

⑪"不能"四句:汉墓竹简作"不能自养有不能分人之谓爱"。有,当读为"又"。爱,贪。

⑫故夫啬者:汉墓竹简无"夫"字。

⑬吝爱者:汉墓竹简作"舜爱者"。

【今译】

叔向问晏子说:"吝啬对于品行怎样?"晏子说:"节俭,是君子的准则,吝爱是小人的行为。"叔向说:"为什么这样说?"晏子说:"度量钱财的多少而节约使用它,富裕没有金钱储存,贫困不向人借贷,叫它为节俭;积聚的钱多不能分给他人,而用来丰厚自己的给养,就叫吝惜。不能分给别人,又不能自己供养,就叫贪。所以节俭是君子的准则,吝惜与贪,是小人的行为了。"

叔向问君子之大义何若晏子对以尊贤退不肖第二十四*

【原文】

叔向问晏子曰:"君子之大义何若?"晏子对曰:"君子之大义,和调而不缘①,溪盎而不苛②,庄敬而不狡③,和柔而不铨④,刻廉而不刿⑤,行精而不以明污⑥,齐尚而不以遗罢⑦,富贵不傲物,贫穷不易行,尊贤而不退不肖。此君子之大义也。"

* 张纯一《晏子春秋》校注:"'退'上当据正文补'不'字。"

注释

①和调而不缘:王念孙云:"言虽与俗和调,而不循俗以行,犹言'君子和而不同'也。"缘,循也。

②溪盎而不苛:溪盎,孙蜀丞云:"疑'徯醯'之残。"《方言》:"徯醯,危也。"苛,吴则虞云:"疑为'苟'字之形讹。"此句当作"醯徯而不苟",意思是面临危难而不苟。

③庄敬而不狡:庄重恭敬而不急切。狡,急也。

④不铨:不卑躬屈膝。铨,通跧,《说文》,"跧,卑也。"

⑤刻廉而不刿:奉行廉洁而不伤害别人。廉,廉洁。刿,伤害。《荀子·荣辱篇》:"廉而不见贵者,刿也。"杨倞注:"刿,伤也。"

⑥"行精"句:谓行为清白不是用来表明别人污浊。

⑦"齐尚"句:谓崇尚同一而不是用它来遗弃软弱无能的人。罢,通疲,软弱无能。

【今译】

　　叔向问晏子说:"君子大的行为准则是什么?"晏子说:"君子大的行为准则是:与世俗和睦协调但不循俗而行,面临危难而不苟且偷生,庄敬从容而不急切,和平柔缓而不卑下,奉行廉洁而不伤害别人,行为清白而不用来显示别人的污浊,崇尚同一而不遗弃无能,富裕显贵而不傲视别人,贫苦穷困不改变操行,尊重贤能而不遗去愚笨。这就是君子的大的行为准则了。"

叔向问傲世乐业能行道乎晏子对以狂惑也第二十五

【原文】

　　叔向问晏子曰:"进不能事上,退不能为家①,傲世乐业②,枯槁为名③,不疑其所守者④,可谓能行其道乎?"晏子对曰:"婴闻古之能行道者,世可以正则正⑤,不可以正则曲⑥。其正也,不失上下之伦;其曲也,不失仁义之理。道用,与世乐业;不用,有所依归⑦。不以傲上华世,不以枯槁为名。故道者,世之所以治,而身之所以安也。今以不事上为道,以不顾家为行,以枯槁为名,世行之则乱,身行之则危。且天之与地,而上下有衰矣⑧;明王始立,而居国为制矣⑨;政教错⑩,而民行有伦矣。今以不事上为道,反天地之衰矣;以不顾家为行,倍先圣之道矣;以枯槁为名,则世塞政教之途矣⑪。有明上,可以为下⑫;遭乱世,不可以治乱。说若道,谓之惑,行若道,谓之狂。惑者狂者,木石之朴也⑬,而道义未戴焉。"

注释

　　①为家:刘师培引戴校云:"'为'当从下作'顺'。"
　　②傲世乐业:轻慢世人独自乐业。
　　③枯槁:弃世隐居。
　　④不疑其所守者:不怀疑自己的作法。
　　⑤世可以正则正:谓世俗可以矫正时就矫正它。
　　⑥不可以正则曲:世俗不可矫正时自己就暂时委曲。这就是古代所说的大丈夫能伸能屈。

⑦有所依归:有所依托与归宿。即《孟子·尽心上》:"不得志修身见于世。"之意。

⑧衰:吴则虞按:"衰,等衰。"即差降。

⑨居国为制:为君治国制订典章制度。

⑩政教错:政治教化施行。错,通措,施行。《商君书·错法》:"臣闻古之明君,错法而民无邪。"

⑪"则世"句:谓隐者之行,实为堵塞政治教化的途径。则世的"世",吴则虞云:"恐衍文也。"

⑫"有明上"二句:谓圣明的君上,可以治理下边。

⑬木石之朴:未经雕琢的木块石头。朴,本也。即原来的样子。

【今译】

叔向问晏子说:"进身不能够辅佐君上,退身不能和顺家庭,傲慢世人而独自安乐居处,以弃世隐居作为有名节,不怀疑自己所坚持的作法,这种人可以说能够实行他们的道吗?"晏子回答说:"我听说古代能够行道的人,世俗可以矫正就矫正,不可以矫正就暂时委曲,他矫正世俗,不失去上下的伦常;他委曲时,不失去仁义的原则。道义施行,就与世人安居乐业;不施行,就有所依托与归宿。不用轻视君上来哗众取宠,不用弃世隐居而图取虚名。所以道义,是国家能够得到治理,而自己又能得到安处。现在把不辅佐国君视为美德,把不顾家庭视为善行,把弃世隐居看作有名节,这种行为施于世就会使国家混乱,施行于自己就会发生危险。况且天和地,上下之间有一定的等差;圣明君主开始立国,居君位而制典章法令,政治教化施行,百姓的行为就有规范了。现在把不侍奉国君作为道义,违反天地的等差,把不顾家庭视为善行,背离祖先圣明的教导,把弃世隐居作为有名节,是堵塞世间政治教化的途径。有圣明之君在上,不会用来治民;遇到乱世,也不可能用来治乱,这种行为,我叫它为迷惑,做这种事的,我叫它为狂妄。迷惑者与狂妄者,都是些粗糙的木块石头,而道义没有载在他们身上。"

叔向问人何若则荣晏子对
以事君亲忠孝第二十六

【原文】

　　叔向问晏子曰:"何若则可谓荣矣?"晏子对曰:"事亲孝,无悔往行,事君忠,无悔往辞①;和于兄弟,信于朋友,不谄过②,不责得③;言不相坐④,行不相反;在上治民,足以尊君,在下莅修⑤,足以变人,身无所咎,行无所创⑥:可谓荣矣。"

注释

　　①"事亲孝"四句:孙星衍云:"当作事亲孝,事君忠,无悔往行,无悔往辞。"无悔往辞:意为对君王说过的话没有后悔。
　　②不谄过:不掩饰过失。
　　③不责得:不索取别人的所得。责,索取。《左传·桓公十三年》:"宋多责赂于郑。"
　　④言不相坐:谈话不相互争论曲直。坐,讼曲直也。
　　⑤在下莅修:在下边作官治事。
　　⑥行无所创:行为没有受挫折。

【今译】

　　叔向问晏子说:"什么样的人可以称为荣耀?"晏子回答说:"侍奉宗亲孝顺,侍奉君王忠诚,没有后悔的行为,没有后悔的言辞;对兄弟和睦,对朋友诚信,不掩饰朋友的过失,不索取朋友的所得,说话不相互争讼,言行不相违反;在朝廷治理国家,足以使国君受到尊敬,在地方作官治事,足以改变百姓的习俗,自身没有过错,办事不受挫折,可以说是荣耀了。"

叔向问人何以则可保身晏
子对以不要幸第二十七

【原文】

　　叔向问晏子曰："人何以则可谓保其身?①"晏子对曰："《诗》曰：'既明且哲，以保其身，夙夜匪懈，以事一人。②'不庶几③，不要幸④，先其难乎而后幸，得之时其所也⑤，失之非其罪也，可谓保其身矣。"

注释

　　①保其身：保护他自身。
　　②"既明"四句：见《诗·大雅·烝民》篇。意思是：聪明有智慧，用来保自身，从早到晚不懈怠，用来侍奉周天子。夙，早。匪，通非。懈，《诗经》原文作"解"，解、懈相通。一人，指周宣王。
　　③不庶几：不怀希望。
　　④要幸：侥幸。要，通徼。
　　⑤得之时其所也：谓成功是适得其所。得之，谓取得成功。时，于鬯云："'时'训'是'，下文之云'失之非其罪也'，'是'与'非'对。"是。

【今译】

　　叔向问晏子说："一个人怎样行事才可以说保全自身?"晏子回答说："《诗经》上说：'既聪明又有智慧，可以用它保全自身，从早到晚不懈怠，以它侍奉周天子。'不怀希望，不侥幸求荣，先艰难困苦而后得福，得到是他所应得到，失去不是他的罪过，可以说能保全自身了。"

曾子问不谏上不顾民以成行义
者晏子对以何以成也第二十八

【原文】

　　曾子问晏子曰①："古者尝有上不谏上，下不顾民，退处山谷，以成行义者也?"晏子对曰："察其身无能也②，而托乎不欲谏上，谓之诞意也③。上惛乱,德义不行,而邪辟朋党④,贤人不用,士亦不易其行,而从邪以求进,故有隐有不隐。其行法,士也,乃夫议上,则不取也⑤。夫上不谏上,下不顾民,退处山谷,婴不识其何以为成行义者也。"

注释

①曾子(公元前505—公元前436年):名参,字子舆。孔子学生,春秋末鲁国人,以孝称著。曾提出"吾日三省吾身"的修养方法,相传《大学》是他所著。《大戴礼记》中记载有他的言行,被封建统治者尊为"宗圣"。
②察其身:审察他本人。
③诞意:荒诞想法。
④朋党:结党,网罗党羽。
⑤"故有隐",五句:吴则虞云:"'故有隐'下脱讹甚多,无可取校。"译文只能根据现有文字,试为译之。

【今译】

曾子问晏子说:"古代曾有上不劝谏国君,下不顾及百姓,退身居处山谷之中,以此成功施行道义的人吗?"晏子回答说:"审察这种人本身没有才能,而托言于不想劝谏君上,我称他为荒诞的想法了。君上昏愦迷乱,德义不能施行,而邪辟之人朋比为奸,贤明之人得不到任用,士人有的也不改变他们的操行,而跟随邪辟以求进身,所以有隐居的有不隐居的。他们言行符合礼法的,就是真正的士,至于非议君上的,就不可取了。对上不劝谏国君,对下不顾及百姓,退居山谷之中,我不知他用什么办法能成为施行道义的人。"

梁丘据问子事三君不同心晏子对以一心可以事百君第二十九

【原文】

梁丘据问晏子曰:"子事三君①,君不同心②,而子俱顺焉,仁人固多心乎③?"晏子对曰:"婴闻之,顺爱不懈④,可以使百姓,强暴不忠,不可以使一人。一心可以事百君⑤,三心不可以事一君⑥。"仲尼闻之曰:"小子识之⑦!晏子以一心事百君者也。"

【注释】

①子事三君:晏子一生,先后侍奉过齐灵公、齐庄公、齐景公,故梁丘据说他事三君。
②君不同心:谓各个国君有各自己的想法。这里指晏子所事之三君。
③多心:几个心。
④顺爱不懈:顺君爱民不懈怠。
⑤百君:吴则虞按:"百君"疑为"三君"之误。下同。译文仍从原文。
⑥三心:三心二意,不专一。
⑦识(zhì 志):记住。

【今译】

梁丘据问晏子说:"先生先后侍奉了灵公、庄公、景公三个国君,三个君主的想法都不相同,而先生侍奉他们都很顺利,仁智的人本来有几个心吗?"晏子回答说:"我听说,顺君爱民,可以驱使广大百姓,强暴不忠,不可以使唤一个人。一心一意可以侍奉好一百个君主,三心二意不可能侍奉好一个国君。"孔子闻到此事后说:"小子记住它,晏子是能用一颗心侍奉一百个国君的人了。"

柏常骞问道无灭身无废
晏子对以养世君子第三十

【原文】

柏常骞去周之齐①,见晏子曰:"骞,周室之贱史也②,不量其不肖,愿事君子。敢问正道直行则不容于世,隐道危行则不忍③,道亦无灭,身亦无废者何若?"晏子对曰:"善哉!问事君乎。婴闻之,执二法裾④,则不取也;轻进苟合,则不信也;直易无讳⑤,则速伤也;新始好利,则无敌也⑥。且婴闻养世之君子⑦,从重不为进,从轻不为退⑧,省行而不伐⑨,让利而不夸,陈物而勿专⑩,见象而勿强⑪,道不灭,身不废矣。"

【注释】

①柏常骞:周朝大臣,后事景公。

②贱史:地位低下的使者。这是柏常骞自谦之词。史,通使。

③"隐道"句:谓违背道义而诡行则不忍心。隐道,刘师培《补释》云:"'隐道'与'正道'对文,则'隐'读若'违'。"危,王念孙云:"'危'读曰'诡','诡行'与'直行'正相反,作'危'者借字耳。"

④执二法裾:卢文弨云:"'二',李本作'一'当从之。""法裾",黄以周云:"'法裾'当依《家语》作'浩裾'。'裾'与'倨'通。'执一浩裾',谓刚愎自用。"是。

⑤直易不讳:耿直平易而说话没有忌讳。

⑥"新始"二句:谓变古易常喜好图利者无不凋敝也。刘师培《补释》云:"'新始'盖变古易常之义。'无'下当补'不'字。"是,译文从刘说。

⑦养世之君子:教育世人的君子。养,教育。《礼记·文王世子》"主太傅、少傅以养之"。

⑧"从重"二句:王念孙云:"案当作'从轻不为进,从重不为退'。'轻',易也。'重',难也。谓不见易而进,不见难而退也。"是。译文从王说。

⑨省行:反省自己的言行。

⑩陈物而勿专:张纯一云:"物,事也;专,擅也。"意为:陈述事物而不专擅。

⑪见象而勿强:见天显示的形象而不违天行事。

【今译】

柏常骞离开周朝去齐国,会见晏子说:"我柏常骞,只不过是周王室的一个卑贱使臣,不度量自己愚昧,愿侍奉先生。请问坚持正确原则,坦怀行事就不能见容于世人,违背原则诡诈行事则又不忍心,原则也能坚持,自身也不会毁废的办法是什么?"晏子回答说:"好啊!您问的是侍奉国君的事情吗?我听说,刚愎自用,是不可取的,轻易进身苟求附和,则为不诚实,耿直坦荡而没有忌讳,则很快会受伤害;变古易常、贪好求利,则无不破败。况且我听说教诲世人的君子,见易而不进,见难而不退,反省自己而不夸功,推让利益而不自夸,陈述事物而不专擅,见上天显示的形象而不强违天意,道义就不会灭亡,自身也不会毁废了。"

晏子春秋·卷第五

内篇杂上第五

庄公不说晏子晏子坐地讼公而归第一

【原文】

晏子臣于庄公,公不说①,饮酒,令召晏子。晏子至,入门,公令乐人奏歌曰:"已哉已哉!寡人不能说也,尔何来为?"晏子入坐,乐人三奏,然后知其谓己也。遂起,北面坐地②。公曰:"夫子从席③,曷为坐地?"晏子对曰:"婴闻讼夫坐地④,今婴将与君讼,敢毋坐地乎?婴闻之,众而无义,强而无礼,好勇而恶贤者,祸必及其身,若公者之谓矣。且婴言不用④,愿请身去。"遂趋而归⑤,管籥其家者纳之公⑥,财在外者斥之市⑦,曰:"君子有力于民,则进爵禄,不辞富贵;无力于民而旅食⑧,不恶贫贱。"遂徒行而东⑨,耕于海滨。居数年,果有崔杼之难⑩。

【注释】

①公不说:庄公很不高兴。说,通悦。
②北面坐地:面朝北坐于墙上。按:齐庄公是国君,面南而坐,晏子是臣子,面北坐地,说明他是面对庄公而坐。
③从席:从坐,跟我一起坐席。
④讼夫:争论是非之人。
⑤趋而归:躬着身子快步走出。

⑥"管籥"句:谓锁在家里的东西全部交纳归公。
⑦斥之市:变卖于市。斥,斥卖,卖掉。
⑧旅食:寄食他乡。
⑨徒行而东:步行向东方而去。
⑩崔杼之难:指齐庄公的臣子崔杼弑庄公立景公之事。注见前。

【今译】

　　晏子做齐庄公的臣子,庄公不喜欢他,庄公饮酒,下令召晏子来。晏子入宫,刚进门,庄公就命令乐人奏乐唱歌,歌词是:"罢了罢了!我得不到喜悦啊,你来做什么?"晏子入门坐下,乐人连续三次演奏这首歌曲,晏子知道这是针对自己的。于是从坐席上站起来,又面向北而坐在地上。庄公说:"先生入席坐了为什么又起来坐在地上?"晏子回答说:"我听说争辩是非的人要坐在地上,现在我将要与君王争辩是非,敢不坐在地上吗?我听说,人多而不讲义,恃强而不讲礼,喜好凶勇而厌恶贤良的人,祸患一定连累到他身上,就像国君您这样的人了。况且我说的话不被采纳,我请求辞职离开这里。于是躬身快步离开庄公回家,把锁在家中的东西全部拿出来交公,把在外的财产拿到市面上卖掉。说:"君子有力量为百姓办事,就加官增禄,不推谢富贵;无力为民办事而寄食他乡,就不厌恶贫贱。"于是步行向东方走去,在海滨从事农耕。居住数年后,齐国果然发生崔杼弑杀庄公的祸乱。

庄公不用晏子晏子致邑
而退后有崔氏之祸第二

【原文】

　　晏子为庄公臣①,言大用②,每朝③,赐爵益邑④;俄而不用⑤,每朝,致邑与爵⑥。爵邑尽,退朝而乘⑦,喷然而叹,终而笑⑧。其仆曰:"何叹笑相从数也⑨?"晏子曰:"吾叹也⑩,哀吾君不免于难⑪;吾笑也,喜吾自得也⑫,吾亦无死矣⑬。"
　　崔杼果弑庄公⑭,晏子立崔杼之门⑮,从者曰:"死乎⑯?"晏子曰:"独吾君也乎哉⑰?吾死也!"曰:"行乎?"⑱曰:"独吾罪也乎哉⑲?吾亡也!"曰:"归乎?"曰:"吾君死,安归⑳!君民者岂以陵民?㉑社稷是主^㉒；臣君者，岂为其口实，社稷是养^㉓。故君为社稷死，则死之，为社稷亡^㉔，则亡之；若君为己死而为己亡，非其私昵^㉕，孰能任之^㉖。且人有君而弑之^㉗，吾焉得死之？而焉得亡之^㉘？将庸何归^㉙！"

门启而入。崔子曰："子何不死？子何不死^㉚？"晏子曰："祸始吾不在也^㉛；祸终吾不知也^㉜；吾何为死？且吾闻之，以亡为行者，不足以存君；以死为义者，不足以立功。婴岂其婢子也哉^㉝，其缢而从之也^㉞！"遂袒免^㉟，坐^㊱，枕君尸而哭^㊲，兴，三踊而出^㊳。人谓崔子："必杀之。"崔子曰："民之望也，舍之得民。"^㊴

注释

① 庄公：汉墓竹简作壮公。壮，通庄。
② 言大用：谓晏子的建议每每被采纳。按：汉墓竹简无"大"字。
③ 每朝：汉墓竹简作"晦朝"。骈宇骞云："晦通每。"下同。
④ 益邑：增加食邑。
⑤ 俄而不用：不久又不采用。俄，汉墓竹简作"我"。骈宇骞云："俄通我。"
⑥ 致邑与爵：归还食邑与封爵。致，归还。这里意为齐庄公削减封爵和食邑。
⑦ 退朝而乘：退朝出来乘车回家。
⑧ "喟然"二句：汉墓竹简作"渭然汉，汉终而笑。"渭，当读为喟。汉，同叹。
⑨ "何叹"句：汉墓竹简"叹"作"汉"；"相从"后有"之"字。此句意思是为何时而叹息时而笑。
⑩ 吾叹也：汉墓竹简作"吾汉也"。
⑪ "哀吾"句：汉墓竹简"不免"上有"必"字。谓叹息我的国君一定不能免于祸乱。
⑫ 自得：谓自己得以保全。
⑬ 吾亦无死矣：汉墓竹简作"吾夕无死已"。骈于骞云："'夕'，当读为'亦'。"
⑭ "崔杼"句：汉墓竹简作"崔杼果式壮公。"式，当读为弑。壮，通庄。
⑮ "晏子"句：汉墓竹简作"晏子立于崔子之门"。
⑯ 死乎：汉墓竹简作"何不死乎"。
⑰ "独吾"句：汉墓竹简作"独吾君舆。"舆，当读为"欤"。意思是：难道只是我一人的国君吗？
⑱ 曰行乎：汉墓竹简作"何不去乎"。
⑲ "独吾罪"句：汉墓竹简作"吾罪舆才"。
⑳ "曰归'至'安归"：汉墓竹简作"然则何不□□□君死焉归"。竹简脱三字。

㉑"君民者"句:汉墓竹简作"夫君人者几以泠民"。
㉒社稷是主:竹简"主"后有"也"字。
㉓"岂为"二句:汉墓竹简无此二句。
㉔为社稷亡:为国家而逃亡。汉墓竹简作"君为社稷亡"。稷,当该为稷。
㉕私昵:自己亲爱的人。汉墓竹简作"私亲"。
㉖孰能任之:谁能够承担它。孰能,汉墓竹简作"孰敢"。
㉗"且人"句:汉墓竹简作"人有君而杀之"。
㉘"吾焉"二句:汉墓竹简作"吾焉得死? 焉得亡"?
㉙将庸何归:意思是如果我死了,死的理由将归于哪里?
㉚"子何"二句:汉墓竹简作"晏子□□",骈宇骞云:"疑当作'死乎'。"
㉛祸始吾不在也:汉墓竹简作"过始弗智也"。过,当读为祸。智,通知。
㉜祸终吾不知也:汉墓竹简作"过众弗智也"。过众,当读为祸终;智,通知。
㉝"婴岂"句:汉墓竹简作"婴几其婢子才"。这里的意思是:我晏婴难道是他的宫嫔侍女吗?
㉞其缢而从之也:汉墓竹简作"缢而从之"。
㉟遂袒免:汉墓竹简作"休但免"。休,当读为遂,但免,即袒免,袒衣免冠。古代丧礼,凡五服以外的远亲,无丧服之制,唯袒衣免冠,以示哀思。露左臂曰袒,去冠括发曰免。
㊱坐:汉墓竹简无"坐"字。
㊲枕君尸而哭:将齐庄公尸体枕放于自己的腿上而痛哭。
㊳三踊而出:跳了三下而走出。踊,跳。汉墓竹简"踊"作"甬",可通。
㊴"人谓"五句:汉墓竹简无。

【今译】
　　晏子出任齐庄公的大臣,说的话多被采纳,每次朝见,庄公都给晏子赏赐爵位增加食邑;没有多久就不再重用晏子了,每次设朝,都削减晏子的食邑与封爵。封爵与食邑削减完了,晏子退朝出来乘车,感慨地叹息,叹息完后又大笑。他的仆人说:"先生为什么时而叹息时而大笑连续多次呢?"晏子说:"我叹息,是哀痛我们的国君一定不能免于灾难;我大笑,幸喜我自身得以保全,我也不会死了。"
　　崔杼虽然杀死了庄公,晏子站立在崔杼的门前,崔杼的门人问晏子:"来死的吗?"晏子说:"难道只是我一人的国君吗? 要我死!"门人说:"逃走吗?"晏子说:"难道是我一人的罪吗? 要我逃走!"门人说:"归去吗?"晏子说:"我的国君已死,往哪里归? 治理百姓的人,难道可以侵凌百姓吗？他们是国家的主体呀！侍奉国君的臣子，难道只是为自己的俸禄？臣子的责任在于为国奉献。所以国君为国家利益而死，臣子就为他死，国君为了国家利益而逃亡，臣子就跟他一起逃亡；如果国君只是为自己的私利而死为自己的私利而逃亡，不是他自己亲昵的人，谁敢承担这样的责任。况且人有了国君而又杀掉他，我怎么要为他去死呢？怎么要为他去逃亡呢？如果我为他而死，死的理由归在哪里呢？"

崔杼家门开了晏子走进去，崔杼说："先生为什么还不死，先生为什么还不死？"晏子说："祸乱开始时，我不在场；祸乱结束了我也不知道，我为什么要死？况且我听说，把逃亡看作忠君的行为的人，不足以保全国君；把死看作是有节义的人，不可以为国立功。我难道是国君的宫妃侍女吗？他上吊而我也随从他上吊！"于是袒臂脱帽，坐在地上，将庄公的尸体枕放在自己的大腿上而痛哭，哭毕，站起身来，向上跳了三下便走出。有人对崔杼说："一定得杀掉晏子。"崔杼说："百姓众望所归，不杀晏子可以得民心。"

崔庆劫齐将军大夫盟晏子不与第三

【原文】

崔杼既弑庄公而立景公，杼与庆封相之①，劫诸将军大夫及显士庶人于太宫之坎上②，令无得不盟者。为坛三仞，坎其下③，以甲千列环其内外④，盟者皆脱剑而入⑤。维晏子不肯，崔杼许之。有敢不盟者，戟拘其颈⑥，剑承其心⑦，令自盟曰："不与崔庆而与公室者⑧，受其不祥⑨。"言不疾，指不至血者死⑩。"所杀七人。

次及晏子，晏子奉杯血，仰天叹曰："呜呼！崔子为无道，而弑其君，不与公室而与崔庆者⑪，受此不祥。"俛而饮血⑫。崔子谓晏子曰："子变子言⑬，则齐国吾与子共之；子不变子言，戟既在脰⑭，剑既在心，维子图之也。"

晏子曰："劫吾以刃，而失其志⑮，非勇也；回吾以利⑯，而倍其君，非义也。崔子！子独不为夫诗乎：《诗》云：'莫莫葛藟⑰，施于条枚⑱，恺恺君子⑲，求福不回⑳。'今婴且可以回而求福乎？曲刃钩之㉑，直兵推之㉒,婴不革矣㉓!"

崔杼将杀之,或曰:"不可!子以子之君无道而杀之,今其臣有道之士也,又从而杀之,不可以为教矣。"崔子遂舍之。

晏子曰:"若大夫为大不仁,而为小仁㉔,焉有中乎㉕!"趋出,授绥而乘㉖,其仆将驰㉗,晏子抚其手曰:"徐之㉘,疾不必生,徐不必死,鹿生于野,命悬于厨㉙,婴命有系矣㉚。"按之成节而后去㉛。《诗》云:"彼己之子,舍命不渝㉜。"晏子之谓也。

注释

①"杼与"句:谓崔杼与庆封勾结杀掉齐庄公后,立景公,二人自封为丞相来辅佐景公。庆封,齐庄公的大臣。

②太宫之坎上:太庙的坎上。太宫,太庙,王室祭主的地方。坎,坑也。《礼记·祭法》:"四坎坛,祭四方也。"

③坎其下:在坛下挖坑。坎,坑也。

④"以甲"句:谓用披甲戴盔的武士千列包围整个太庙。列,二十五人为一列。

⑤脱剑而入:摘下佩剑才准进去。

⑥戟拘其颈:用戟这种武器钩住参加者的颈部。戟,古代的一种武器,将戈、矛合成一体,既能直刺,又能横击。拘,一作"钩"。

⑦剑乘其心:用剑尖顶着心。

⑧与公室:跟随王室。

⑨受其不祥:受到惩处。不祥,这里指受到杀戮。

⑩指不至血:手指不出血。按:这是崔杼逼迫参加会盟的人刺破手指起誓,以示诚心。

⑪崔庆:指崔杼与庆封。

⑫俛而饮血:低下头饮血。俛,低头。

⑬子变子言:你改变你所说的话。

⑭胫:颈项。

⑮"劫吾"二句:谓用利剑强行劫持人,文强迫被劫持者改变志向。

⑯回吾以利:用利来诱惑我转变立场。

⑰莫莫葛藟:茂盛的葛藤。莫莫,茂盛貌。葛藟,植物名,葛藤。藟,当作藟。按:此诗见《诗经·大雅·旱麓》。

⑱施于条枚:蔓延于树干。施(yì 易),蔓延。条,木名,一说即柚,一说即楸。枚,树干。

⑲恺恺君子:高高的君子。恺恺,指品德高尚的人。按:《诗经》此句作"岂弟君子"。

⑳求福不回:求福不邪僻。回,邪僻。此句的意思是君子求福以正道而不走邪径。

㉑曲刃:这里指戟。

㉒直兵推之:用剑杀他。直兵,指剑。

㉓不革:不改变。

㉔"若大夫"二句:谓崔杼以臣杀君是大不仁,不杀晏子则是小仁,不顾大节而为小仁,是虚伪之仁。

㉕焉有中乎:哪里还谈得上正直。中,不偏不倚,这里是正直的意思。

㉖授绥而乘:指仆人将绳索交给晏子让他拉住绳子登车。绥,车上的绳子。

㉗其仆将驰:晏子的仆人将要驱车奔跑。

㉘徐之:让车慢慢的走。按:晏子不让车子疾驰,是怕引起崔杼的疑心而生变,故让车慢行。

㉙"鹿生"二句:谓鹿子生长在野外,它的命运却是掌握在厨师的手中。这里用来比喻晏子当时处境的危险。

㉚命有系:谓我的生命悬于此行。系当作悬。

㉛按之成节:指车子有节奏地缓慢行走。

㉜"彼己"二句:见《诗经·郑风·羔裘》。意思是:他这个人,舍掉生命也不变节。"彼己",《诗经》作"彼其"。

【今译】

　　崔杼既已杀掉庄公而立景公为君,自己就和庆封一起自封为丞相辅佐景公,他们劫持齐国所有的将军、大夫、显贵人士和一些百姓,扣押在太庙前的坎上,下令不准任何人不参加盟誓。他们筑了三仞高的坛,在坛下挖了坑,用全副武装的甲士两万多人从里到外紧紧地包围了太庙,盟誓的人都得解下佩剑才准进入。只有晏子一人不肯解剑,崔杼同意他。有敢于不参加盟誓的人,便用戟取他的头,剑刺他的心,命令盟者自己发誓说:"不跟随崔杼庆封而跟随王室的,遭受灾祸。"有的盟誓迟缓,手指没有见血的人被处死,先后被杀死的有七人。

　　依次轮到晏子起誓,晏子捧着歃血的杯,仰天长叹说:"唉!崔杼干无道的事,而杀死自己的国君,凡不跟随王室而跟随崔杼庆封的人,将遭受灾祸。"说完低头将杯中的血一饮而尽。崔杼对晏子说:"您改变您的话,那齐国我与您共同享有它;您不改变您的话,戟已架在颈项上,剑已指向您的心窝,希望您选择它。"

晏子说:"用利剑劫持我,强迫我改变志节,不算有勇气;用厚利诱惑我改变主张,而让我背叛我的国君,不算有德义。崔杼!你唯独不了解那《诗经》上所说的吗?《诗经》上说:"茂盛的葛藤,蔓延在树干上,高尚的君子,不用邪径求福。"现在我可以用邪僻的行径来求福吗?弯曲的利刀钩住我的颈项,笔直的利剑对准我的心胸,我也不会改变呀!"

崔杼将要杀晏子,有人说:"不行!您因您的国君无道而杀掉了他,现在他的臣子是有道义的人,又跟着而杀掉他,不可以教诲百姓了。"崔杼就没有杀晏子。

晏子说:"像崔大夫这样干了大不仁的事,而做小有仁义的事,怎么称得上有正直的品行呢?"于是快步走出,接住上车的绳子登上了车。他的仆人将要驱车奔驰,晏子摸着仆人的手说:"慢慢行走,跑快了不一定能活,慢慢走不一定会死,鹿子生长在野外,它的命掌握在厨师手中,我的命系于此呀。"驱车有节奏地行驶而离开了崔杼家。《诗经》说:"他这个人呀,舍出生命也不变节。"晏子就是这样的人了。

晏子再治阿而见信景公任以国政第四

【原文】

　　景公使晏子为东阿宰,三年,毁闻于国①。景公不说,召而免之。晏子谢曰:"婴知婴之过矣,请复治阿,三年而誉必闻于国。"景公不忍,复使治阿,三年而誉闻于国。景公说,召而赏之②。景公问其故,对曰:"昔者婴之治阿也,筑蹊径③,急门闾之政④,而淫民恶之⑤;举俭力孝弟⑥,罚偷窳⑦,而惰民恶之;决狱不避,贵强恶之⑧;左右所求,法则予⑨,非法则否,而左右恶之;事贵人体不过礼⑩,而贵人恶。是以三邪毁乎外⑪,二谗毁于内⑫,三年而毁闻乎君也。今臣谨更之,不筑蹊径,而缓门闾之政,而淫民说;不举俭力孝弟,不罚偷窳,而惰民说;决狱阿贵强,而贵强说;左右所求言诺⑬,而左右说;事贵人体过礼,而贵人说。是以三邪誉乎外,二谗誉乎内,三年而誉闻于君也。昔者婴之所以当诛者宜赏,今所以当赏者宜诛,是故不敢受。"景公知晏子贤,乃任以国政,三年而齐大兴。

注释

①"景公使晏子"句:景公派遣晏子到东阿地方去当主官。当了三年,谗毁晏子的坏话传遍国都。东阿,邑名。
②据《艺文类聚》"召而赏之"之下应补"辞而不受"四字。译文从此。
③筑蹊径:切断小路,用以防奸。吴则虞云:"《管子·八观》:'郭周不可以外通,里域不可以横通。郭周外通,则奸遁逾者作,里域横通,则攘夺窃盗者不止。'此皆指蹊径言也。"筑,捣土使坚实。此处意为堵住、切断。蹊径,小路。
④急门闾之政:加强对门闾的管理。吴则虞云:"《周礼·地官》乡大夫'国有大故,则致万民于王门,令无节者不行于天下。'又《秋官》修闾氏'邦有故;则令守其闾互,唯执节者不几。'是门闾之政,俱以防遏寇盗。"
⑤淫民:邪恶之人。
⑥举俭力孝弟:提倡勤俭、力行孝敬长上与和睦兄弟。
⑦罚偷窳(yǔ 禹):惩罚偷盗懒惰的人。窳,懒惰。
⑧贵强恶之:权贵与豪强怀恨。
⑨法则予:符合法规的就给予。
⑩体不过礼:谓不超过礼仪的规定。
⑪三邪:指刁恶、偷盗、懒惰的三种人。
⑫二谗:指权贵豪强与身边的人。
⑬言诺:说是。即答应左右人的要求。

【今译】

景公派遣晏子任东阿邑宰,治理三年,谗毁晏子的坏话传遍国都,景公很不高兴,召回晏子而免去他的官职。晏子认错说:"我知道我错在哪里了,请求让我再去治理阿邑,三年后赞美我的话一定会传遍国都。"景公不忍免晏子的职,又重新派遣晏子治理阿邑。三年后赞誉晏子的话果然传遍国都,景公很高兴。召见晏子而赏赐他,晏子辞谢不接受。景公问什么原故。晏子说:"过去我治理阿邑,堵住小路,加紧对门闾的管理,而邪恶的人便怀恨我;提倡勤俭,力行孝敬尊长,和睦兄弟,惩罚偷盗懒惰的人,而游手好闲的人就怀恨我;决断案件不避亲疏贵贱,而权贵豪强之人就怀恨我;左右的人有求于我,符合法规的就给予,不符合法规的就拒绝,而左右的人就怀恨我;侍奉显贵的人不超越礼仪规范,而显贵的人就怀恨我。所以三种邪僻的人在外说坏话,二种进谗的人在内说我的坏话,三年过去而坏话当然传到君王的耳里了。现在我逐步地改变过去的作法,不堵小路,放松对门闾的管理,邪恶的人就高兴;不提倡勤俭、力行孝敬尊长与和睦弟兄,不惩罚偷窃懒惰的人,而游手好闲的人就高兴;决断案件阿谀权贵豪强,而权贵豪强就高兴;左右的人有求于我就答应,而左右的人就高兴;侍奉显贵之人体躬越礼,而显贵之人就高兴。所以三种邪僻的人在外说好话,二种进谗的人在内称赞我,三年后称誉我的话就传到君王的耳朵里了。过去我做的事所谓应该受惩罚的恰恰是应该获得奖赏的,今天所谓应该奖赏的恰恰是应该惩罚的,所以不敢接受君王的奖赏。"景公知道晏子贤明,就将治理国家的重任交给晏子,三年后齐国便大大兴盛起来。

景公恶故人晏子退国乱复召晏子第五

【原文】

　　景公与晏子立于曲潢之上,晏子称曰:"衣莫若新,人莫若故。"公曰:"衣之新也,信善也①,人之故,相知情②。"晏子归,负载使人辞于公曰:"婴故老耄无能也③,请毋服壮者之事④。"公自治国,身弱于高、国⑤,百姓大乱。公恐,复召晏子。诸侯忌其威,而高、国服其政,田畴垦辟,蚕桑豢收之处不足⑥,丝蚕于燕⑦,牧马于鲁⑧,共贡入朝。墨子闻之曰:"晏子知道,景公知穷矣⑨。"

注释

①信善也:相信它是好的。
②相知情:互相知道实情。按:景公认为晏子居朝太久,知道的情况多,故有嫌弃之意。
③老耄:年迈身衰。耄,七十岁称耄。
④毋服壮者之事:不要承担壮年人所承担的事。
⑤高、国:齐国之卿族,高氏、国氏。
⑥"蚕桑"句:谓丝织品生产发展、六畜兴旺,收藏它们的地方不足。豢,喂养的牲畜。按:一说"收"当为"牧",谓齐国地不足以种桑养蚕,牧放牲畜,故下云"丝蚕于燕,牧马于鲁"。

⑦丝蚕于燕：谓蚕丝销售于燕国。
⑧牧马于鲁：牧放的马匹销往鲁国。
⑨景公知穷：谓景公知道自己治国的无能。穷，尽，指景公已没有什么办法来治理齐国了，只好重新请求晏子出任治国。

【今译】

　　景公与晏子站立在曲潢之上，晏子说道："衣服不如新的好，人不如旧的好。"景公说："衣服新的，我相信它好，人是旧的，相互间知道的实情太多了。"晏子回到家中，装载了自己家里的东西并派人向景公辞行说："晏婴的确年迈无能了，请求不再承担壮年人所做的事。"于是景公自己治理国家，景公力量削弱到不如高、国二氏，百姓大乱，景公十分恐慌，又召回晏子来治理齐国。诸侯畏惧晏子的威望，而高、国二氏信服晏子的治理，齐国的田园开垦耕作很好，桑蚕丰收，六畜兴旺，收藏它们的地方已不能满足，于是蚕丝运往燕国，马匹销到鲁国，燕、鲁都一起进贡朝拜齐国。墨子听到这情况后说："晏子懂得治国的道理，景公知道自己治国无能了。"

齐饥晏子因路寝之役以振民第六

【原文】

　　景公之时饥，晏子请为民发粟①，公不许，当为路寝之台。晏子令吏重其赁②，远其兆，徐其日③，而不趋④。三年台成而民振⑤，故上说乎游，民足乎食。君子曰："政则晏子欲发粟与民而已⑥，若使不可得，则依物而偶于政⑦。"

注释

①发粟：发放粮食赈济百姓。
②重其赁：谓增加修台者的工价。赁，庸也。
③"远其"二句：于鬯云："'远其兆'义不可通。据《荀子·王霸篇》'佻其期日'杨注云：'佻与偤同，缓也，谓不迫促也。'引《晏子春秋》作'远其涂，佻其日'。然则今本'兆'、'徐'二字互误，当作'远其徐，兆其日'。'徐'即'涂'之误，'兆'即'佻'之坏。"于说是，译文依此。这两句的意思是有意将运输的路程加长，将建

台的竣工期限推迟,以便灾民通过修台而获得救济。

④不趋:趋,读如"促"。谓修台不急于成。

⑤民振:百姓得到救济。

⑥"政则"句:谓按照治理国家的原则,晏子是想发放粮食救济百姓的。

⑦依物而偶于政:俞樾云:"按'依',犹'因'也。'偶',该为'寓',古字通用。'寓',犹'寄'也。'依物而偶于政者'因物而寄于政也,若晏子因筑台之事而寄发粟之政是也。"俞说是。

【今译】

景公执政的时候发生饥荒,晏子请求为百姓发放救济粮,景公不允许,并决定修筑路寝之台。晏子就命令下边的官吏增加修台之人的工价,加长运输距离,推迟峻工的日期,不急于修成。三年后路寝的高台修成而百姓也得到救济,所以景公对游览路寝台感到高兴,百姓也有了足够的粮食。君子说:"按治理国家的原则晏子是想发放粮食救济灾民就算了,他的主张不可能实现,就借修台多发工价而寄寓了发放粮食救济灾民的政事。"

景公欲堕东门之堤晏子谓不可变古第七

【原文】

景公登东门防①,民单服然后上②,公曰:"此大伤牛马蹄矣③,夫何不下六尺哉?"晏子对曰:"昔者吾先君桓公,明君也,而管仲贤相也。夫以贤相佐明君,而东门防全也④。古者不为⑤,殆有为也。蚤岁溜水至⑥,入广门⑦,即下六尺耳⑧,乡者防下六尺,则无齐矣⑨。夫古之重变古常⑩,此之谓也。"

【注释】

①东门防:齐国都城东门外的堤防。

②"民单服"句:吴则虞按:"'单服'恐为'卑服'之讹。'卑服'即'屈服',犹言'蒲服'、'扶服'、'俛服'。堤高不易行,匍匐委蛇而上,下公云'此大伤牛马蹄矣',正言坡陡之难登。"是。译文从此。

③大伤牛马蹄:谓牛马要上到堤上,就会使脚蹄受到损伤。亦用来说明堤坝

之高。

④东门防全:谓东门的堤坝才全部修好。

⑤古者不为:黄以周云:"'不为'当作'不下',涉下'有为'而误。"是。古者不下,意思是桓公时没有把堤坝修得低矮。

⑥蚤岁溜水至:早年淄水涨水季节到来时。蚤,通早。溜,淄字之讹。其都营丘,淄水从南流过转而向东,故淄水猛涨时,营丘东低,故有水患。

⑦广门:广里。营丘城内靠近堤防的居住区。

⑧即下六尺耳:谓淄水猛涨时,其最高水位离现在的堤防的最高点仅有六尺。

⑨"乡者"二句:谓如果过去修堤防时高度比现在的堤防矮六尺,那齐都早被淹没而不存在了。乡,通向。

⑩重变古常:重视改变故有的方法。古,故也。常,法也。

【今译】

景公登上齐国都城东门外的堤防,看见老百姓匍匐委蛇才能上去,就说:"这个堤防太高会大大伤害牛马的脚,为什么不低六尺呢?"晏子回答说:"过去我们的先君桓公,是圣明的君主,而管仲则是贤能的宰相。用贤能的宰相辅佐圣明的国君,因而东门外的堤防才得以全部修筑好。古时候修堤防不低六尺,大概是有它的作用的。早年淄水涨水季节到来时,大水涌入广里,就是君王所说的低六尺的地方了,过去如果堤防修低六尺,那就没有现在的齐都了。古代重视改变故法,这就是一个例子了。"

景公怜饥者晏子称治国之本以长其意第八

【原文】

景公游于寿宫,睹长年负薪者①,而有饥色。公悲之,喟然叹曰:"令吏养之!"晏子曰:"臣闻之,乐贤而哀不肖,守国之本也。今君爱老,而恩无所不逮,治国之本也。"公笑,有喜色。晏子曰:"圣王见贤以乐贤②,见不肖以哀不肖③,今请求老弱之不养④,鳏寡之无室者,论而共秩焉⑤。"公曰:"诺。"于是老弱有养,鳏寡有室。

【注释】

①长年负薪者:背着柴草的老人。长年,年纪大的老人。

②"圣王"句:谓圣明的国君看到贤良就尊敬贤良。

③"见不肖"句:谓看到贫困就怜悯贫困。不肖,本指不贤之人,这里是指生活贫困的人。

④不养:没有供养。

⑤共秩:供给钱粮。共,通供。秩,本指官吏的俸禄,这里是指供给钱粮,使老弱有所养,鳏寡之人得以成家。

【今译】

景公在寿宫游览,看见一个背着柴草的老年人,脸上有饥饿之色。景公很悲伤,长叹一声后说:"叫官府将这老人养起来。"晏子说:"我听说,喜欢贤良而怜悯贫困,这是守住国家的根本。现在君王爱怜老年人,而恩惠无所不到,这是治理国家的根本了。"景公笑起来,显出高兴的脸色。晏子说:"圣明的君王看见贤良就喜欢贤良,看见贫困就怜悯贫困。现在我请求给那些年老体弱没有供养的人、没有家室的鳏夫寡妇,根据他们的不同情况而供给钱粮。"景公说:"好。"于是年老体弱的人有了供养,鳏寡之人有了家室。

景公探雀鷇鷇弱反之晏子称长幼以贺第九

【原文】

　　景公探雀鷇①,鷇弱,反之。晏子闻之,不待时而入见景公②。公汗出惕然③,晏子曰:"君何为者也?"公曰:"吾探雀鷇,鷇弱,故反之。"晏子逡巡北面再拜而贺曰:"吾君有圣王之道矣!"公曰:"寡人探雀鷇,鷇弱,故反之,其当圣王之道者何也?"晏子对曰:"君探雀鷇,鷇弱,反之,是长幼也④。吾君仁爱,曾禽兽之加焉⑤,而况于人乎!此圣王之道也。"

【注释】

①雀鷇(kòu 扣):待哺食的雏鸟。雀,吴则虞云:"'雀'皆作'爵',下同。"是。

②"不待"句:王念孙云:"'景公'二字,乃涉上文而衍,当据《治要》删。案

'不待时而入见'本作'不时而入见','时'即'待'字也。"是,译文从王说。

③惕然:惊惧的样子。

④长幼:使幼小长大。长,长大。《诗·小雅·蓼莪》:"长我育我。"

⑤"曾禽"句:刘师培《补释》云:"无'曾'字是也。"此句的意思是景公仁慈,并将仁慈施加于鸟兽。

【今译】

景公探取等待哺食的幼鸟,幼鸟体弱,又将它送回鸟窠。晏子听到这件事后,没有等待就入宫拜见景公。景公汗流满面显出惊惧的样子。晏子说:"君王做什么事了?"景公说:"我探取待食的幼鸟,幼鸟体弱,所以又将它送回鸟窠。"晏子往后退却向北拜了又拜恭贺说:"我们的国君有圣明君主的德行了!"景公说:"我探取待食的幼鸟,幼鸟体弱,所以将它送回鸟窠,这算作圣明君主的德行么?理由是什么?"晏子回答说:"君王探取待食的幼鸟,幼鸟体弱,又送回幼鸟,这是使幼小的长大啊。我们的国君仁慈友爱,恩惠施加于飞禽走兽,而何况于人呢,这就是圣明君主的德行了。"

景公睹乞儿于途晏子讽公使养第十

【原文】

景公睹婴儿有乞于途者,公曰:"是无归矣①!"晏子对曰:"君存②,何为无归?使吏养之,可立而以闻。"

注释

①是无归矣:他没有归处呀!是,代词,指乞讨于途的小孩。

②君存:君王存问。即关心过问此事。

【今译】

景公看见有个小孩子在道路上乞讨,就说:"他无家可归呀!"晏子说:"有君王关心过问,他怎么会无家可归呢?命令官吏抚养他,可以立即将命令传达给他们。"

景公惭刖跪之辱不朝晏子称直请赏之第十一

【原文】

　　景公正昼①，被发，乘六马②，御妇人以出正闱，③刖跪击其马而反之④，曰："尔非吾君也。"公惭而不朝。晏子睹裔款而问曰："君何故不朝？"对曰："昔者君正昼，被发，乘六马，御妇人以出正闱，刖跪击其马而反之，曰：'尔非吾君也。'公惭而反，不果出，是以不朝。"晏子入见。景公曰："昔者寡人有罪，被发，乘六马，以出正闱，刖跪击马而反之，曰：'尔非吾君也。'寡人以天子大夫之赐⑤，得率百姓以守宗庙⑥，今见戮于刖跪⑦，以辱社稷，吾犹可以齐于诸侯乎⑧？"

　　晏子对曰："君勿恶焉⑨，臣闻下无直辞⑩，上有隐君⑪，民多讳言，君有骄行。古者明君在上，下多直辞；君上好善，民无讳言。今君有失行，刖跪直辞禁之，是君之福也，故臣来庆。请赏之，以明君之好善；礼之，以明君之受谏。"公笑曰："可乎？"晏子曰："可。"于是令刖跪倍资无征⑫，时朝无事也。

注释

①正昼：天大亮。

②乘六马：驾着六马拉的车。古代帝王车驾用六匹马。

③正闱：宫中的正门。《尔雅·释宫》："宫中之门谓之闱，其小者谓之闺。"即宫门。

④刖跪：受刖足之刑的人。孙星衍云："'跪'，足也。《荀子·劝学篇》：'蟹六跪而二螯。'《说文》'跪'字作'足'，刖足者使守门是也。"

⑤"寡人"句：黄以周云："'天'盖当作'夫'。"这句的意思是由于晏子与诸大夫的赐教，方能守护齐国基业。句中"夫子"指晏子，大夫指众朝臣。译文从此。

⑥宗庙：本指王室的祖庙，这里是借指国家基业。

⑦见戮于刖跪：被刖足之人羞辱。戮，辱。

⑧齐于诸侯：并列于诸侯。

⑨君勿恶焉：君王不要怨恨他们。焉，兼词，于之，之，指受刖刑的人。

⑩直辞：耿直的话。

⑪隐君：不明之君，即隐讳自己过错之君。
⑫倍资无征：加倍给予资财免于征税。

【今译】

　　景公在大白天，披着头发，驾着六马高车，带领着宫中后妃从宫门出去，受过刖刑的看门人拍打景公的马而让景公返回去，并说："你不像我们的国君。"景公惭愧而不愿设朝理事。晏子看见裔款后问他说："国君是什么原因不设朝？"裔款说："前些日子国君在大白天，披着头发，驾着六马高车，带领着宫中后妃从王宫小门出去，刖足的看门人拍打景公的马而让他返回，并说：'你不像我们的国君。'景公惭愧地返回宫中，没有按照心愿出去，所以不设朝。"晏子入宫拜见。景公说："前些日子我有过错，披着头发，驾六马之车，而从王宫小门出去，刖足的看门人拍打我的马而让我返回，还说：'你不像我们的国君。'我因先生和诸位大夫的赐教，得以率领百姓守护国家基业，现在被刖足人羞辱，亦是侮辱了国家，我还可以和诸侯并列吗？"

　　晏子回答说："君王不必记恨这事，我听说下边没有耿直的话，上边就有昏昧的君主，下面如果忌讳不敢讲话，国君就会有骄奢的行为。古代的圣明君主在上治国，下边就会多有耿直的话；国君喜好善言，百姓说话就不会忌讳。现在国君有失礼的行为，刖足的人就直言禁止国君，这是国家的福气了，所以我来庆贺。请求赏赐刖跪，以表明君王喜好善言；礼待刖跪，以表明君王接受劝谏。"景公笑着说："可以这样吗？"晏子说："可以。"于是下令加倍给刖足者钱财并免征税赋，一时朝中相安无事了。

景公夜从晏子饮晏子称不敢与第十二

【原文】

　　景公饮酒，夜移于晏子，前驱款门曰①："君至！"晏子被元端②，立于门曰："诸侯得微有故乎③？国家得微有事乎？君何为非时而夜辱④？"公曰："酒醴之味，金石之声⑤，愿与夫子乐之。"晏子对曰："夫布荐席⑥，陈簠簋者⑦，有人，臣不敢与焉。

公曰:"移于司马穰苴之家⑧。"前驱款门,曰:"君至!"穰苴介胄操戈立于门曰⑨:"诸侯得微有兵乎?大臣得微有叛者乎?君何为非时而夜辱?"公曰:"酒醴之味,金石之声,愿与将军乐之。"⑩穰苴对曰:"夫布荐席,陈簠簋者,有人,臣不敢与焉。"

公曰:"移于梁丘据之家。"前驱款门,曰:"君至!"梁丘据左操瑟⑪,右挈竽⑫,行歌而出⑬。公曰:"乐哉!今夕吾饮也。微此二子者⑭,何以治吾国;微此一臣者⑮,何以乐吾身。"

君子曰:"圣贤之君,皆有益友,无偷乐之臣,景公弗能及,故两用之,仅得不亡。"

注释

①前驱款门:先行的人敲门。门,吴则虞云:"《说苑》'门'作'间',是也。"
②被元端:穿着黑色的礼服。元,即玄。玄,黑色。
③得微有故乎:莫非有什么事情发生吧?得微,该不是,莫非。
④非时而夜辱:不是时候而深夜屈尊来到。按:国君出行有时,深夜出行至军政大臣之家,必定国家发生重大事件才会如此,故称"非时"。
⑤金石之声:泛指各种乐器演奏的乐曲。
⑥布荐席:铺设坐席。
⑦陈簠簋(fǔ guǐ 辅轨):摆设宴饮的器皿。簠,方形的盛物器皿。簋,外圆内方的盛物器皿。
⑧司马穰苴:司马,官名,主军政的官员。穰苴,春秋时齐国人,姓田氏。为大司马,景公时御燕晋之师,其用兵约束申明。
⑨介胄操戈:穿好盔甲,手执兵器。操,拿着。戈,古代的一种武器名。
⑩将军:王念孙云:"春秋之时,君称其臣无曰'将军'者。《说苑》作'夫子'。"吴则虞案:"《指海》本已改作'夫子'。"译文依此。
⑪左操瑟:左手拿着瑟。瑟,古乐器名,形似琴,通常有二十五弦,每弦有一柱。古时瑟常与琴或笙合奏。
⑫右挈竽:右手提着竽。竽,古簧管乐器,形似笙而较大,管数亦较多,战国前盛行于民间。《周礼·春官·笙师》:"掌教吹竽、笙。"郑玄注引郑司农云:"竽,三十六簧。"
⑬行歌而出:边走边唱歌出来。
⑭二子:指晏子与穰苴。
⑮一臣:指梁丘据。

【今译】

　　景公饮酒,深夜将宴席转移到晏子家去,先行的侍从去敲晏子家的门说:"国君到了!"晏子赶快穿好礼服,站立在家门前说:"诸侯莫不是有什么事情吧?国家该不会有什么变故吧?国君为什么深夜屈尊来我家?"景公说:"酒醴的美味,金石的乐声,希望与先生一同享受。"晏子说:"铺设坐席,摆设宴饮器皿,国君有专人,我不敢参与这事。"

　　景公说:"转移到司马穰苴家去。"先行的侍从敲司马穰苴的门说:"国君到了!"穰苴披甲戴盔,手执兵器站立在自己的家门前问:"诸侯是不是有军事行动了?大臣中是不是有人反叛了?君王为什么深夜辱临我家?"景公说:"酒醴的美味,金石的乐声,希望与夫子一同享乐。"穰苴说:"铺设坐席,摆设宴饮器皿,国君有专人,我不敢参与这事。"

　　景公说:"转移到梁丘据家去。"先行的侍从敲梁丘据的门说:"国君到了!"梁丘据左手拿着瑟,右手提着竽,边走边唱歌迎出来。景公说:"快乐啊!今晚我饮酒。没有晏子与穰苴二人,怎么能治理好我的国家,没有梁丘据,怎么能使我快乐!"

　　君子说:"贤能圣明的国君,都有有益于自己的朋友,没有偷懒作乐的臣子,景公达不到这样,所以贤臣与偷乐之臣都被任用,齐国仅仅能保住不灭亡。"

景公使进食与裘晏子对以社稷臣第十三

【原文】

　　晏子侍于景公,朝寒,公曰:"请进暖食。"晏子对曰:"婴非君奉馈之臣也①,敢辞。"公曰:"请进服裘。"对曰:"婴非君茵席之臣也②,敢辞。"公曰:"然夫子之于寡人何为者也?"对曰:"婴,社稷之臣也。"公曰:"何谓社稷之臣?"对曰:"夫社稷之臣,能立社稷,别上下之义,使当其理③;制百官之序,使得其宜④;作为辞令,可分布于四方。"自是之后,君不以礼,不见晏子。

【注释】

①奉馈之臣:事奉饮食的臣子。
②茵席之臣:管理服饰之臣。茵,垫子、褥子。
③使当其理:使用恰当合理。《正韵》:"当,合也。"
④使得其宜:使百官能各得其所。

【今译】

　　晏子侍候在景公身边,早上寒冷,景公说:"请您给我送点热的饮食来。"晏子说:"我不是给君王进奉饮食的臣子,恕我不能从命。"景公说:"请您给我送进毛皮衣服。"晏子说:"我不是给君王管理服饰的臣子,恕我不能从命。"景公说:"既然这样,先生对于我来说是干什么的呢?"晏子说:"我是治理国家的大臣。"景公说:"什么叫治国大臣?"晏子说:"治国大臣,能够建立国家大政,分别上下的界限,使用他们恰当合理;制订百官的等级顺序,使他们各得其所;拟制文告命令,可分别发布于四方。"从这以后,景公不符合礼节,不召见晏子。

晏子饮景公止家老敛欲与民共乐第十四

【原文】

　　晏子饮景公酒,令器必新①,家老曰②:"财不足,请敛于氓。"晏子曰:"止!夫乐者,上下同之。故天子与天下,诸侯与境内,大夫以下各与其僚③,无有独乐。今上乐其乐④,下伤其费,是独乐者也,不可!"

【注释】

①令器必新:下令所有饮酒的器皿都一定换成新的。
②家老:春秋时列国卿大夫的家臣。
③"故天子"三句:谓天子应与天下人同乐,诸侯应与境内人同乐,大夫以下的人应与他的僚属同乐。
④今上乐其乐:现在上边乐于追求自己的欢乐。

【今译】

　　晏子请景公饮酒,吩咐饮酒的酒具一定全部换新的。家臣说:"钱财不够买新酒具,请让我向百姓征收。"晏子说:"不行!欢乐应该是朝廷与民间共同享受。所以天子和天下人一起同乐,诸侯与境内的人同乐,大夫以下的人各与他们的僚属同乐。没有独自享乐的。现在居上位的人只追求自己的欢乐,下面的百姓却痛心这样的耗费,这是独自享乐的了,不可这样做!"

晏子饮景公酒公呼具火
晏子称诗以辞第十五

【原文】

晏子饮景公酒,日暮,公呼具火[1],晏子辞曰:"《诗》云:'侧弁之俄'[2],言失德也。'屡舞傞傞'[3],言失容也。'既醉以酒,既饱以德'[4],既醉而出,并受其福'[5],宾主之礼也。'醉而不出,是谓伐德'[6],宾之罪也。婴已卜其日,未卜其夜[7]。"公曰:"善。"举酒祭之[8],再拜而出。曰:"岂过我哉[9],吾托国于晏子也。以其家货养寡人[10],不欲其淫佚也[11],而况与寡人谋国乎[12]!"

注释

[1]具火:准备灯火。

[2]侧弁之俄:见《诗·小雅·宾之初筵》。意思是帽子歪戴酒杯倾斜。极写醉汉的神态。弁,古代贵族的一种帽子。俄,倾斜。

[3]屡舞傞傞(suō 蓑):见《诗·小雅·宾之初筵》。意思是酒醉起舞不停止。傞傞,醉舞不止貌。

[4]"既醉以酒"二句:《诗·小雅·宾之初筵》无此二句。王念孙云:"案此二句,后人所加。晏子引《宾之初筵》以戒景公,前后所引,皆不出本诗之外,忽阑入《既醉》之诗,则大为不伦,其谬一也;《既醉》之诗,是说祭宗庙旅酬无算爵之事,非宾主之礼,今加此二句,则与下文'宾主之礼也'五字不合,其谬二也。《说苑·反质篇》有此二句,亦后人托俗本《晏子》加之,不可信。"王说是。吴则虞按:"《指海》本已删。"译文从《指海》本,删此二句。

[5]"既醉而出"二句:见《诗·小雅·宾之初筵》。意思是酒醉便走出,大家都获福。

[6]"醉而不出"二句:见《诗·小雅·宾之初筵》。意思是酒醉不走出,就称为

损德。伐德,损德,害德。

⑦未卜其夜:没有选择夜间饮酒。卜,选择。

⑧举酒祭之:举起酒来称赞主人的饮食丰美。《礼记·玉藻》:"客祭,主人辞曰:'不足祭'也。"《注》:"祭,盛主人之撰也。"

⑨岂过我哉:俞樾云:"当作'我岂过哉',公自喜托国之得人,故曰:'我岂过哉,吾托国于晏子也。'"是。这句的意思是能责备我不对吗?

⑩"以其"句:谓晏子家贫,而将自己家里的东西拿来供我宴饮。一说"货养"应为"贫善"。

⑪不欲其淫侈:不想酒宴过于奢侈。

⑫谋国:谋划治国。

【今译】

晏子请景公饮酒,天黑了,景公呼唤准备灯火,晏子辞谢说:"《诗经》上说:'帽子歪戴身子斜'讲的是失去德行了。'酒醉起舞不停止'讲的是失态了。'酒醉而走出,大家都获福',讲的是客人对主人的礼节了。'酒醉不走出,便叫损德',这是客人的过失了。我选择的是请您白天饮酒,没有选择晚上请您饮酒。"景公说:"好"。举起酒来称赞了饮食丰富后,再度拜谢离开了晏子家。说:"能责备我有过错吗?我将国事托付给了晏子。他家里贫穷,却很好地款待了我,我不想使饮宴过于奢侈,而何况他要与我谋划国事呢!"

晋欲攻齐使人往观晏子
以礼侍而折其谋第十六

【原文】

晋平公欲伐齐,使范昭往观焉①。景公觞之②,饮酒酣,范昭曰:"请君之弃樽③。"公曰:"酌寡人之樽,进之于客④。"范昭已饮,晏子曰:"撤樽,更之⑤。"樽觯具矣,范昭佯醉,不说而起舞,谓太师曰⑥:"能为我调成周之乐乎⑦?吾为子舞之。"太师曰:"冥臣不习⑧。"范昭趋而出,景公谓晏子曰:"晋,大国也,使人来将观吾政,今子怒大国之使者,将奈何?"晏子曰:"夫范昭之为人也,非陋而不知礼也⑨,且欲试吾君臣,故绝之也⑩。"景公谓太师曰:"子何以不为客调成周之乐乎?"太师对曰:"夫成周之乐,天子之乐也,调之,必人主舞之。今范昭人臣,欲舞天子之乐,臣故不为也。"范昭归以报平公曰:"齐未可伐也。臣欲试其君,而晏子识之;臣欲犯其礼⑪,而太师知之。"仲尼闻之曰:"夫不出于尊俎之间⑫,而知千里之外⑬,其晏子之谓也。可谓折冲矣⑭!而太师其与焉。"

注释

①范昭:晋国大臣。
②景公觞之:景公向范昭敬酒。觞,向人敬酒。
③请君之弃樽:请求用国君不用的酒具给我酌酒。樽,酒具。按:范昭作为晋国使臣,要求用齐国国君使用的酒具为自己酌酒,是一种失礼行为,范昭并非不知失礼,而是有意这样做,看齐国君臣的反映,以此了解齐国之政是否已乱礼,以便确定是否可以攻打齐国。
④"酌寡人"二句:谓景公慑于大国之威,不敢得罪晋国使臣,只好屈从范昭的无礼要求,叫侍从用自己的酒具给范昭酌酒。
⑤撤樽,更之:把酒具撤走。重新换酒具。按:这两句表明晏子对范昭的失礼行为表示不满,并进行了针锋相对的斗争,为齐国争回了尊严。
⑥太师:管理乐工的长官。
⑦成周之乐:为周天子演奏的乐曲。
⑧冥臣:冥顽之臣,即愚昧不通之臣。
⑨陋而不知礼:见识短浅不懂礼节。
⑩绝之:回绝了他。
⑪犯其礼:冒犯他们的礼仪。
⑫尊俎:古代盛酒的器皿,这里是作宴席的代称。
⑬"而知句":吴则虞案:"此处似作'不出于尊俎之间,而折冲千里之外,其晏子之谓也,可谓知矣。'后'知'与'折冲'易位。因而致讹。"
⑭折冲:挫折攻己者之冲车。即却敌之意。

【今译】

晋平公打算攻打齐国,派遣范昭到齐国去观察齐国的政局。景公设宴并给范昭敬酒,饮酒正兴致勃勃时,范昭说:"请将君王用过的酒具给我斟酒。"景公说:"用我的酒具斟酒,进奉给客人。"范昭接酒饮过后,晏子说:"将这些酒具撤了,另换酒具。"酒具更换完毕,范昭假装酒醉,不高兴而跳起舞来,对管理乐工的乐官说:"能为我演奏成周的乐曲吗？我为你跳这种舞。"乐官说："我愚昧没有练习过。"范昭弯着身子快步走出。景公对晏子说："晋国,是大国呀,派遣人来打算观察我国的政局,现在先生激怒了大国的使臣,将怎么办？"晏子说："那范昭的为人,不是见识短浅不懂礼仪的人,再说,他想试探我国君臣的反应,所以回绝了他。"景公对乐官说："先生为什么不为客人演奏成周的乐曲呢？"乐官回答说："那成周的乐曲,是周天子专门使用的乐曲呀,演奏它,一定要君主才能在这种乐曲下起舞,现在范昭是臣子,想用天子使用的乐曲来跳舞,所以我不演奏。"

范昭回到晋国把在齐国的情况报告晋平公说："齐国不可攻打。我想试探他们的君臣,而晏子识破了我的计谋；我想冒犯他们的礼仪,而乐官知道了我的打算。"

孔子听到这件事后说："不离开宴席之间,而能折敌冲车于千里之外,晏子就是这样的人,可以说是聪明的人了。而乐官也协助了这件事情啊！"

景公问东门无泽年榖而对以冰晏子请罢伐鲁第十七

【原文】

景公伐鲁,傅许①,得东门无泽②,公问焉："鲁之年谷何如？"对曰："阴水厥,阳冰厚五寸③。"不知,以告晏子④。晏子对曰："君子也。问年谷而对以冰,礼也。阴水厥,阳冰厚五寸者,寒温节⑤,节则刑政平⑥,平则上下和,和则年谷熟,年充众和而伐之⑦,臣恐罢民弊兵,不成君之意⑧。请礼鲁以息吾怨⑨,遣其执⑩,以明吾德。"公曰："善。"乃不伐鲁。

【注释】

①傅许:吴则虞云:"《北堂书钞》一百五十九,《御览》三十五、又六十八引皆无'傅许'二字。"译文删此二字。

②东门无泽:人名,姓东门,名无泽。

③"阴水"二句:王念孙云:"此文本作'阴冰凝',(句),'阳冰厚五寸'。'阴

冰'者，不见日之冰也；'阳冰'者，见日之冰也。"是。

④以告晏子：谓景公将东门无泽的话告诉晏子。王念孙云："句上脱'公'字。"译文补'公'。

⑤寒温节：寒暑变化有规律。

⑥节则刑政平：季节有规律刑罚政事就平稳。按：此指季节有规律，农作物生长就好，作物丰收，民无饥殍，故犯罪人少，政局就稳定。

⑦年充众和：即年丰民和。

⑧不成君之意：不能达到国君愿望的。

⑨息吾怨：消除对我们的怨恨。

⑩遣其执：释放送还抓来的人，即送回被抓的东门无泽。

【今译】

景公攻打鲁国，先抓获了鲁国人东门无泽，景公问他说："鲁国每年的粮食收成怎样？"东门无泽回答说："阴暗地方的冰凝冻着，太阳照到的地方冰有五寸厚。"景公不知这是什么意思，把东门无泽说的话告诉晏子。晏子回答说："这是个贤人了。问他每年谷物收成而回答冰冻情况，知礼呀！阴暗的地方冰凝冻着，太阳照到的地方冰厚五寸的现象，说明寒暑季节变换有规律，有规律那刑罚政治就平稳，政治平稳就上下和谐，上下和谐就能使每年的谷物丰收，谷物充足百姓和睦而去攻打它，我恐怕会使齐国军民疲敝，不能实现君王的愿望。请礼待鲁国使他消除对齐国的怨恨，送还抓来的人，以昭明我国的德义。"景公说："好"。就不再攻打鲁国。

景公使晏子予鲁地而鲁使不尽受第十八

【原文】

景公予鲁君地，山阴数百社①，使晏子致之，鲁使子叔昭伯受地②，不尽受也。晏子曰："寡君献地，忠廉也，曷为不尽受"？子叔昭伯曰："臣受命于君曰：'诸侯相见，交让，争处其卑③，礼之文也④；交委多⑤，争受少，行之实也⑥。礼成文于前，行成章于后⑦，交之所以长久也。'且吾闻君子不尽人之欢，不竭人之忠⑧，吾是以不尽受也"。晏子归报公，公喜笑曰："鲁君犹若是乎。"晏子曰："臣闻大国贪于名，小国贪于实⑨,此诸侯之通患也⑩。今鲁处卑而不贪乎尊,辞实而不贪乎多⑪,行廉不为苟得⑫,道义不为苟合⑬,不尽人之欢,不竭人之忠,以全其交⑭,君之道义,殊于世俗,国免于公患⑮。"公曰:"寡人说鲁君,故予之地,今行果若此,吾将使人贺之。"晏子曰:"不!君以欢予之地,而贺其辞⑯,则交不亲,而地不为德矣⑰。"公曰:"善。"于是重鲁之币,毋比诸侯⑱,厚其礼,毋比宾客。君子于鲁,而后明行廉辞地之可为重名也。

注释

①山阴数百社:泰山北面数百社。山,指泰山,山北为阴,山南为阳。社,二十五家为一社。

②子叔昭伯:人名,鲁国臣子。孙星衍云:"《左传·昭十六年》有子服昭伯,杜预注:'惠伯之子子服回也。'疑即此人。"

③争处其卑:谓两国交往礼让,都争着处于低下的地位而尊重对方。

④礼之文也:礼仪的制度。文:制度。

⑤交委多:交往赠送的多。委:委赠。

⑥行之实也:行动的真诚。

⑦行成章:章,吴则虞云:"'章'疑'实'之讹。"是。

⑧"且吾闻"二句:见《大戴礼·曾子立事》。原文是:"君子不绝人之欢,不尽人之礼。"意思是君子不夺人之所好,不尽取人之礼物。译文依此。

⑨"臣闻"二句:谓大国是贪图名誉,小国是贪图实惠。

⑩通患:通病。

⑪辞实:辞去实惠。

⑫"行廉"句:谓德行清廉,不愿苟且求得。

⑬"道义"句:谓遵循道义,不愿无原则地附和。

⑭以全其交:用以保全两国的正常交往。

⑮国免于公患:国家避免了别的诸侯遭受的那种祸乱。

⑯贺其辞:祝贺他不尽受赠地。

⑰地不为德:赠送土地不算有德义。

⑱"重鲁"二句:谓厚赠鲁国的钱币,别的诸侯不能相比。即赠送的钱币,超过于给别的诸侯。

【今译】

景公将泰山北面住有几百社人家的土地赠送给鲁国国君,派晏子去赠送土地,鲁国派子叔昭伯来接受土地,但没有全部接受。晏子说:

"我们君王赠献土地,完全是诚心诚意的,为什么不全部接受?"子叔昭伯说:"我接受命令时国君说:'诸侯相见,交往应该礼让,争取处于卑下的地位,这是礼仪的规定呀,交往赠送的东西,争取少接受,才是真诚的行为。礼仪的规定形成在前,真诚的行为在后,这样相互交往才能长久保全。'况且我听说君子不能全部拿走别人喜欢的东西,不能完全收受别人送的礼物。所以我不能全部接受呀。"晏子回来报告景公,景公高兴地笑着说:"鲁国国君还这样吗。"晏子说:"我听说大国贪图名义、小国贪图实惠,这是诸侯的通病。现在鲁国宁愿处于卑下地位而不贪尊位,辞却实惠而不贪多取,行为廉洁不愿苟且求得,遵从道义不愿无原则附合,不全部拿取别人喜欢的东西,不完全收取别人赠送的礼物,以此来保全两国的正常交往,鲁国国君的道义,不同于世俗,使鲁国免遭别的诸侯所遭受的祸患。"景公说:"我喜欢鲁国国君,故赠给他土地,现在鲁君的德行的确这样,我将派人去祝贺他。"晏子说:"不行!国君因为高兴赠给他土地,又去祝贺他推辞赠地,就会相交不亲密,而赠送土地也不算有德义了。"景公说:"好。"于是重重地给鲁国钱币,超过别的诸侯,厚厚地礼待鲁国客人,超过别的宾客。君子在鲁国,而后才明白行为廉洁辞让赠地可以使国家的名重了。

景公游纪得金壶中书晏子因以讽之第十九

【原文】

　　景公游于纪①,得金壶,乃发视之②,中有丹书③,曰:"食鱼无反④,勿乘驽马⑤。"公曰:"善哉!知苦言⑥,食鱼无反,则恶其鱢也⑦;勿乘驽马,恶其取道不远也。"晏子对曰:"不然。食鱼无反,毋尽民力乎!勿乘驽马,则无置不肖于侧乎!"公曰:"纪有书,何以亡也⑧?"晏子对曰:"有以亡也。婴闻之,君子有道,悬之闾⑨。纪有此言,注之壶,不亡何待乎!"

【注释】

　　①纪:古纪国。在今山东寿光南纪台村。《括地志》:"剧,菖州是也,故剧城在青州寿光县南三十一里,故纪国。"

②发视之:打开来看。发,打开。
③丹书:用红色书写的字。
④食鱼无反:吴则虞案:《御览》八百九十六《事类赋》注引作:"无食反鱼,勿乘驽马。"译文据此。不要吃翻过来的鱼。即留其一面。反,翻也。
⑤驽马:劣马。
⑥知苦言:黄从周云:"'苦',字误,元刻作'若'卢校同。"是。'知若言',意思是我知道这话的意思。
⑦恶其鳏:讨厌它的腥味。鳏,同臊。
⑧"纪有"二句:谓纪国既然有这丹书,为什么灭亡呢?
⑨悬之间:悬挂在门间之上。

【今译】

景公在纪地游览,得到一个金壶,就打开看,壶中有用红色书写的字说:"吃鱼不要翻,不要乘劣马。"景公说:"好呀!我知道这丹书的意思,吃鱼不要翻动它,那会讨厌它的腥味了;不要乘劣马,就因讨厌它走不了多远。"晏子说:"不是这个意思。吃鱼不要翻过来,是不要耗尽百姓财力呀!不要乘劣马,就是不要将卑劣的人置于君王身边呀!"景公说:"纪国有这样的丹书,为什么灭亡呢?"晏子说:"有灭亡的原因。我听说,君子有好的教导,悬挂在门间上,纪国有这样的话,装它在金壶里,不灭亡还等待什么呢?"

景公贤鲁昭公去国而自悔晏子谓无及已第二十

【原文】

鲁昭公弃国走齐①,齐公问焉②,曰:"君何年之少,而弃国之蚤,奚道至于此乎③?"昭公对曰:"吾少之时,人多爱我者,吾体不能亲④,人多谏我者,吾志不能用;好则内无拂而外无辅⑤,辅拂无一人,谄谀我者甚众。譬之犹秋蓬也⑥,孤立其根而美枝叶,秋风一至,根且拔矣。"景公辩其言,以语晏子,曰:"使是人反其国,岂不为古之贤君乎?"晏子对曰:"不然。夫愚者多悔,不肖者自贤,溺者不问坠⑦,迷者不问路。溺而后问坠,迷而后问路,譬之犹临难而遽铸兵,噎而遽掘井,虽速亦无及已。"

【注释】

①鲁昭公弃国:弃,《御览》《治要》《类聚》均作"失"。鲁昭公,鲁国之君,公元前541年—公元前510年在位。弃国,失国,失去君位。
②齐公:当作"景公","齐"涉上句衍。
③奚道至于此:什么原因使你到了这种地步。
④体不能亲:自己不能礼近。
⑤"好则"句:谓朝廷内外均无辅弼贤臣。"好则",《治要》《类聚》《御览》并作"是以"。拂,通弼,辅佐。
⑥秋蓬:秋天的飞蓬。蓬,草名,飞蓬。
⑦溺者不问坠:王念孙云:"案'坠'本作'队','队'与'隧'同。《广雅》'队、道也。'《大雅桑柔传》曰:'隧,道也。''溺者不问队',谓不问涉水之路,故溺也。"
⑧噎而遽掘井:口渴了才忙着去挖井。俞樾云:"按'掘井'与'噎'无涉,《说苑·杂言篇》作'譬之犹渴而穿井'。"故"噎"在此作"渴"解。

【今译】

鲁昭公失掉了君位而逃奔到齐国去,齐景公问鲁昭公说:"你为什么这么年轻,就老早把君位给丢失了?什么原因使你到了这种地步?"鲁昭公说:"我年少的时候,人们都很爱我,我自己却没有礼近他们,人们多有劝谏我的,我一意孤行就是不采纳意见,所以朝廷内外都没有辅弼的贤臣,辅弼我的没有一个,谄谀的人却很多,就像秋天的飞蓬一样,它的根孤弱而枝叶华茂,秋风吹来,根就被拔起了。"景公分析他的话,将它告诉晏子,说:"如果让此人返回他的国家,难道不是成了古代的贤君了吗?"晏子回答说:"不会这样。愚昧的人多爱后悔,无能的人总爱说自己有才干,落水的人在于事先不问深浅,迷失方向的人在于不爱问路。落水了才去问深浅,迷失方向才去问路,就像面临大难才仓促去铸造武器,口渴了才去急忙挖井,即使迅速也来不及了。"

景公使鲁有事已仲尼以为知礼第二十一①

【原文】

晏子使鲁,仲尼命门弟子往观。子贡反②,报曰:"孰谓晏子习于礼乎?夫《礼》曰:'登阶不历,堂上不趋,授玉不跪③。'今晏子皆反此,孰谓晏子习于礼者?"

　　晏子既已有事于鲁君④,退见仲尼,仲尼曰:"夫礼,登阶不历,堂上不趋,授玉不跪。夫子反此乎?"晏子曰:"婴闻两楹之间⑤,君臣有位焉,君行其一,臣行其二⑥,君之来速,是以登阶历堂上趋以及位也⑦。君授玉卑,故跪以下之⑧,且吾闻之,大者不逾闲,小者出入可也⑨。"晏子出,仲尼送之以宾客之礼,不计之义⑩,维晏子为能行之。

注释

①景公:当作"晏子"。

②子贡(公元前520年—?):孔子学生,姓端木名赐,春秋时卫国人。善于辞令,历仕鲁、卫。曾游说齐、吴等国,促使吴伐齐救鲁。

③"登阶"三句:见《礼记·曲礼上》。意思是:登台阶不跨越两级,殿堂上不疾走,授给玉器不能下跪。历,超越。

④既已有事于鲁君:谓晏子朝见鲁君的事宜已经完成。

⑤两楹之间:东堂西堂之间。楹,卢文弨云:"'楹'讹,元刻作'楹'"。楹,殿堂。吴则虞云:"'两楹之间'者,《仪礼·聘礼》'公侧袭受玉于中堂与东楹之间'。注:'中堂,南北之中也。入深堂,尊宾事也。'李如圭《集释》云:'中堂,堂东西之中也。是为两楹间。'"

⑥"君行"二句:谓国君跨一步,臣子行二步。吴则虞云:"云'君行一,臣行二'者,指行于堂上而言。《仪礼》'公侧袭受玉于中堂东楹之间'者是也。盖主君在东,聘臣在西,臣向东行,君步阔,臣步狭,是以君行一步,臣趋而行二步。"

⑦趋以及位:快步走去就位。

⑧"君授"二句:谓鲁君接受玉时身子下倾,所以晏子要跪下来授玉。授,通受。按:按照《礼记》的规定,授玉要站着不能跪下,跪下则违礼,但晏子向鲁君授玉,鲁君身子下倾,晏子若站着,则君卑臣尊,更有失君臣之礼,故晏子要跪下,使自己的身子低于鲁君。后文曰:"大者不逾闲,小者出入可也",就是灵活运用礼仪规范。"君授玉",吴则虞云:"当作'授君玉'。"是。

⑨"大者"二句:见《论语》。意思是大的方面不越规矩,小的方面稍有出入是可以的。

⑩不计之义:王念孙云:"案'不计之义',《初学记·文部》引作'不法之礼',上有'反,命门弟子曰'六字,然则'不计之义'二句,乃孔子命门弟子之语,今脱去上六字,则不知为何人语矣。《外上篇》曰:'晏子出,仲尼送之以宾客之礼,再拜其辱,反,命门弟子曰'云云,文义正与此同。《韩诗外传》载此事亦云:'孔子曰:善,礼中又有礼。'"译文从王说。

【今译】

晏子出使鲁国,孔子叫门下弟子前去观看。子贡回来,报告孔子说:"谁说晏子熟练于礼仪呀?那《礼记》上说:'登台阶不能越级,殿堂之上不能快步行走,授给玉器不能下跪。'现在晏子全部违反了礼仪,谁说晏子是熟练于礼仪的人呢?"

晏子完成了拜见鲁国国君的事后,退出宫廷去会见孔子。孔子说:"礼仪有规定,登台阶不越级,殿堂上不快走,授给玉器不下跪,先生违反了礼仪吗?"晏子说:"我听说殿堂的东楹与西楹之间,国君与臣子各有固定的位置,国君跨一步,臣子行两步,君王来得迅速,所以我登台越级快走是为了及时到位。鲁君接受玉器时身子下倾,所以我跪下来授玉给他,况且我听说,大的规矩不超越,小的方面有点出入也是可以的。"晏子走出,孔子以宾客的礼仪送晏子出来,返回去后,对门下弟子说:"没有明文写上去的礼仪,只有晏子能够实行它。"

晏子之鲁进食有豚亡二肩不求其人第二十二

【原文】

晏子之鲁,朝食进馈膳,有豚焉①。晏子曰:"去其二肩②。"昼者进膳,则豚肩不具。侍者曰:"膳豚肩亡③。"晏子曰:"释之矣。"侍者曰:"我能得其人。"晏子曰:"止。吾闻之,量功而不量力④,则民尽;藏余不分⑤,则民盗。子教我所以改之,无教我求其人也。"

注释

①豚:小猪。
②去其二肩:将它的两只前腿藏起来。去,藏也。肩,指四足动物的前腿根部。
③亡:通无。
④量功而不量力:只考虑精巧而不考虑民力。量,推量,思考。
⑤藏余不分:收藏多余的不分给不足者。

【今译】

晏子到鲁国去,早上送进来的膳食,有小猪,晏子说:"把小猪的两只前腿收藏起来。"白天送进来的膳食,小猪的两支前腿就没有了。侍候晏子的人说:"进食小猪前腿没有了。"晏子说:"舍弃它吧。"侍候的人说:"我能找到偷猪腿的人。"晏子说:"算了。我听说,凡事只考虑精巧而不考虑民力,那百姓就会财力穷尽,收藏多余的不分给不足者,百姓就会盗窃。先生应教导我改止过失;不要教导我去寻找那个偷盗的人。"

曾子将行晏子送之而赠以善言第二十三

【原文】

曾子将行①,晏子送之曰:"君子赠人以轩②,不若以言。吾请以言之,以轩乎?"曾子曰:"请以言。"晏子曰:"今夫车轮,山之直木也,良匠揉之③,其圆中规④,虽有槁暴⑤,不复嬴矣⑥。故君子慎隐揉。和氏之璧⑦,井里之困也⑧,良工修之⑨,则为存国之宝⑩,故君子慎所修⑪。今夫兰本,三年而成⑫,湛之苦酒,则君子不近,庶人不佩;湛之麋醢⑬,而贾匹马矣。非兰本美也,所湛然也。愿子之必求所湛。婴闻之,君子居必择邻,游必就士⑭,择居所以求士,求士所以辟患也。婴闻汩常移质⑮,习俗移性,不可不慎也。"

注释

①曾子(公元前505—公元前436年):名参,字子舆。孔子学生。春秋末鲁国人。详见前。

②轩:古代一种前顶较高而有帷幕的车子。一说,"轩"应为"财"。译文从后说。

③揉之:用火烘烤后使它弯曲。

④其圆中规:它的圆度符合圆规。

⑤槁暴:枯干。

⑥不复嬴:不再变成挺直的了。

⑦和氏之璧:即和氏璧。

⑧井里之困也:埋没在民间。按:春秋时楚国人卞和在山中得一璞玉,献给厉王,王使玉工辨认,说是石头,便以欺君之罪,砍断卞和左足。后武王即位,卞和又献玉,仍以欺君之罪断其右足。故和氏宝璧未被人识而埋没在民间,后来文王即

位,卞和抱玉哭于荆山下,文王派人问他,他说:"吾非悲刖也,悲夫宝玉而题之以石,贞士而名之以诳。"文王使人剖璞,果得宝玉,因名之曰"和氏璧"。

⑨修之:治之。这里指剖璞得玉。

⑩存国之宝:镇国之宝。

⑪君子慎所修:君子要慎重地对待修养。

⑫兰本:植物名。兰草与藁本。《神农本草经》:"兰草,一名水香;藁本,一名鬼卿,一名地新。"

⑬湛之縻醢:浸渍于縻鹿做的肉酱之中。湛,渍;醢,肉酱。王念孙云:"縻醢"当为"縻醢。"从王说。

⑭游必就士:交游一定要结交贤士。

⑮汩(gǔ 骨)常:违反伦常。汩,乱也。

【今译】

　　曾子将要走了,晏子给他送行说:"君子认为赠送财物给人,不如赠送善言。我请问是用善言赠送你呢,还是用财物赠送你?"曾子说:"请用善言赠送我。"晏子说:"现在的车轮本是山中挺直的木材,技艺高超的木匠用火烘烤木材揉曲而制成了它,它的圆度符合圆规,即使再干枯日晒,不再变成直木了。所以君子要谨慎地对待隐蔽的揉制。和氏宝璧,本来埋没在民间,精良的玉工剖治了它,就成为镇国之宝,所以君子要谨慎地对待自己的修养。现在那兰草与藁本,三年而长成,用苦酒浸泡了它,君子就不接近,普通百姓也不佩戴它;用縻肉做的酱浸渍它,而它就能换一匹马。不是兰草与藁本的质地美,而是用来浸泡的东西使它变得昂贵。希望您一定要注意选求浸泡的物体。我听说,君子居住一定要选择邻里,交游一定要选择贤士,选择邻居是用来求得贤士,求得贤士是用来避免灾祸。我听说违反伦常就会改变人的本质,学习庸俗就会改变本性,不可以不谨慎呀。"

晏子之晋睹齐累越石父解
左骖赎之与归第二十四

【原文】

　　晏子之晋,至中牟①,睹敝冠反裘负刍②,息于途侧者,以为君子也。使人问焉,曰:"子何为者也?"对曰:"我越石父者也③。"晏子曰:"何为至此?"曰:"吾为人臣,仆于中牟④,见使将归⑤。"晏子曰:"何为为仆?"对曰:"不免冰饿之切吾身⑥,是以为仆也。"晏子曰:"为仆几何?"对曰:"三年矣。"晏子曰:"可得赎乎?"对曰:"可"。遂解左骖以赠之,因载而与之俱归。至舍,不辞而入⑦,越石父怒而请绝⑧,晏子使人应之曰:"吾未尝得交夫子也,子为仆三年,吾乃今日睹而赎之,吾于子尚未可乎?子何绝我之暴也⑨。"越石父对之曰:"臣闻之,士者诎乎不知己⑩,而申乎知己⑪,故君子不以功轻人之身⑫,不为彼功诎身之理⑬。吾三年为人臣仆,而莫吾知也。今子赎我,吾以子为知我矣;向者子乘⑭,不我辞也⑮,吾以子为忘;今又不辞而入,是与臣我者同矣⑯。我犹且为臣,请鬻于世⑰。"晏子出,见之曰:"向者见客之容,而今也见客之意⑱。婴闻之,省行者不引其过⑲,察实者不饥其辞⑳,婴可以辞而无弃乎㉑!婴诚革之㉒。"乃令粪洒改席㉓,尊醮而礼之㉔。越石父曰:"吾闻之,至恭不修途㉕,尊礼不受摈㉖。夫子礼之,仆不敢当也。"晏子遂以为上客。君子曰:"俗人之有功则德㉗,德则骄,晏子有功,免人于厄㉘,而反诎下之㉙,其去俗亦远矣。此全功之道也㉚。"

注释

①中牟:古邑名。在今河南省境内。《史记·正义》:"相州汤阴县西有牟山,中牟当在其侧。"

②负刍:背干草的人。

③越石父:人名。

④为人臣:给人当奴仆。臣,男子的贱称,意为奴隶。

⑤见使将归:现在将要让我回去。见,通现。

⑥切吾身:切割我的身子,即摧残身体。

⑦不辞而入:不打招呼就进去。辞,言辞,这里指打招呼。

⑧请绝:请求绝交。

⑨暴:疾,快。

⑩诎乎不知己:委屈于没有人了解自己。

⑪申乎知己:舒展于有人理解自己。申,舒展。

⑫不以功轻人:不因自己有功于人而轻视他。

⑬"不为"句:不因别人有功而屈身于人。

⑭向者子乘:先前您乘车的时候。

⑮不我辞：即不辞我，不向我打招呼。

⑯臣我者：以我为臣者，把我看作奴仆的人。

⑰鬻于世：在世间去卖。

⑱"向者"二句：谓先前只看到外表，现在看到了意志气质。意，意志。

⑲"省行"句：谓能够反省自己行为的人，就不要再举他的过失。引，举。

⑳"察实"句：谓对详察事实的人不要再讥诮他说过的话。

㉑"婴可"句：意思是我可向你道歉而不为你抛弃吗？辞，言辞。

㉒革之：改正它。

㉓粪洒改席：洒扫房屋，更改筵席。粪，扫除。

㉔尊醮（jiào 教）而礼之：用醮礼来礼待越石父。醮，古代嘉礼中一种简单仪节，用于冠礼和婚礼。吴则虞云："'尊醮而礼之者'，此亦礼之常。凡宾主人，行礼毕，主人待宾用醴，则谓之礼，不用醴，则曰傧。凡礼，主人必彻几改筵，迎宾于庙门外。此'礼之'之'礼'，当从此为释，非泛指也。"

㉕至恭不修途：最恭敬的礼待不必清扫道路。

㉖尊礼不受傧：谓尊重礼仪，不用摈相相引。按：我国春秋战国时期礼仪规范相当严格，超出规范就是违礼。《士昏礼》云："傧者出请，宾告事毕，入告，出请醴宾。"这是迎接大夫以上的仪式，因大夫尊，得有礼傧两名相迎，士以下卑，则不用傧迎。尊礼不受傧，就是迎接士以下的宾客的仪式。傧，通傧。

㉗有功则德：谓有功于人就自我炫耀以为有德。

㉘免人于厄：让人免于厄运。

㉙反诎下之：反而委曲自己，礼下于别人。

㉚全功之道：完全取得成功的办法。

【今译】

晏子去晋国，到了中牟邑，看见一个头戴破帽反穿皮衣背干草的人，在路旁休息，认为这是一个贤人。晏子派人问他，说："先生是干什么的？"回答说："我叫越石父。"晏子问："为什么弄到这种境况？"回答说："我是人家的奴隶，在中牟干奴仆的事，现将要让我回去了。"晏子说："什么原因使你沦为奴仆？"回答说："不能免除寒冷饥饿的痛苦，所以给人当了奴仆。"晏子说："你当奴仆的时间多久了？"回答说："三年了。"晏子说："可以赎身吗？"回答说："可以。"于是晏子就将自己车子的左骖解下赠送给越石父赎身，并用车载着越石父与自己一起回齐国来。到了家，晏子没有打招呼就进去了，越石父发怒而请求与晏子绝交。晏子派人回问越石父说："我没有与先生交朋友呀，先生当奴仆三年,我才于今天看见并为你赎身,我对于先生还不可以吗?先生为何这样快就与我绝交呢?"越石父回答说:"我听说,读书人委屈于没有人理解自己,舒展于有人理解自己。所以君子不以自己有功劳看轻别人,也不因为别人有功劳而自己就屈身于人。我为别人当奴隶三年,而没有一个理解我的,今天先生为我赎身,我认为先生是理解我的了;先前先生乘车,不向我打招呼,我以为先生忘记了,现在又不打招呼而进去,是和把我当奴隶看待的人一样了。我还是当奴隶,请把我在世上卖了吧。"晏子走出来,见越石父说:"先前我只看到您的外表,而现在看见了您的气质。我听说,反省自己行为的人不再举他的过失,详察实情的人不再讥诮他所说的话,我可以向你道歉而不被你所弃吗!我诚心改正我的过失。"于是下令洒扫门庭更改筵席,用"醮礼"来礼迎越石父。越石父说:"我听说,最恭敬的礼待不必打扫道路,尊重的礼待不必用傧相,先生礼待我,我不敢担当呀。"晏子于是把越石父尊为上宾。君子说:"世俗的人有功于人就自以为有德,认为有德就会骄傲,晏子有功于人,使别人免除困厄,而又屈己礼下于人,他与俗人的差距太远了,这是使自己能够完全成功的办法啊。"

晏子之御感妻言而自抑损
晏子荐以为大夫第二十五

【原文】

晏子为齐相,出,其御之妻从门间而窥①,其夫为相御,拥大盖②,策驷马,意气扬扬③,甚自得也。既而归,其妻请去。夫问其故,妻曰:"晏子长不满六尺④,相齐国,名显诸侯。今者妾观其出,志念深矣⑤,常有以自下者⑥。今子长八尺,乃为人仆御;然子之意,自以为足,妾是以求去也。"其后,夫自抑损⑦,晏子怪而问之,御以实对,晏子荐以为大夫。

【注释】

①从门间而窥:从门缝里看。窥,看。
②拥大盖:张盖着有大伞的车。拥,遮掩。盖,伞,一种用绢做的罗伞。

③意气洋洋:形容得意忘形的神态。
④六尺:这里指的是周代的尺,周代的一尺大约相当于现在的八寸。
⑤志念深矣:志向远大。
⑥自下者:自己谦逊,礼于下人。
⑦抑损:抑制谦逊。

【今译】
　　晏子任齐国丞相。有一天出门,他的车夫的妻子从门缝里观望,她看见自己的丈夫给丞相驾车,车上张盖着很大的罗伞,鞭策着牵拽车子的四匹骏马,显得神气十足非常得意。车夫驾车完毕回到家里,妻子请求离他而去,车夫问妻子是什么原因,妻子说:"晏子身高不足六尺,当上了齐国丞相,名声显赫于诸侯,今天我看他出去,志向深远,保持着谦逊有礼于下人的态度,你身高八尺,仅是一个给人驾车的仆人,然而你的心意,自以为满足,所以我要求离开你。"从此以后,驾车人自己抑制改正缺点,晏子奇怪而问车夫,车夫如实将情况告诉晏子,晏子就推荐他为大夫。

泯子午见晏子晏子恨不尽其意第二十六

【原文】
　　燕之游士,有泯子午者①,南见晏子于齐②,言有文章③,术有条理④,巨可以补国⑤,细可以益晏子者,三百篇。睹晏子,恐慎而不能言⑥。晏子假之以悲色⑦,开之以礼颜⑧,然后能尽其复也⑨。客退,晏子直席而坐⑩,废朝移时⑪。在侧者曰:"何者燕客侍,夫子胡为忧也?"晏子曰:"燕,万乘之国也;齐,千里之途也。泯子午以万乘之国为不足说,以千里之途为不足远,则是千万人之上也。且犹不能殚其言于我,况乎齐人之怀善而死者乎!吾所以不得睹者,岂不多矣!然吾失此,何之有也。"

【注释】
　　①泯子午:人名。事不详。

②南见晏子于齐:从北边的燕国到南边的齐国去会见晏子。
③言有文章:言辞很有文采。
④术有条理:理论、策略很有系统、条理。
⑤巨可以补国:大的方面可以补益于国。
⑥恐慎:恐惧。《广雅·释诂》云:"慎,恐也。"
⑦假之以悲色:用文雅温和的脸色对他。假:给,这里作对待解。悲色,文雅温和的脸色。悲,通匪。《诗·卫风·淇奥》:"有匪君子,如切如磋,如琢如磨。"《传》:"匪,文采貌。"
⑧开之以礼颜:用彬彬有礼的容颜开导他。
⑨尽其复:尽量说出他所想说的话。
⑩直席而坐:端正地坐在坐席上。
⑪废朝移时:好一会忘记了听事办公。朝,听事,即办公。

【今译】
　　燕国有个名叫泯子午的游说之士,从燕国往南到齐国去拜见晏子,他言辞很有文采,理论很有条理,大的方面可以补益国家,小的方面可以有益于晏子的文章有三百篇。看到晏子后,又心中恐惧而不能畅所欲言。晏子用文雅温和的脸色接待他,用彬彬有礼的仪容开导他,然后泯子午才尽情地说出自己想说的话。客人走后,晏子在坐席上端正地坐了好一会,忘记了办公。在晏子身旁的人说:"先前燕国客人在您身边时,先生为什么不安呀?"晏子说:"燕国,是有万乘战车的强国,齐国,是疆土纵横千里的大国。泯子午认为万乘的大国不足以游说,不把千里的路程视为遥远而来齐国,那他是在千万人之上的人了,他尚且不能尽情地把所想说的话向我说,何况在齐国人中心怀美德善行而至死未得任用的人呢?我因此不能看到的有才德的人,不是很多吗!而我失去了这些有德才的人,还有什么呢?"

晏子乞北郭骚米以养母骚杀身以明晏子之贤第二十七

【原文】
　　齐有北郭骚者①,结罘罔②,捆蒲草③,织履,以养其母,犹不足,踵门见晏子曰④:"窃说先生之义,愿乞所以养母者。"晏子使人分仓粟府金而遗之⑤,辞金受粟。有间,晏子见疑于景公,出奔,过北郭骚之门而辞。北郭骚沐浴而见晏子曰:"夫子将焉适⑥?"晏子曰:"见疑于齐君,将出奔。"北郭骚曰:"夫子勉之矣!"晏子上车太息而叹曰:"婴之亡岂不宜哉!亦不知士甚矣。"晏子行,北郭子召其友而告之曰:"吾说晏子之义,而尝乞所以养母者焉。吾闻之,养其亲者身伉其难⑦,今晏子见疑,吾将以身死白之⑧。"著衣冠,令其友操剑,奉笥而从⑨,造于君庭⑩,求复者曰⑪:"晏子,天下之贤者也,今去齐国,齐必侵矣⑫。方见国之必侵,不若死,请以头托白晏子也。"因谓其友曰:"盛吾头于笥中,奉以托⑬。"退而自刎。其友因奉托而谓复者曰:"此北郭子为国故死,吾将为北郭子死。"又退而自刎。景公闻之,大骇,乘驲而自追晏子⑭,及之国郊⑮,请而反之。晏子不得已而反,闻北郭子之以死白己也,太息而叹曰:"婴之亡,岂不宜哉!亦愈不知士甚矣。"

注释

①北郭骚:人名。事见本篇。
②罘(fú 伏)罔:捕兽的网。
③蒲草:水生植物名,可用来织席,织履。
④踵门:亲自到门。
⑤遗(wèi 畏)之:赠送他。
⑥焉适:往哪里去。
⑦伉其难:当其难,即承受其灾难。其,这里指赡养自己母亲的人。伉,当也。
⑧白之:为他剖白。
⑨笥(sì 饲):方形的竹篮。《礼记·曲礼上》:"凡以弓剑苞苴箪笥问人者。"郑玄注:"箪笥,盛饭食者,圆为箪,方曰笥。"
⑩造于君庭:到了宫廷。造,到。
⑪复者:通报事情的守门人。
⑫必侵:一定会遭受侵略。
⑬奉以托:奉送与托付。
⑭驲(nì 昵):古代驿站专用的车,或称传车。
⑮国郊:国境。郊,境也。

【今译】

齐国有一个名叫北郭骚的人,编织捕兽的网,捆扎蒲草打草鞋来卖,靠这些收入赡养自己的母亲,还是不足以维生,他亲自到晏子的家门求见晏子说:"我仰慕先生的高义,希望乞求所能用来养活母亲的东西。"晏子叫人分些仓库里的粮食和府库里的钱币赠送北郭骚,北郭骚谢绝钱币而接受了粮食。过了一段时间,晏子被景公怀疑,将要出逃到外国去,路过北郭骚的家而向他告辞。北郭骚沐浴后拜见晏子说:"先生将往哪里去?"晏子说:"被齐君怀疑,将要出逃。"北郭骚说:"先生保重呀!"晏子上车感慨地叹息说:"我的出逃怎么是不应该的呢,也是我太不了解人了。"晏子走后,北郭骚请朋友来,说:"我敬佩晏子的高义,而曾经向他乞求用来赡养母亲的粮食。我听说,赡养自己双亲的人,自身要为他承担灾难,现在晏子被齐君怀疑,我将用自身的死来为他剖白。"于是穿戴好衣冠,叫自己的朋友拿着宝剑,捧着竹篮跟在他后边,来到宫廷,向守门通报情况的人说:"晏子,是天下贤良的人,现在离开齐国,齐国一定会遭受侵略。眼见国家一定会遭受侵略,不如死,请求用我的头相托为晏子剖白。"又对他的朋友说:"把我的头装在竹篮里边,拜托奉上。"北郭骚退下来后自杀了。他的朋友又将盛头的竹篮交给守门通报情况的人说:"这是北郭先生为了国家的原故而死,我将为北郭先生死。"又后退而自杀了。景公听到这事后,大受惊骇,乘驿站快车亲自去追赶晏子,在国境追上,请求晏子返回。晏子不得已而返回,听到北郭先生用死来为自己剖白,又感慨叹息说:"我的逃亡,难道不是应该的么!我是更加不了解贤士到极点呀。"

景公欲见高纠晏子辞以禄仕之臣第二十八

【原文】

景公问晏子曰:"吾闻高纠与夫子游①,寡人请见之。"晏子对曰:"臣闻之,为地战者,不能成其王②;为禄仕者,不能正其君。高纠与婴为兄弟久矣,未尝干婴之行,特禄之臣也③,何足以补君乎!"

【注释】

①高纠:人名,晏子的朋友。事不详。

②不能成其王：不能成就帝王的功业。
③特禄之臣：只拿俸禄的臣子。也就是只保持俸禄而没有多大作为的人。

【今译】

　　景公问晏子说："我听说高纠与先生交游，我请求会见他。"晏子回答说："我听说，为了土地而发动战争的人，不可能成就帝王的功业；只是为了俸禄而作官的人，不可能匡正他的国君。高纠与我作为兄弟已经很久了，未尝批评过我的行为，只是一个拿俸禄而没有多大作为的人罢了，有什么可以补益君王的呢？"

高纠治晏子家不得其俗乃逐之第二十九

【原文】

　　高纠事晏子而见逐，高纠曰："臣事夫子三年，无得①，而卒见逐，其说何也②？"晏子曰："婴之家俗有三③，而子无一焉。"纠曰："可得闻乎？"晏子曰："婴之家俗，闲处从容不谈议，则疏；出不相扬美④，入不相削行⑤，则不与；通国事无论⑥，骄士慢知者⑦，则不朝也⑧。此三者，婴之家俗，今子是无一焉。故婴非特食馁之长也⑨，是以辞。"

注释

①无得：没有得到禄位。
②其说何也：这怎么解释呢？
③家俗：家法。
④出不相扬美：出去不互相宣扬美德。
⑤削行：切磋德行。
⑥通国事无论：全国的事情不讨论。
⑦骄士慢知：对贤士骄横，对智者怠慢。
⑧不朝：不交往。朋友过访叫朝。
⑨"故婴"句：谓我不是专供饮食的人。

【今译】

　　高纠侍奉晏子而被驱逐,高纠说:"我侍奉先生三年,没有得到禄位,而终了还被驱逐,这怎么解释呀?"晏子说:"我的家法有三条,而您一条都没有作到。"高纠说:"可以让我听一听吗?"晏子说:"我的家法,闲居慢条斯理不谈议国家大事的,就疏远;出去不相互弘扬美德,回来不切磋德行的,就不赞许;全国的大事不讨论,对贤士骄横对智者怠慢的人,就不交往。这三条,就是我的家法,现在先生一条都不具备。我不是专门用饮食赠送人的主人,所以将你辞退。"

晏子居丧逊畣家老仲尼善之第三十

【原文】

　　晏子居晏桓子之丧①,粗衰②,斩③,苴绖带④,杖⑤,菅屦⑥,食粥,居倚庐⑦,寝苫⑧,枕草⑨。其家老曰:"非大夫丧父之礼也⑩。"晏子曰:"唯卿为大夫。"曾子以闻孔子,孔子曰:"晏子可谓能远害矣。不以己之是驳人之非,逊辞以避咎⑪,义也夫!"

注释

①晏桓子:名弱,晏子之父。

②粗衰(cuī 催):古代丧服之一。古人服丧,胸前当心处缀有长六寸、广四寸的麻布,名衰。

③斩:即斩衰,古代丧服名,"五服"中最重的一种。其服用最粗的麻布做成,不缉边,使断处外露,以示无饰,故称"斩衰"。

④苴绖带:古代丧服之一,即用稻草搓成草绳拴于腰间。

⑤杖,即丧棒,或称孝杖,居丧时手拿着。

⑥菅屦:草鞋,居丧时穿。

⑦倚庐:古人守丧时住的房子。倚木为庐,门向北开,用草木等物盖成,不涂泥。在中门外东墙下。

⑧寝苫:睡在苫草编成的草荐上。苫,居丧时睡的草荐。

⑨枕草:居丧期间用草作枕头。亦可用石块作枕,称为"枕块"。

⑩"非大夫"句:于鬯云:"春秋时有大夫丧父之礼,则当时为大夫者必皆习用之,而晏子独否,故其家老有是言也。夫《小戴·中庸记》云:'父母之丧,无贵贱

也。'《孟子·滕文公篇》云:'三年之丧,齐疏之服,飦粥之食,自天子达于庶人,三代共之。'则乌有所谓大夫丧父之礼。大夫丧父之礼,即士礼也,大夫而有丧父之礼也,齐之末造也。乃晏子不欲斥大夫丧父之礼之非礼,曰'唯卿为大夫',转自托于己非大夫为解,故孔子谓其'不以己之是驳人之非'也。夫当时既习行大夫丧父之礼,则使晏子斥大夫丧父之礼之非礼,不啻概斥当世大夫,岂非招尤之道乎?故曰'晏子可谓能远害矣。'明乎此义,而下文之义可通。"于说甚是。

⑪逊辞以避咎:用谦逊的言辞避免祸害。逊辞指晏子所说'唯卿为大夫',言下之意自己不算大夫,所以不用大夫丧父之礼。按:齐国末期实行的"大夫丧礼",实则是不守丧,晏子认为这是一种非礼之丧礼,故自己不用,但亦不好指斥而得罪诸大夫,故说自己不算大夫,这就避开了与众大夫之间的矛盾,故称"逊辞以避咎"。

【今译】

晏子的父亲晏桓子死后晏子守丧,穿着粗麻布做成的丧服,腰间拴着草绳,手执丧杖、脚穿草鞋,吃粥,居住在倚庐里,睡草荐,用草作枕头。他的老管家说:"这不是大夫丧父的礼仪。"晏子说:"只有卿才是大夫。"曾子将这件事告诉孔子,孔子说:"晏子可以说能远离祸害呀。不用自己的对驳斥别人的错,而是用谦逊的言辞来避免祸害,就是义了。"

晏子春秋·卷第六

内篇杂下第六

灵公禁妇人为丈夫饰不止晏子请先内勿服第一

【原文】

灵公好妇人而丈夫饰者①,国人尽服之,公使吏禁之,曰:"女子而男子饰者,裂其衣②,断其带。"裂衣断带相望,而不止。晏子见,公问曰:"寡人使吏禁女子而男子饰,裂断其衣带,相望而不止者何也?"晏子对曰:"君使服之于内,而禁之于外,犹悬牛首于门,而卖马肉于内也。公何以不使内勿服,则外莫敢为也。"公曰:"善。"使内勿服,逾月,而国莫之服③。

【注释】

①"灵公"句:谓齐灵公喜好女子穿男人衣服。灵公,齐灵公,公元前581—公元前554年在位。妇人而丈夫饰,妇人穿戴男人衣着。
②裂其衣:撕坏她们的衣服。
③国莫之服:即国莫服之,国都的女人不再穿男人衣服。

【今译】

齐灵公喜好妇女穿男人衣着,国都里的女子全都穿男人服装,灵公派官吏去禁止这种风气,说:"女子穿男人服装的,就撕坏她的衣服,割断她的衣带。"被撕坏衣服割断衣带的女子一个接着一个,但还是不能禁止。晏子拜见灵公,灵公问:"我派官吏禁止女子穿戴男人服装,被撕坏衣服割断衣带的人一个接着一个,而不能禁止的原因是什么?"晏子回答说:"君王让官内的女人穿戴男人衣服,而又禁止官外的穿,就如把牛头挂在门上,而在门内卖马肉一样。君王为何不让官内的女子不穿呢?这样外边就不敢穿了。"灵公说:"好。"下令官内不准穿,过了一个月,国都里的女人不再穿男人衣服了。

齐人好毂击晏子绐以不祥而禁之第二

【原文】

　　齐人甚好毂击①,相犯以为乐②,禁之不止。晏子患之,乃为新车良马,出与人相犯也,曰:"毂击者不祥,臣其祭祀不顺③,居处不敬乎④?"下车而弃去之,然后国人乃不为。故曰:"禁之以制⑤,而身不先行,民不能止。故化其心⑥,莫若教也。"

注释

　　①毂击:两车的车轮相撞击。毂,车子的轮毂,这里泛指车轮。
　　②相犯:互相侵犯,即相互对撞。
　　③祭祀不顺:祭祀神灵不谨慎。顺,读为"慎"。
　　④不敬:不受尊敬。
　　⑤制:法令。
　　⑥化其心:改变他们的心。

【今译】

　　齐国人非常喜欢用车轮轴相撞击,用此取乐,禁止不了。晏子忧虑这种情况,就制作了一部新车用骏马拉着,出去与别人相撞,然后说:"撞击车轮的人不吉祥,我是祭祀神灵不谨慎,起居不恭敬吧?"于是下车抛弃车子而离去,从这以后齐国人就不再搞车轮撞击了。所以说:"用法令去禁止,而自身不先执行,百姓就不能禁止。所以改变百姓的心性,不如身教。"

景公瞢五丈夫称无辜晏子知其冤第三

【原文】

　　景公畋于梧丘①,夜犹早,公姑坐睡②,而瞢有五丈夫北面韦庐③,称无罪焉。公觉,召晏子而告其所瞢。公曰:"我其尝杀不辜,诛无罪邪?"晏子对曰:"昔者先君灵公畋,五丈夫罟而骇兽④,故杀之,断其头而葬之。命曰:'五丈夫之丘',此其地邪?"公令人掘而求之,则五头同穴而存焉。公曰:"嘻!"令吏葬之。国人不知其瞢也,曰:"君悯白骨,而况于生者乎,不遗余力矣,不释余知矣⑤。"故曰:"君子之为善易矣。"

注释

　　①梧丘:当道之丘。丘,高地。《释名·释丘》云:"当涂曰梧丘。梧,杵也,与人相当忤也。"
　　②坐睡:坐着打磕睡。《说文》:"睡,坐寐也。"
　　③韦庐:出猎时临时搭成的行宫帐殿。吴则虞按:"'韦庐',即行宫帐殿之类。"
　　④罟:同罟。网的总称。吴则虞按:"《文选注》作'有五丈夫来骇兽'。"《御览》两引作"五丈夫骇兽"。
　　⑤不遗余力不释余知:不留下多余的力量,不舍弃多余的智慧,即竭力尽智。释,舍弃。

【今译】

　　景公在当道的高地上打猎,一天离天黑还早,就暂时坐着打瞌睡,而梦见五个男子面北向着他住的行宫,自称没有罪。景公醒来,召见晏子而告诉他所做的梦。景公说:"我曾经杀过无辜,诛过无罪的人吗?"晏子回答说:"过去先君灵公打猎,有五个男子布网而惊骇了野兽,所以杀了他们,砍下他们的头葬在一起,命名为'五丈夫的坟'。这里就是安葬他们的地方吧!"景公命令人挖土寻找,就见五个人头还一起存在土穴里。景公发出"嘻"的惊叹,又命令官吏安葬这五个人。齐国人不知景公所做的梦,说:"君王怜悯白骨,而何况对活人呢,为了国家我们将竭尽余力,竭尽智慧呀。"所以说:"君子做善事容易呀。"

柏常骞禳枭死将为景公
请寿晏子识其妄第四

【原文】

　　景公为路寝之台①,成②,而不踊焉③。柏常骞曰④:"君为台甚急,台成⑤,君何为而不踊焉⑥?"公曰:"然!有枭昔者鸣⑦,声无不为也⑧,吾恶之甚⑨,是以不踊焉⑩。"

　　柏常骞曰:"臣请禳而去⑪。"公曰:"何具?"对曰:"筑新室,为置白茅。"公使为室,成,置白茅焉⑫。柏常骞夜用事⑬。明日问公曰⑭:"今昔闻枭声乎⑮?"公曰:"一鸣而不复闻⑯。"使人往视之,枭当陛,布翅,伏地而死⑰。公曰:"子之道若此其明,亦能益寡人之寿乎?"对曰:"能。"公曰:"能益几何?"对曰:"天子九,诸侯七,大夫五。"⑱公曰:"子亦有征兆之见乎?"对曰:"得寿,地且动。"公喜,令百官趣具骞之所求⑲。

　　柏常骞出,遭晏子于途⑳,拜马前,骞辞曰:"为禳君枭而杀之,君谓骞曰:'子之道若此其明也,亦能益寡人寿乎?'骞曰:'能。'今且大祭,为君请寿,故将往,以闻。"㉑

　　晏子曰:"嘻!亦善能为君请寿也。虽然,吾闻之,维以政为德而顺乎神,为可以益寿,今徒祭,可以益寿乎?然则福兆有见乎?"㉒对曰㉓:"得寿,地将动。"晏子曰:"骞㉔,昔吾见维星绝㉕,枢星散㉖,地其动,汝以是乎?"柏常骞俯有间㉘,仰而对曰㉙:"然。"晏子曰:"为之无益,不为无损也。汝薄敛,毋费民,且无令君知之㉚。"

【注释】

　　①"景公"句:汉墓竹简作"景公令修菳寑之台。"骈宇骞云:"'菳'当读为'路','菳'、'路'皆从'各'声,古音相同,可通假。'寑'为'寝'之省体。"路寝之台,大堂前的高台。

　　②成:汉墓竹简作"台成"。

　　③而不踊焉:汉墓竹简作"公不尚焉。"骈宇骞云:"'尚'当读为'上',《广雅·释诂》,'尚,上也。'"吴则虞按,以"踊"为"上",盖齐人之言。不踊,即不

登台。

④柏常骞曰:汉墓竹简作"柏常骞见曰"。

⑤台成:汉墓竹简作"今成"。

⑥"君何"句:汉墓竹简作"何为不尚焉?"

⑦有枭昔者鸣:汉墓竹简作"每□□□鸣焉",缺三字,骈宇骞云:"疑当为'昔(或夕)有枭'"。枭,通鸮,鸟纲鸱鸮科各科类的泛称。古人认为这种鸟类是不祥之鸟。

⑧声无不为也:汉墓竹简'声'上有'其'字。意为什么声音都叫出来了。

⑨吾恶之甚:我非常讨厌它。

⑩是以不踊焉:汉墓竹简作"吾是以不尚焉"。

⑪臣请禳而去:汉墓竹简作"臣请□而去之"。骈宇骞云:"简本,'请'下一字,左侧从月,右侧残泐,似从昏,疑为'睧',隶作'胻',当读为'袩'或'袷'。《说文·示部》云:'袩,祀也。'禳,除去不吉祥的祭名。

⑫从"公曰……白茅焉"数句:汉墓竹简作"公曰:若。令官具柏常骞之求。柏常骞曰:'无求也,请筑新室,以茅蕝之。'室成,具白茅而已矣。"与明本差异较大。白茅,古代祭祀用的一种草。

⑬"柏常"句:汉墓竹简"事"字后有"焉"字。用事,指举行祭祀。

⑭"明日"句:汉墓竹简作"旦见于公曰"。

⑮"今旨"句:汉墓竹简作"今夜尚闻枭声乎?"

⑯"一鸣"句:汉墓竹简作"吾一闻□□□□矣"。缺四字,骈宇骞云:"疑当为'而不复闻'。"

⑰从"使人……伏地而死"数句:汉墓竹简作"柏常骞曰:'□令人视之,枭□□矣。'公令人视之,枭布翼,伏地而死乎台下。"与明本稍异。骈宇骞云:"'令'上一字,从竹简残存笔画来辨认,疑当作'请'字。'枭'下缺二字,疑当为'已死'。"

⑱从"公曰"至"大夫五"数句:汉墓竹简作"公喜曰:子能请……柏常骞曰:'能。'公曰:'益几何?'合曰:'天子九,诸侯七,大夫五。'"骈宇骞云:"'请'下简残文缺。简文'合'当读为'答'。"

⑲从"公曰:子亦有"至"骞之所求":汉墓竹简作"公曰:'□□益寿有征兆乎?'柏常骞曰:'然。益寿地将动。'公喜,令数为之,令官具柏常骞之求,后者□不用令之罪。"骈宇骞云:"'公曰'下缺字疑当为'子能'二字。《说苑》本与明本同,唯'亦'上无'子'字。简本'数'当读为'速'。"

⑳遭晏子于途:汉墓竹简作"曹晏子于涂"。骈宇骞云:"'曹'当读为'遭',《说文》云:'遭,遇也。'简本'涂'当读为'塗','塗'乃'途'之异体。"

㉑从"拜马前"至"以闻":汉墓竹简作"曰:'前日公令修台,成而公不尚焉。

骞见而□问之,君曰:"有枭夜鸣焉,吾恶之,故不尚焉。"骞为君□之而枭已死矣。君谓骞曰:"女能请鬼神杀枭而不能益寡人寿乎?"骞合曰:"能"。君曰:"若,为之。令骞将大祭,以为君请寿,故将往以闻。'"与明本差异较大。

㉒从"晏子曰"至"兆有见乎":汉墓竹简作"晏子□:'诶!夕善矣,能为君请寿,虽然,徒祭可以益寿□?'柏常骞曰:'可。'晏子曰:'婴闻之,虽正川□□可以益寿而已矣。今徒祭,可以益寿,若谨为之,然得寿则有见乎?'"骈宇骞云:"'晏子'下缺字当为'曰','益寿'下缺字当为'乎','正川'下缺字当为'乎神'二字。"

㉓对曰:汉墓竹简作"柏常骞曰"。

㉔骞:汉墓竹简无此字。

㉕维星:古星名,《汉书·天文志》:"斗杓后有三星,名曰维星。"

㉖枢星:天枢星,北斗星之第一星。

㉗地其动:汉墓竹简作"地其几动"。

㉘俯有间:低头想了一会。"俯",汉墓竹简作"付"。

㉙仰而对曰:汉墓竹简作"合曰"。

㉚"晏子曰"至"君知之":汉墓竹简作"晏子曰:'为□□□弗为损年,数为之而毋求财官。"与明本差异甚大。又陶鸿庆云:"窃谓'无'乃'先'字之误,'无'又写为'無'耳。'先令君知'者教骞不以欺也。"译文从此说。按:此篇原文吴本与银雀山汉墓出土竹简相比较,文章内容相同,但文字差异较大,出土竹简残缺较多,故译文仍依吴本。

【今译】

景公在大堂前修建高台,峻工后,又不登台。柏常骞问景公:"君王建台时非常急,现在修成了,为什么不登台呢?"景公说:"是这样,前些日子我听到鸱鸮鸣叫,什么声音都叫出来了,我非常讨厌它,所以不登台。"

柏常骞说:"我请求禳祭而使它离开。"景公说:"需要具备什么东西?"柏常骞说:"修一间新房子,在房内放置白茅。"景公派人修房子,修成后,放置白茅于屋内。柏常骞晚上进行禳祭。第二天,他问景公说:"昨晚听到鸱鸮的叫声吗?"景公说:"叫了一声就不再听到了。"又派人往路寝台去察看,鸱鸮落在台阶上,两翼张开,伏在地上死了。景公说:"你的道术如此高明,还能为我增加寿命吗?"柏常骞说:"能。"景公说:"能增加几岁?"柏常骞说:"天子增加九岁,诸侯七岁,大夫五岁。"景公说:"你也能使征兆出现吗?"回答说:"得到增寿,地将震动。"景公欣喜,命令百官赶快具备柏常骞所需的东西。

柏常骞出来,在途中遇到晏子,在马前向晏子揖拜。柏常骞说:"为了禳除君王听到的叫声而杀死了鸱鸮,君王对我说:'你的道术如此高明,也能为我增寿吗?'我说:'能。'现将举行大祭,为君王请寿,所以将去,报告你知道。"

晏子说:"嘻!好啊!能够为君王请求增寿。虽是这样,我听说,只有政治和德行顺应神灵,才可以增寿,现在仅仅借祭祀,可以增寿吗?有福的征兆能显示吗?"柏常骞说:"得到增寿,大地将震动。"晏子说:"柏常骞,晚上我曾看见维星消失,枢星散乱,大地将震动,你以此作先兆吧?"柏常骞低头想了一会,抬起头来说:"是。"晏子说:"做这事没有益处,不做也没有损伤。你少征税赋,不要耗费百姓财力,而且一定要让君王先知道此事。"

景公成柏寝而师开言室
夕晏子辨其所以然第五

【原文】

景公新成柏寝之台①,使师开鼓琴②,师开左抚宫③,右弹商④,曰:"室夕⑤。"公曰:"何以知之?"师开对曰:"东方之声薄⑥,西方之声扬⑦。"公召大匠曰⑧:"室何为夕⑨?"大匠曰:"立室以宫矩为之。"⑩于是召司空曰⑪:"立宫何为夕?"司空曰:"立宫以城矩为之。"明日,晏子朝公,公曰:"先君太公以营丘之封⑫立城,曷为夕?"晏子对曰:"古之立国者,南望南斗⑬,北戴枢星,彼安有朝夕哉!然而以今之夕者,周之建国,国之西方,以尊周也。"公蹵然曰:"古之臣乎!"

【注释】

①柏寝台:台名。《括地志》:"柏寝台在青州千乘县东北二十一里。"即今山东高青县高苑镇北。

②师开:师,乐师。开,乐师的名。按:古代乐师多为盲人。故下文有景公问:"何以知之"。

③左抚宫:左手弹宫调。宫,古代音乐术语。中国历代称宫、商、角、变徵、徵、羽、变宫为七声,其中以任何一声为主,均可构成一种调式。凡以宫声为主的调式称为"宫"。

④右弹商:右手弹商调。

⑤室夕:谓房子位置不正,偏向西方。王念孙云:"'夕'与'邪',语之转也。《吕氏春秋·明礼篇》'是正坐于夕室也,其所谓正,乃不正也。'高诱注:'言其室不正,徒其正坐也。''夕'又有'西'义,《周礼》'凡行人之仪,不朝不夕。'郑氏注:'不正东乡,不正西乡。'故下云'国之西方,以尊周也。'"苏时学云:"据下文所云,是言室偏向西,日夕则反照,故谓之夕。"

⑥薄:迫也。此指低沉。

⑦扬:高扬,宏亮。

⑧大匠:古代掌土木建筑之官。

⑨室何为夕:王念孙云:"案以下文'立室'、'立宫'例之,则'室'上当有'立'字。"是。"立室何为夕"意思是修建房子为什么要向西偏移。

⑩宫矩:应作"立宫矩"。即按照修建宫室的规矩来修。

⑪司空:官名。西周始置。春秋战国时沿用,掌管工程。

⑫营丘之封:公元前11世纪齐国始祖吕尚受周分封建齐国,于今山东北部,建都营丘(后称临淄)。故称。

⑬南斗:即斗宿,因其位置在北斗南边,俗称"南斗"。

【今译】

　　景公新建成柏寝台,叫乐师开在台上弹琴,乐师开左手奏宫调,右手弹商调,说:"房屋偏西。"景公说:"怎么知道房屋偏西?"乐师开说:"东方的琴声低沉,西方的琴声高昂。"景公召见大匠说:"建房屋为什么要偏西?"大匠说:"建房是按建宫室的规矩修建。"于是又召见司空问道:"修建宫室为什么要偏西?"司空说:"修建宫室是以修建都城的规矩修建。"第二天,晏子朝见景公,景公说:"先君太公分封在营丘,修建都城,为何偏西?"晏子回答说:"古代建立国家的人,南边仰望斗宿,北边拥戴北斗,那时哪里有偏东偏西的呢!然而用现在偏西的情况看,周朝的建国在西,国都偏西,用来尊周天子了。"景公恭敬地说:"古代的臣子呀!"

景公病水瘖与日斗晏子教占瘖者以对第六

【原文】

　　景公病水①,卧十数日,夜瘖与二日斗,不胜。晏子朝,公曰:"夕者訾与二日斗，而寡人不胜，我其死乎？"晏子对曰："请召占訾者。"出于闺②，使人以车迎占訾者。至，曰："曷为见召？"晏子曰："夜者，公訾二日与公斗，不胜，公曰：'寡人死乎？'故请君占訾，是所为也。"占訾者曰："请反具书③。"晏子曰："毋反书。公所病者，阴也④，日者，阳也。一阴不胜二阳，故病将已。以是对。"占訾者入，公曰："寡人訾与二日斗而不胜，寡人死乎？"占訾者对曰："公之所病，阴也，日者，阳也。一阴不胜二阳，公病将已。"居三日，公病大愈，公且赐占訾者。占訾者曰："此非臣之力，晏子教臣也。"公召晏子，且赐之。晏子曰："占訾者以占之言对，故有益也。使臣言之，则不信矣。此占訾之力也，臣无功焉。"公两赐之⑤，曰："以晏子不夺人之功，以占訾者不蔽人之能。"

注释

①病水：一作"水病"。即水胀，腹中积水。
②闺：宫中小门。
③请反具书：请求让我看看占梦的书。具，元刻本作"其"。
④公所病者，阴也：国君所患的病属于阴症。按：水与火相对而言，按古代阴阳五行说，水属阴，火属阳。景公所患之病为水肿之类的病，故称"阴也"。
⑤两赐之：对两人都给予赏赐。

【今译】

景公患水胀病，卧床十几天，有一天晚上梦见自己和两个太阳相斗，不能取胜。晏子入朝，景公说："晚上梦见和两个太阳相斗，而我不能取胜，我恐怕要死了吧？"晏子回答说："请去召占梦的人。"晏子从宫中小门走出来，派人用车子接占梦的人。占梦人到后，说："因为什么事召见？"晏子说："晚上，君王梦见和两个太阳相斗，不能取胜，君王说：'我将要死吗？'所以请您为君王占梦，这就是所要做的事了。"占梦人说："请让我翻翻占梦的书。"晏子说："不要翻书了。君王所患的病，是属阴，太阳，是属阳，一个阴不能战胜二个阳，所以君王的病就要全愈了。用这话回答。"占梦人入宫，景公说："我梦见与两个太阳斗而不能取胜，我将要死吗？"占梦者回答说："君王所患的病，是属阴，太阳，是属阳。一个阴不能战胜二个阳，君王的病就要全愈了。"过了三天，景公的病全愈，景公将赏赐占梦人，占梦人说："这不是我的功劳，是晏子教我的。"景公召见晏子,将赏赐他,晏子说:"占梦人用占梦的话回答,所以有益于君王。假使由我说这些话,您就不会相信。这是占梦人的功劳,我没有功劳。"景公两人都赏赐,说:"因晏子不争夺别人的功劳,因占梦者不隐瞒别人的才能。"

景公病疽晏子抚而对之乃知群臣之野第七

【原文】

　　景公病疽在背①,高子、国子请②。公曰:"职当抚疽③。"高子进而抚疽,公曰:"热乎?"曰:"热。""热何如?"曰:"如火。""其色何如?"曰:"如未熟李。""大小何如?"曰:"如豆。""堕者何如④?"曰:"如屦辨⑤。"二子者出,晏子请见。公曰:"寡人有病,不能胜衣冠以出见夫子,夫子其辱视寡人乎?"晏子入,呼宰人具盘⑥,御者具巾,刷手温之⑦,发席傅荐⑧,跪请抚疽。公曰:"其热何如?"曰:"如日。""其色何如?"曰"如苍玉⑨。""大小何如?"曰:"如璧⑩。""其堕者何如?"曰:"如珪。"晏子出,公曰:"吾不见君子,不知野人之拙也。"

【注释】

　　①疽:即痈疽。中医学病名。由于风火、湿热、痰凝、血瘀等邪毒所引起的局部化脓性疾病。
　　②高子国子:齐国有高氏、国氏,均为太公之后。请,当作"请见"。
　　③抚:看视。吴则虞案:"抚"通"眽",《说文》,"眽,微观也"。
　　④堕:下陷。
　　⑤辨:孙星衍云:"《尔雅·释器》:'革中绝谓之辨。'孙炎注:'辨',分半也。郭璞注:'中断皮也'。屦履以皮为之,中裂似疮与?"
　　⑥宰人:卿大夫的家臣。
　　⑦刷手温之:洗干净手为景公浴洗身子。
　　⑧发席傅荐:离开自己的坐席靠近景公的卧席。
　　⑨苍玉:青色的玉。
　　⑩如璧:像璧那样大小。璧,玉器圜者叫璧,上圜下方者叫珪。

【今译】

　　景公的背上长了痈疽,高子、国子请求拜见,景公说:"你们的职责应当为我看看痈块。"高子走近景公而看视痈块。景公说:"发热吗?"高子说:"发热。"景公问:"热的程度怎样?"高子说:"像火一样。"景公问:"它是什么颜色?"高子说:"像没有成熟的李子。"景公问:"大小怎样?"高子说:"像豆粒。"景公问:"下陷之处怎样?"高子说:"像破裂的皮屦。"高子、国子出来后,晏子请求入见。景公说:"我有病,不能穿戴衣冠出去见先生,先生可以辱临病榻看我吗?"晏子进入,唤家臣具备盥盆,侍臣具备浴巾,洗手后为景公洗浴身子,然后离开坐席靠近景公的病榻,跪下来请求看视景公的痈块。景公说:"痈块发热的程度怎样?"晏子说:"像烈日。"景公问:"它是什么颜色?"晏子说:"像青色的玉。"景公问:"大小怎样?"晏子说:"像璧那么大。"景公问:"裂陷之处怎样?"晏子说:"像珪。"晏子出宫后,景公说:"我没有看见君子,就不知田野之人的笨拙了。"

晏子使吴吴王命傧者称天子晏子详惑第八①

【原文】

　　晏子使吴,吴王谓行人曰②:"吾闻晏婴,盖北方辩于辞③、习于礼者也。"命傧者曰④:"客见则称天子请见⑤。"明日,晏子有事,行人曰:"天子请见。"晏子蹴然。行人又曰:"天子请见。"晏子蹴然。又曰:"天子请见。"晏子蹴然者三,曰:"臣受命弊邑之君,将使于吴王之所,以不敏而迷惑,入于天子之朝,敢问吴王恶乎存?"然后吴王曰:"夫差请见⑥。"见之以诸侯之礼。

【注释】

　　①苏时学云:"夫差之立,当定公十五年,上距齐灵公之卒已六十年,距晏子居父丧之岁,则六十二年。晏子当齐灵世,早已知名,必非弱小者,藉使定哀之世,尚然尚存,又岂能以大耋之年,远使异国乎。此皆好事者为之,非实录也。"

　　②行人:官名。《周礼》秋官有行人,管朝觐聘问。春秋、战国时,各国都有

设置。

③辩辞：善于言辞论辩。

④傧者：负责迎送贵宾的人。傧，同候。

⑤天子：本指周王室的君王，这里是吴王夫差妄自尊大，企图屈辱晏子和齐国。若晏子以朝觐天子之礼见夫差，则齐国与吴国就变成君臣关系了。

⑥夫差（？—公元前473年）：春秋末期吴国国君，吴王阖闾之子，公元前495—公元前473年在位。初在夫椒打败越兵，乘胜攻破越都，迫使越屈服。公元前482年，在黄池（今河南封丘西南）和诸侯会盟，与晋争霸。越乘虚攻入吴都。后来越再兴兵攻灭吴国。夫差自杀。

【今译】

晏子出使吴国，吴王夫差对掌管朝觐的官员说："我听说，晏婴是北方善于辞令论辩、熟练于礼仪的人。"命令候人说："客人来求见时就说天子请见。"第二天，晏子去拜见吴王，行人说："天子请您入见。"晏子显出不安的神态。行人又说："天子请您入见。"晏子又显出不安的神态。行人第三次说："天子请您入见。"晏子第三次显出不安的神态，然后说："我奉我国国君的命令，出使到吴王所在的地方，因愚昧而迷惑来到周天子的朝廷，请问吴王在哪里？"之后吴王只好在里边说："夫差请入见。"晏子按拜见诸侯的礼仪与吴王相见。

晏子使楚楚为小门晏子称使狗国者入狗门第九

【原文】

晏子使楚，以晏子短①，楚人为小门于大门之侧而延晏子②，晏子不入，曰："使狗国者，从狗门入；今臣使楚，不当从此门入。"傧者更道从大门入，见楚王。王曰："齐无人耶？"晏子对曰："临淄三百闾③，张袂成阴④，挥汗成雨，比肩继踵而在⑤，何为无人？"王曰："然则子何为使乎？"晏子对曰："齐命使，各有所主，其贤者使使贤王，不肖者使使不肖王。婴最不肖，故直使楚矣。"

【注释】

①短:个子矮小。
②"楚人"句:谓楚人无礼、欲辱晏子,特设小门延请晏子,其用意是小人从小门入,一则嘲弄晏子身材矮小,二则影射晏子为小人。
③临淄三百闾:齐国国都临淄有三百闾。闾,二十五家为一闾。《太平御览》三百七十八、四百六十六皆无"三百闾"三字,七百七十九引作"三万户"。
④张袂成阴:张开衣袖可以遮住太阳。
⑤比肩继踵:肩挨着肩,脚连着脚,形容行人拥挤的繁华景象。

【今译】

晏子出使楚国,因为晏子身材矮小,楚国人就在大门的旁边特意开了一个小门,用来接待晏子。晏子拒绝从小门进去,说:"出使狗国的人,从狗门进去,现在我出使楚国,不应该从这个门进入。"引进宾客的人只好改道从大门进入。晏子见到楚王,楚王说:"齐国没有人材吗?"晏子回答说:"临淄有三百闾人家,展开衣袖可以遮住太阳,挥洒汗珠就会成为大雨,多得人肩相挨脚相继,怎么说没有人材?"楚王说:"既然这样,为什么派先生作使臣?"晏子说:"齐国派遣使臣,各有各的出使对象,贤明的人派遣他出使贤明国君,不贤的人就派他出使不贤的国君,我是最不贤的人,所以只好出使楚国了。"

楚王欲辱晏子指盗者为齐人晏子对以橘第十

【原文】

晏子将至楚,楚闻之①,谓左右曰:"晏婴,齐之习辞者也②,今方来,吾欲辱之,何以也?"左右对曰:"为其来也,臣请缚一人,过王而行,王曰:'何为者也?'对曰:'齐人也。'王曰:'何坐③'?曰:'坐盗。'"晏子至,楚王赐晏子酒,酒酣,吏二缚一人诣王,王曰:"缚者曷为者也?"对曰:"齐人也,坐盗。"王视晏子曰:"齐人固善盗乎?"晏子避席对曰:"婴闻之,橘生淮南则为橘,生于淮北则为枳④,叶徒相似,其实味不同⑤。所以然者何?水土异也。今民生长于齐不盗,入楚则盗,得无楚之水土使民善盗耶?"王笑曰:"圣人非所与熙也⑥,寡人反取病焉⑦。"

注释

①楚闻之:楚王听到这个消息。楚,指楚王,而非泛指楚国人。
②习于辞者:善于言辞的人。
③何坐:犯了什么罪。
④枳:植物名,亦称"枸桔"、"臭桔"。果肉小而味酸,不堪食用。
⑤其实:它的果实。
⑥熙:开玩笑。
⑦反取病焉:反而自讨没趣。

【今译】

晏子将要到楚国去,楚王听到这个消息,对左右的人说:"晏婴是齐国善于言辞的人,现在他将要来了,我想羞辱他,用什么办法呢?"左右的人说:"等他来时,我们请求捆绑一个人,从大王的面前走过。大王问:'干什么的?'我们说:'齐国人。'大王又问:'犯了什么罪?'我们说:'犯盗窃罪。'"晏子到了楚国,楚王赐晏子饮酒,饮酒正兴浓时,两个官吏捆着一个人来见楚王,楚王说:"捆着的人是干什么的?"官吏说:"齐国人,犯了盗窃罪。"楚王看着晏子说:"齐国人生来是善于偷盗的吗?"晏子离开坐席回答说:"我听说,桔树生长在淮南就结桔子,生长在淮北就结出枳,叶子仅仅相似,它们的果实味道不同。所以这样的原因是什么呢?水土不同啊。现在这人生长在齐国不偷盗,到了楚国就偷盗,莫不是楚国的水土使百姓善于盗窃?"楚王笑着说:"圣人是不能与他开玩笑的,我反而自讨没趣了。"

楚王飨晏子进橘置削
晏子不剖而食第十一

【原文】

景公使晏子于楚,楚王进橘,置削①,晏子不剖而并食之②,楚王曰:"当去剖。"晏子对曰:"臣闻之,赐人主之前者③,瓜桃不削,橘柚不剖。今者万乘无教令,臣故不敢剖,不然,臣非不知也。"

注释

①置削:放置了削刀。削,一种长刃有柄的小刀。
②不剖:不破开桔皮。
③"赐人"句:谓在人主之前接受赏赐的人。
④不然:吴则虞云:"《御览》七百九十七,九百六十六两引皆无'不然'二字。《合璧事类别集》四十六引用此文,亦无此二字。《事类赋注》无"臣"、"不然"三字。"不然"二字在此不辞,当据删。

【今译】

景公派遣晏子出使楚国,楚王命人送进桔子,放置了削皮的小刀,晏子不剖开桔皮而吃了。楚王说:"应该剖开桔皮。"晏子回答说:"我听说在君主面前接受赏赐的人,瓜桃不削皮,桔子柚子不剖开。现在万乘的国君(指楚王)没有教我去皮的命令,我所以不敢破开,我不是不知道应该剖开而吃。"

晏子布衣栈车而朝陈桓子 侍景公饮酒请浮之第十二

【原文】

景公饮酒,田桓子侍,望见晏子,而复于公曰:"请浮晏子①。"公曰:"何故也?"无宇对曰②:"晏子衣缁布之衣③,麋鹿之裘④,栈轸之车⑤,而驾驽马以朝,是隐君之赐也⑥。"公曰:"诺。"晏子坐,酌者奉觞进之,曰:"君命浮子。"晏子曰:"何故也?"田桓子曰:"君赐之卿位以尊其身,宠之百万以富其家⑥,群臣其爵莫尊于子⑦,禄莫重于子,今子衣缁布之衣,麋鹿之裘,栈轸之车,而驾驽马以朝,是则隐君之赐也,故浮子。"晏子避席曰:"请饮而后辞乎⑧,其辞而后饮乎?"公曰:"辞然后饮。"晏子曰:"君之赐卿位以尊其身,婴非敢为显受也,为行君令也⑨;宠以百万以富其家,婴非敢为富受也,为通君赐也⑩。臣闻古之贤臣,有受厚赐,而不顾其国族⑪,则过之⑫;临事守职,不胜其任,则过之。君之内隶⑬,臣之父兄,若有离散,在于野鄙⑭,此臣之罪也,君之外隶,臣之所职,若有播亡⑮,在于四方,此臣之罪也;兵革之不完备,战车之不修,此臣之罪也。若夫弊车驽马以朝,意者非臣之罪乎?且臣以君之赐,父之党无不乘车者⑯,母之党无不足于衣食者,妻之党无冻馁者,国之闲士待臣而后举火者数百家⑰。如此者,为彰君赐乎,为隐君赐乎?"公曰:"善!为我浮无宇也。"

注释

①清浮晏子:请罚晏子。浮,罚酒。《淮南子·道应篇》:"浮,罚也。"
②无宇:即田桓子。
③衣缁布之衣:穿黑布衣服。前一个"衣"用为动词,穿。缁布,黑色布。
④麋鹿之裘:麋鹿皮缝制的外衣。指用粗糙的兽皮做成的衣服。
⑤栈轸之车:用竹木制作的有棚之车。《说文》:"栈,棚也,竹木之车曰栈。"
⑥隐君之赐:掩盖了国君的赏赐。
⑦爵莫尊于子:官爵的显贵没有谁能比得上您。
⑧饮而后辞乎:先饮酒然后再说明吗?
⑨"婴非"二句:谓我并非愿意接这显耀的官位,而是为了执行君王的使命。
⑩通君赐:让君王的赏赐遍及更多的人。
⑪国族:吴则虞案:"'国'疑本作'邦'汉人避讳改为'国',后讹'困'。邦族者,乡邻乡里之谓也。"译文从此。
⑫过之:责罚他。
⑬内隶:宫内部属、侍臣。隶,贱臣。
⑭野鄙:荒野边远之地。鄙,边陲。
⑮播亡:迁徙流亡。
⑯父之党:父亲一辈的亲属。
⑰"国之"句:谓国内尚无职业的读书人等待我的救济才能生火煮饭的有数百家。这说明晏子以国君之赐救济寒士,即是上文"为通君赐也"的佐证。闲士,处士,即未仕的士人。

【今译】

景公饮酒,田桓子侍候在左右,他看见晏子到来,便向景公说:"请罚晏子的酒。"景公说:"什么原因呢?"田桓子说:"晏子穿黑布衣服,披粗劣的皮裘,坐竹木制成的车子,而用劣马驾车入朝,这是掩盖了君王给他的赏赐。"景公说:"是。"晏子坐下后,陪着景公饮酒的人举杯送给晏子,说:"君王命令罚先生的酒。"晏子说:"什么原因呢?"田桓子说:"国君赐给您上卿的爵位是使您尊贵,恩宠您俸禄百万使您家富裕,群臣的爵位没有谁比您尊贵,俸禄没有谁多于先生,现在先生穿黑布衣服,披粗劣的皮裘,坐竹木棚车,用劣马驾车入朝,就是掩盖君上给您的赏赐,所以罚先生的酒。"晏子离开坐席说:"请问是让我先饮酒再作说明呢,还是先说明后再饮酒?"景公说:"先说明然后饮酒。"晏子说:"君王赐给卿位使我尊贵,我不敢为了自身的显贵而接受它,而是为了执行君王的使命;君王赏赐给我百万俸禄使我家富裕,我不敢为了自己的富裕而接受,是为了让君王的恩赐普及于人。我听说古代的贤臣,接受厚重赏赐后,不顾他的乡党邻里,就责罚他;治理政事职守官位,不能胜任,就责罚他。国君内官的侍臣,我的父母兄弟,如果有流离失散在荒野边远之地的,这是我的罪过。君王派在外面的官吏,我管辖的属官,如果有迁徙流亡在四方的,这是我的罪过;兵器甲胄不完备,战车不修整,这是我的罪过了。至于用驽马驾破车入朝,我想不是我的罪过吧?况且我凭借君王的赏赐,父亲的亲属没有不乘车的,母亲的亲属没有衣食不足的,妻子的亲属没有受冻挨饿的,国内没有职业的读书人等待我的救济后才能生火煮饭的有几百家。这样做,是为了彰明君王的赏赐呢,还是为了掩盖君王的赏赐?"景公说:"好!为我罚田桓子饮酒。"

田无宇请求四方之学士
晏子谓君子难得第十三

【原文】

田桓子见晏子独立于墙阴,曰:"子何为独立而不忧?①何不求四乡之学士可者而与坐②?"晏子曰:"共立似君子③,出言而非也。婴恶得学士之可者而与之坐?且君子之难得也,若美山然④,名山既多矣,松柏既茂矣,望之相相然⑤,尽目力不知厌⑥,而世有所美焉,固欲登彼相相之上,仡仡然不知厌⑦。小人者与此异,若部娄之未登⑧,善,登之无蹊⑨,维有楚棘而已⑩;远望无见也,俛就则伤婴⑪,恶能无独立焉?且人何忧,静处远虑,见岁若月⑫,学问不厌,不知老之将至,安用从酒⑬!"田桓子曰:"何谓从酒?"晏子曰:"无客而饮,谓之从酒。今若子者,昼夜守尊⑭,谓之从酒也。"

注释

①独立而不忧:独自站立不感到忧愁。
②与坐:谓坐在一起。
③共立:大家站在一起。
④若美山然:像美丽的高山一样。
⑤相相然:山高耸貌。"相",当作"桕"(音忽)。王念孙云:"按'相相'二字,于义无取。'相'当为'桕'(音忽),《说文》:'桕,高貌,从木,昌(音忽)声.'故山高貌亦谓之'桕'。'桕'与'相'字形似,世人多见'相',少见'桕',故'桕'误为'相'。此言'望之相相然',下言'登彼相相之上',则'相'为'桕'之误明矣。"王说是。译文从王说。
⑥尽目力:竭尽眼力观看。
⑦仡仡然:用力登山的样子。
⑧部娄:小土山。孙星衍云:"《说文》:'附娄,小土山也。'《春秋传》曰:'附娄无松柏。''部'与'附'声相近。"
⑨无蹊:没有路。
⑩楚棘:荆棘,即灌木丛。
⑪俛就则伤婴:勉强到那里就会伤害我。按:这是借物喻人,言下之意是说,对那些貌似君子而实无才学的人,勉强俯就就会有损自己。
⑫见岁若月,看一年就如看一个月那么短促。
⑬从酒:纵酒。从,通纵。
⑭守尊:守着酒杯。尊,通樽,酒杯。

【今译】

田桓子看见晏子独自一人站在墙的阴凉处,说:"先生为什么独自站立而不感到忧愁?为什么不寻找四乡学士中有才学的人与您坐在一起?"晏子说:"大家站在一起好像都是君子,说出话来就不是了。我哪能找到学士中有真才实学的来与我相坐?何况君子是难于寻求到的,就像那美丽的高山,名山已很多了,山上松柏长得青葱茂密,远望它那高耸的山峦,极尽目光尽情观看也不知厌倦,而世人也都赞美它,所以想登上那高高的山巅,奋力攀登也不知道厌烦。小人则与此相反,就像那小土丘,未登它之前,还好,要登它又没有路,只有满坡荆棘而已;远望什么都看不见,勉强俯就则会伤害我,我哪能不独自站立于此呢?况且人有什么忧愁呢?静静地居处深远地思虑,看一年的时间如一月那么短暂,学习询问不知道厌倦,忘记晚年将要到来,怎么能去纵酒呢！"田桓子说："什么叫纵酒？"晏子说："没有客人而自己独饮，就叫纵酒。就像您现在一样，白天黑夜守着酒杯，就叫纵酒了。"

田无宇胜栾氏高氏欲分其家晏子使致之公第十四

【原文】

栾氏、高氏欲逐田氏①、鲍氏②，田氏、鲍氏先知而遂攻之。高强曰："先得君③，田、鲍安往？"遂攻虎门④。二家召晏子⑤，晏子无所从也。从者曰："何为不助田、鲍？"晏子曰："何善焉，其助之也？""何为不助栾、高？"曰："庸愈于彼乎⑥？"开门，公召而入。栾、高不胜而出⑦，田桓子欲分其家，以告晏子。晏子曰："不可！君不能饬法，而群臣专制，乱之本也。今又欲分其家，利其货⑧，是非制也⑨。子必致之公⑩。且婴闻之，廉者，政之本也；让者，德之主也。栾、高不让，以至此祸，可毋慎乎！廉之谓公正，让之谓保德，凡有血气者⑪，皆有争心，怨利生孽⑫，维义可以为长存。且分争者不胜其祸，辞让者不失其福，子必勿取。"桓子曰："善。"尽致之公，而请老于剧⑬。

注释

①栾氏、高氏：栾，指栾施，字子其；高，指高强，字子良，均为齐臣。
②鲍氏：指鲍国，谥文子，齐臣。
③先得君：先劫持国君。
④虎门：一作公门，景公居住的宫室正门。
⑤二家：争夺的双方，即栾氏、高氏一方和田氏、鲍氏一方。
⑥庸愈于彼乎：难道比田氏、鲍氏好吗？彼，指田桓子与鲍国。
⑦不胜而出：失败而逃走。
⑧利其货：贪他们的财货。
⑨非制也：不是法制所容的，即不符合法制。
⑩致之公：交给景公。
⑪有血气者：指血气方刚的人。
⑫怨利生孽：蓄积财货就会产生祸害。怨利，王念孙云："《左传》作'蕴利'，本字也。此作'怨利'借字也。"蕴利，蓄积财货。

⑬请老于剧：请求告老回剧城。剧，剧城。《括地志》："故剧城在青州寿光县南三十一里，故纪国。"

【今译】

　　栾施、高强想驱逐田无宇和鲍国，田无宇、鲍国先知道消息于是就攻打栾施与高强。高强说："先劫持国君，田无宇与鲍国还能往哪里跑？"于是就去攻打景公宫室的虎门。争斗的双方都邀请晏子帮助，晏子没有依从。侍从晏子的人说："为什么不帮助田无宇、鲍国呢？"晏子说："他们有什么善行，值得我帮助呢？"侍从人员又说："为什么不帮助栾施、高强呢？"晏子说："难道栾施、高强比田无宇他们好吗？"宫门开了，景公召晏子入宫。栾施、高强不能取胜便逃出齐国，田无宇打算瓜分掉栾、高二人的财产，将这个想法告诉晏子。晏子说："不行！国君不能整饬法纪，而让群臣专权，这是祸乱的根源。现在又想分掉他们的家产，贪图他们的财货，这是法制不容许的。您一定将它送交给景公。何况我听说，廉洁，是为政的根本；谦让，是美德的主体。栾施、高强不谦让，因此遭受祸殃，可以不谨慎吗！廉洁就叫作公正，谦让就叫作美德。凡是血气方刚的人，都有争胜之心，蓄积财货就会生出灾害，只有正义才可以长久保存自己。纷争的人他的灾祸不断，谦让的人不会失去福分，您一定不要瓜分栾、高的家财。"田桓子说："好。"将栾、高的家产全部送交景公，而请求告老回剧城去。

子尾疑晏子不受庆氏之邑
晏子谓足欲则亡第十五

【原文】

　　庆氏亡①，分其邑，与晏子邶殿②，其鄙六十③，晏子勿受。子尾曰④："富者，人之所欲也，何独弗欲？"晏子对曰："庆氏之邑足欲⑤，故亡。吾邑不足欲也，益之以邶殿，乃足欲，足欲，亡无日矣。在外不得宰吾一邑⑥，不受邶殿，非恶富也，恐失富也。且夫富，如布帛之有幅焉⑦，为之制度⑧，使无迁也⑨，夫生厚而用利⑩，于是乎正德以幅之⑪，使无黜慢⑫，谓之幅利⑬，利过则为败，吾不敢贪多，所谓幅也。"

注释

①庆氏:指庆封。

②邶殿:齐国别都。

③其鄙六十:邶殿边鄙的六十邑。

④子尾:人名,不详其事。王念孙云:"《初学记·人部》中引《晏子》本作'庆氏亡,分其邑与晏子,晏子不受。人问曰:"富者人所欲也,何独不受?"'今本'邶殿'云云,及'子尾'二字,皆后人以《左传》改之。其标题内之'子尾'及'足欲则亡'四字,亦后人所改。"

⑤足欲:满足欲望,即可以任意挥霍。

⑥"在外"句:张纯一按:此言设因益邶殿足欲而亡在外,则并吾故有之一邑,不得由吾作主矣。译文依此。

⑦有幅焉:有幅度。幅,布帛的宽度。

⑧为之制度:规定它的幅度。按:古代以二尺二寸为幅。

⑨无迁:不改变。

⑩生厚而用利:谓百姓生活丰厚而器用富饶。生厚,《左传·襄公二十八年》作"民生厚而用利"。用利:器用财物之用富饶。

⑪正德以幅之:用正道德来约束它。幅,这里用为动词,意思为限制,约束。

⑫黜慢:放肆和惰慢。

⑬幅利:约束追求私利。

【今译】

庆封死后,瓜分他的食邑,分邶殿及其边鄙的六十邑给晏子,晏子不接受。子尾说:"财富,人人都希望得到,为何唯独先生不想要?"晏子说:"庆封的食邑能够满足他的欲望,所以灭亡了。我的食邑不能满足欲望,增给我邶殿,欲望就能满足,欲望满足了,灭亡也没有多久了。我在外已有的一邑,也将不是我的了,不接受邶殿,不是厌恶财富,而是怕丢失财富呀。那财富,就像布帛有幅度一样,为它规定幅度,使它不改变。百姓生活丰厚和器用富饶,于是匡正道德加以约束,使他们不至于放肆怠慢,这叫作约束私利。私利过度就会失败,我不敢贪心多取,就是所说的限制私利。"

景公禄晏子平阴与槀邑晏子愿行三言以辞第十六

【原文】

景公禄晏子以平阴与槀邑①,反市者十一社②。晏子辞曰:"吾君好治宫室,民之力弊矣;又好盘游玩好③,以饬女子④,民之财竭矣;又好兴师,民之死近矣。弊其力,竭其财,近其死,下之疾其上甚矣!此婴之所为不敢受也。"公曰:"是则可矣⑤。虽然,君子独不欲富与贵乎?"晏子曰:"婴闻为人臣者,先君后身;安国而度家⑥,宗君而处身⑦,曷为独不欲富与贵也!"公曰:"然则何以禄夫子?"晏子对曰:"君商渔盐⑧,关市讥而不征⑨;耕者十取一焉;弛刑罚——若死者刑,若刑者罚,若罚者免。若此三言者,婴之禄,君之利也。"公曰:"此三言者,寡人无事焉,请以从夫子。"公既行若三言,使人问大国,大国之君曰:"齐安矣。"使人问小国,小国之君曰:"齐不加我矣⑩。"

注释

①平阴与槀(gǎo 搞)邑:平阴,地名。《左传·襄公十八年》:"诸侯伐齐,齐侯御诸平阴。"杜预注:"平阴城在济北卢县东北。"槀邑,地名。洪颐煊云:"'槀'疑'棠'字之误,《左传》'晏弱围棠',杜注:'棠,莱邑也。北海即墨县有棠乡。'"

②反市:贩市,贩卖货物的集市。反,通贩。

③盘游:游乐。

④饬:通饰,装饰。

⑤是则可矣:这固然对。是,代词,指晏子之言。

⑥度家:居家。度,居也。

⑦宗君:尊君。孙星衍云:"'宗',尊也。"

⑧商渔盐:放宽渔盐税收。商,宽。刘师培校补云:"'商'当作'宽'。"是。

⑨关市讥而不征:关市只盘查而不征税。讥,查问。

⑩不加我:不侵凌于我。加,侵凌。

【今译】

景公把平阴和棠邑给晏子作俸禄,贩卖货物的集市有十一社。晏子辞谢说:"您喜欢修建宫室,百姓的精力疲敝了;又喜欢游乐,爱好玩物,用来打扮宫内的嫔妃,百姓的财力枯竭了;又喜欢兴兵攻伐,百姓临近死亡了。百姓精力疲敝,财力枯竭,临近死亡,下边非常怨恨君王!这是我之所以不敢接受的原因了。"景公说:"这话固然对,虽然这样,难道君子独不想富贵吗?"晏子说:"我听说作为臣子的,要先想到国君然后才考虑自己,国安才能居家,君尊才能立身,怎么会独不想富贵啊?"景公说:"然而我用什么给先生作食禄呢?"晏子回答说:"君王放宽渔、盐税收,关市只盘查而不收税;耕地的百姓收获十成只征收一成;放宽刑罪——如当判死罪的改判徒刑,如当判徒刑的改判处罚,如该处罚的就赦免。如同意这三句话,就是我的俸禄,君王的利益了。"景公说:"这三件事,我不会阻挠,就依从先生的话去办吧。"景公已按这三句话行事后,派人去询问大国,大国的国君说:"齐国安定了。"派人询问小国,小国的国君说:"齐国不会侵凌我们了。"

梁丘据言晏子食肉不足景公割地将封晏子辞第十七

【原文】

晏子相齐,三年,政平民说。梁丘据见晏子中食①,而肉不足,以告景公。旦日②,割地将封晏子③,晏子辞不受,曰:"富而不骄者,未尝闻之;贫而不恨者,婴是也。所以贫而不恨者,以善为师也。今封,易晏之师④,师已轻,封已重矣,请辞。"

注释

①中食:中等膳食。
②旦日:第二天。
③王念孙云:"'封晏子'下有'以昌都'三字,今本脱之。……'割地浮'三字,则后人以意加之。"
④易晏子师:改变晏子的老师。

【今译】

晏子任齐景公的丞相,三年时间,政治清平百姓高兴。有一天梁丘据看见晏子吃的是中等膳食,食肉不多,将此事告诉景公。第二天,景公便割地封赐晏子,晏子辞谢不接受,说:"富有而不骄侈的,未曾听说过;贫穷而不怨恨的,我就是了。所以贫穷而不怨恨的原因,是把善行作为老师。现在封赏我,是改换我的老师,老师被轻视,封赏被看重,请求辞谢封赏。"

景公以晏子食不足致千金而晏子固不受第十八

【原文】

　　晏子方食,景公使使者至。分食食之①,使者不饱,晏子亦不饱。使者反,言之公,公曰:"嘻!晏子之家,若是其贫也,寡人不知,是寡人之过也。"使吏致千金与市租②,请以奉宾客③。晏子辞,三致之,终再拜而辞曰:"婴之家不贫。以君之赐,泽覆三族④,延及交游,以振百姓,君之赐也厚矣!婴之家不贫也。婴闻之,夫厚取之君,而施之民,是臣代君君民也⑤,忠臣不为也。厚取之君,而不施于民,是为筐箧之藏也⑥,仁人不为也。进取于君,退得罪于士,身死而财迁于它人,是为宰藏也⑦,智者不为也。夫十总之布⑧,一豆之食⑨,足于中免矣⑩。"景公谓晏子曰:"昔吾先君桓公,以书社五百封管仲⑪,不辞而受,子辞之何也?"晏子曰:"婴闻之,圣人千虑,必有一失;愚人千虑,必有一得。意者管仲之失,而婴之得者耶?故再拜而不敢受命。"

注释

　　①分食食之:将自己的饮食分给别人吃。"分食"的"食"为名词,"食之"的"食"为动词。
　　②市租:商人卖物所交税款。《史记·齐悼惠王世家》:"齐临淄十万户市租千金。"
　　③奉宾客:款待宾客。
　　④三族:有几种说法,一种是指父族、母族、妻族;一种指父、子、孙;一种指父母、兄弟、妻子;还有一种指父昆弟、己昆弟、子昆弟。根据前文"父之党无不乘车者,母之党无不足于衣食者,妻之党无冻馁者"看,晏子在这里所说的"三族",即指父族、母族、妻族。

⑤臣代君君民：臣子代替国君统治百姓。第二个"君"字用为动词，君临治理。

⑥筐箧：竹箱子。

⑦为宰藏：为主人收藏。宰，主也。

⑧十总之布：粗疏的布。总，古丝或布八十缕为总。

⑨一豆：豆，量词，四升为一豆。

⑩中免：于鬯云："'中免'，无义，'免'盖读为'晚'，谓足于中年晚年耳。"译文从于说。

⑪书社：书写了社人姓名的社。《史记·孔子世家》索隐："古时二十五家为里，里各为社，则书社者，书其社之人名于籍。"五百社，已超过万户。

【今译】

　　晏子刚吃饭，景公派遣的使者到了。晏子便将自己的饮食分给使者吃，使者吃不饱，晏子也没有吃饱。使者回到宫里，把这事告诉景公，景公说："噫！晏子的家，这么清贫么，我不知道，这是我的过失了。"派官吏送给晏子千金和市井的税收，让他用来款待宾客。晏子辞谢，景公三次送给他，晏子最终再拜推辞说："我的家不贫困，用君王的赏赐，恩泽覆盖了父、母、妻三族，还扩大到朋友，并用它赈济百姓，君王的赏赐已很优厚了！我的家不贫困呀。我听说，从君王那里过多地取得财物，而又施惠给百姓，是代替君王统治百姓了，忠臣不做这种事。从君王那里过多地取得财物，而不施给百姓，就成了储藏钱财的竹箱子了，仁慈的人不做这种事。先从君王那里接受财物，然后又得罪于士人，自己死后钱财转移到别人手里，这就是为主人收藏了，聪明的人不做这种事。粗疏的布衣，一豆的粮食，足够安度中晚年就可以了。"景公对晏子说："我的先君桓公，将书写了姓氏的五百社封赏管仲，他不推辞便接受了，先生辞谢我的赏赐是什么原因呢？"晏子说："我听说圣贤的人思考一千次，必然会有一次失误，愚昧的人思考一千次，必然会有一次是对的。我想管仲失误的地方，或许是我想得对的地方？所以我再次拜谢而不敢接受您的赏赐。"

景公以晏子衣食弊薄使田无宇致封邑晏子辞第十九

【原文】

晏子相齐,衣十升之布①,脱粟之食②,五卯、苔菜而已③。左右以告公,公为之封邑,使田无宇致台与无盐④。晏子对曰:"昔吾先君太公受之营丘,为地五百里,为世国长⑤,自太公至于公之身,有数十公矣⑥。苟能说其君以取邑⑦,不至公之身,趣齐搏以求升土⑧,不得容足而寓焉⑨。婴闻之,臣有德益禄,无德退禄,恶有不肖父为不肖子为封邑以败其君之政者乎⑩?"遂不受。

注释

①十升之布:指粗疏之布。升,古代以八十缕为升。朝服十五升,为细密之布。

②脱粟之食:吃粗糙的饭食。王念孙云:"案'脱粟'上当有'食'字。"是。

③五卯、苔菜:谓吃的是清淡的蔬菜。"五卯"元刻本作"五卵",洪颐煊云:"'五卯',谓盐也。"如今之颗盐。译文从洪说。

④台与无盐:台邑与无盐邑故为齐地。

⑤世国长:大国之长。陶鸿庆云:"'世'与'大'通用,言为大国长也。"

⑥数十公:吴制虞云:"'数十'二字互倒。武公寿为太公五世孙,历厉公、文公、成公、庄公、厘公、襄公、桓公、孝公、昭公、懿公、惠公、顷公、灵公、庄公,凡十九主。"

⑦"苟能"句:谓假如取悦于君王的人都接受封邑。

⑧"趣齐"句:谓都到齐国来争地。

⑨"不符"句:没有立足之地可以栖身了。

【今译】

晏子为齐国丞相,穿粗疏的布衣,吃粗糙的粮食和仅以盐调味的蔬菜。左右侍从将此事告诉了景公,景公为他封赏食邑,派田无宇将台邑和无盐邑送给晏子。晏子回答说:"过去我们先君太公受封到营丘,受封的土地有五百里,算是大国之首了。从太公到君王之身,已经有十数个国君了。假若能取悦于君王的人都因此取得食邑,等不到君上自身,到齐国来求取土地的人早已没有立足栖身的地方了。我听说,臣子有德增加俸禄,无德退还俸禄,哪有不肖的父亲为不肖的儿子为取得封邑而败坏他们国君的政治的呢?"于是不接受封邑。

田桓子疑晏子何以辞邑晏子答以君子之事也第二十

【原文】

　　景公赐晏子邑,晏子辞。田桓子谓晏子曰:"君欢然与子邑①,必不受以恨君②,何也?"晏子对曰:"婴闻之,节受于上者,宠长于君③,俭居处者,名广于外。夫长宠广名,君子之事也。婴独庸能已乎?"

【注释】

　　①欢然:高兴的样子。
　　②恨君:违君。王念孙云:"'恨'非'怨恨'之'恨',乃'很'之借字也。'很'者,违也。君与之邑而必不受,是违君也。"王说是。
　　③宠长于君:长期受到国君的信任。宠,信任。

【今译】

　　景公赐给晏子食邑,晏子辞谢不受。田桓子对晏子说:"国君高高兴兴地赐给先生食邑,您违背君意而不接受,这是为什么?"晏子回答说:"我听说,少接受君王的赏赐,就能长期受到信任;生活节俭的人,美名就会传扬在外。长期受信任与美名传扬,这是君子的事业。我怎能独自例外呢?"

景公欲更晏子宅晏子辞以近市得求讽公省刑第二十一

【原文】

　　景公欲更晏子之宅,曰:"子之宅近市湫隘①,嚣尘不可以居②,请更诸爽垲者③。"晏子辞曰:"君之先臣容焉④,臣不足以嗣之⑤,于臣侈矣。且小人近市⑥,朝夕得所求,小人之利也。敢烦里旅⑦!"公笑曰:"子近市,识贵贱乎?"对曰:"既窃利之⑧,敢不识乎?"公曰:"何贵何贱?"是时也,公繁于刑,有鬻踊者。故对曰:"踊贵而屦贱。"公愀然改容⑨,公为是省于刑。君子曰:"仁人之言,其利博哉!晏子一言,而齐侯省刑。《诗》曰:'君子如祉,乱庶遄已⑩。'其是之谓乎。"

注释

①湫隘:低洼狭窄。
②嚣尘:喧闹不已,尘土飞扬。
③爽垲:高而干燥之地。
④先臣:晏子的先人。
⑤嗣:继承。
⑥小人:这是晏子自谦之辞。
⑦里旅:里有司,管一里的人。竹添光鸿笺云:"《周礼·序官》:'旅下士'《注》:'旅,众也,下士治众事者。''里旅'即里有司也。"
⑧窃利之:暗自以它为有利。
⑨愀然:悲愁的样子。
⑩"君子"二句:见《诗·小雅·巧言》。意思是国君能使用贤人,祸乱很快停止。祉,指贤人。遄,速。

【今译】

景公打算更换晏子居住的房子,说:"先生的住宅靠近集市又潮湿又狭窄,喧嚣不已,尘土飞扬,实在不能居住,请更换到地势高而干燥的地方去住吧。"晏子辞谢说:"我的先人曾住过这里,我还不够继承它呢,能住在这里对于我已很奢侈了。况且小人靠近集市居住,早晚能得到我所需要的东西,对小人很有利呀,哪敢劳烦里的有司?"景公笑着说:"您靠近集市,知道什么东西贵什么东西便宜吗?"晏子说:"既然私下以它为有利,怎敢不知道呢?"景公说:"什么东西贵什么东西便宜?"当时,景公刑狱繁多受刑被砍了脚的人不少,故有贩卖假脚的人,所以回答说:"假脚贵而鞋子便宜。"景公悲悯而变了脸色。于是景公因此而减少刑戮。君子说:"仁人的话,它带来的利益大啊!晏子一句话,而齐景公就减少了刑戮。《诗经》上说:'国君任用贤人,祸乱很快停止。'这就是说晏子吧。"

景公毁晏子邻以益其宅晏子因陈桓子以辞第二十二

【原文】

　　晏子使晋,景公更其宅,反则成矣。既拜,乃毁之,而为里室①,皆如其旧,则使宅人反之②。且③"谚曰:'非宅是卜,维邻是卜④。'二三子先卜邻矣⑤,违卜不祥。君子不犯非礼⑥,小人不犯不祥,古之制也,吾敢违诸乎?"卒复其旧宅,公弗许。因陈桓子以请⑦,乃许之。

注释

①为里室:修建邻里的居室。
②使宅人反之:叫原来居住的人返回。
③且:吴则虞云:"'且'为'曰'之讹,'曰'者,晏子之言也。"是。
④"非宅是卜"二句:谓不要选择住宅,唯有选择邻居。
⑤二三子:指被拆掉居室的那些人家。
⑥不犯非礼:不做非礼之事。
⑦陈桓子:即田无宇、田桓子。

【今译】

　　晏子出使到晋国去了,景公重修晏子的住宅,晏子返回后住宅已修建成。晏子先拜谢,然后就拆掉新宅,而修建邻里的居室,全都像原来的那样,又叫原来的住户迁回来。并说:"谚语说:'不要选择住宅,唯有选择邻居。'你们这些人家已先选择了邻居了,违背这种选择不吉祥。君子不做非礼的事,小人不做不吉祥的事,这是古代留下来的制度,我敢违背它吗?"最终恢复了原来的住宅,景公不允许。后来凭借陈桓子的请求,景公才允许。

景公欲为晏子筑室于宫内晏子称是以远之而辞第二十三

【原文】

景公谓晏子曰:"寡人欲朝夕见,为夫子筑室于闺内可乎?"晏子对曰:"臣闻之,隐而显①,近而结②,维至贤耳。如臣者,饰其容止,以待承令③,犹恐罪戾也④。今君近之,是远之也,请辞。"

注释

①隐而显:隐居而显名。
②近而结:近于国君而能自敛抑。刘师培补校云:"'隐'、'近'对文,犹'进'、'退'也,'显'、'结'亦对文,《广雅·释诂》一云:'结,绌也.'……此语之旨谓退能不失其显名,进能自处于敛抑。"是。
③承令:接受命令。
④罪戾:过失。

【今译】

景公对晏子说:"我想能够早晚与先生相见,打算为先生在宫内修建居室可以吗?"晏子回答说:"我听说,退隐而能显名,亲近而能敛抑,唯有最贤圣的人可以作到。像我这样的人,整饬自己的仪容举止,以等待接受命令,还担心有过失。现在君上亲近我,恰恰是疏远我了,请求辞谢。"

景公以晏子妻老且恶欲内爱女晏子再拜以辞第二十四

【原文】

景公有爱女,请嫁于晏子,公乃往燕晏子之家①,饮酒,酣,公见其妻曰:"此子之内子耶②?"晏子对曰:"然,是也。"公曰:"嘻!亦老且恶矣③。寡人有女少且姣④,请以满夫子之宫⑤。"晏子违席而对曰:"乃此则老且恶⑥,婴与之居故矣⑦,故及其少且姣也。且人固以壮托乎老⑧,姣托乎恶⑨,彼尝托,而婴受之矣。君虽有赐,可以使婴倍其托乎⑩?"再拜而辞。

注释

①往燕晏子之家:谓到晏子家宴饮。燕,通宴。
②内子:妻子。卿大夫的嫡妻。
③恶:丑陋。
④少且姣:年轻美貌。
⑤满夫子之宫:充实您的居室。意思是将其女嫁给晏子。
⑥乃此:即乃今。乃,指晏子之妻。
⑦与之居故矣:与她同居很久。故,旧,久。
⑧壮托乎老:年轻时就寄寓着衰老。
⑨姣托乎恶:美貌时就寄寓着丑陋。
⑩倍:背弃。

【今译】

景公有一个心爱的女儿,请求嫁给晏子,景公就到晏子家去赴宴,饮酒,酒兴正浓时,景公看见晏子的妻子后说:"她就是先生的妻子吗?"晏子回答说:"是,是的。"晏公说:"嘻!老了而且长得丑呀,我有一个女儿既年轻又美貌,请以她充实先生的居室吧。"晏子离开坐席,恭敬地回答说:"我的妻子现在是老了而且丑了,我与她长期生活在一起,她也有年轻美貌的时候啊,况且人本来在年轻时寄寓着衰老,美貌时就寄寓着丑陋,她曾经将终身托付我,而我接受了她的托付,君王虽然有恩赐,可以使我背弃妻子的托付么?"晏子拜了又拜而辞谢。

景公以晏子乘弊车驽马使梁
丘据遗之三返不受第二十五

【原文】

晏子朝,乘弊车,驾驽马。景公见之曰:"嘻!夫子之禄寡耶?何乘不任之甚也①?"晏子对曰:"赖君之赐,得以寿三族②,及国游士,皆得生焉。臣得暖衣饱食,弊车驽马,以奉其身,于臣足矣。"晏子出,公使梁丘据遗之辂车乘马③,三返不受,公不说,趣召晏子。晏子至,公曰:"夫子不受,寡人亦不乘。"晏子对曰:"君使臣临百官之吏④,臣节其衣服饮食之养,以先国之民⑤,然犹恐其侈糜而不顾其行也。今辂车乘马,君乘之上,而臣亦乘之下,民之无义,侈其衣服饮食而不顾其行者,臣无以禁之。"遂让不受。

注释

①"何乘"句:为什么乘坐这样破烂的车子。不任,王念孙云:"'不任'本作'不佼','佼'与'姣'同,好也。"是。
②寿三族:保三族。寿,保也。于省吾云:"按'寿'读'焘',训覆,于义亦通。吴则虞按,即醻也。
③辂车乘马:大车四马。孙星衍云:"《说文》:'辂,车辕前横木也。'此当为'路车'借字,言大车。"乘:古代战车,一乘四马。
④"君使"句:谓君王派遣我作为管理百官的官吏,即丞相。
⑤先国之民:为国民的先导,即为齐国的人作出榜样。

【今译】

晏子入朝,乘坐破旧的车子,用劣马拉车。景公看见这种情况后说:"嘻!先生的俸禄太少了吗?为什么乘坐这破旧不堪的车子呢?"晏子回答说:"仰赖国君的恩赐,得以保全父、母及妻三族的衣食,还兼及国内的游士,都得以生存。我能够得到穿暖吃饱、还有旧车劣马用来奉养自身,对于我来说已很满足了。"晏子出宫后,景公派梁丘据赠送晏子大车四马,往返多次晏子都不肯接受。景公很不高兴,立即召见晏子。晏子到后,景公说:"先生不接受我的馈赠,那我也不乘车了。"晏子回答说:"国君派我担任管理百官的官吏,我应该节省衣服饮食的供给,为国内的百姓作个榜样,即使这样作还恐怕他们奢侈浪费而不顾自己的品行。现在国君在上乘大车四马,臣子在下也乘大车四马,百姓当中不讲礼义,追求衣着饮食奢华而不顾及自己品行的人,我将没有理由去禁止他们。"终于辞谢,不接受车马。

景公睹晏子之食菲薄而嗟其贫
晏子称其参士之食第二十六

【原文】

　　晏子相景公,食脱粟之食,炙三弋①、五卵、苔菜耳矣。公闻之,往燕焉,睹晏子之食也。公曰:"嘻！夫子之家如此其贫乎！而寡人不知,寡人之罪也。"晏子对曰:"以世之不足也,免粟之食饱②,士之一乞也;炙三弋,士之二乞也;五卵,士之三乞也③。婴无倍人之行④,而有参士之食,君之赐厚矣！婴之家不贫。"再拜而谢。

注释

①三弋:三种飞禽。弋,射,用箭射鸟。
②免粟:仅脱肤皮的粗糙粮食。
③三乞:吴则虞按:《御览》八百四十九引三"乞"字皆作"足",盖草书形近而讹,"足"字义自显明,不烦费辞矣,当据改。译文从此意。
④无倍人之行:没有比别人更强的能力。倍人,比别人加倍。

【今译】

　　晏子任景公的丞相,吃的是仅去谷皮的粗糙粮食,以炙烤飞鸟、盐菜、苔菜为菜罢了。景公听到此事后,到晏子家赴宴,看晏子的饮食。景公说:"嘻！先生的家如此贫穷么！而我不知道,这是我的过错了。"晏子回答说:"因世间上不足呀,去皮的粗粮能吃饱,是士人的第一种满足,炙烤飞鸟,是士人的第二种满足,有盐吃,是士人的第三种满足,我没有比别人加倍的能力,而有士人三种满足的饭食,君王的赏赐丰厚啊！我的家不贫穷。"再拜表示感谢。

梁丘据自患不及晏子晏子
勉据以常为常行第二十七

【原文】

　　梁丘据谓晏子曰:"吾至死不及夫子矣！"晏子曰:"婴闻之,为者常成①，行者常至②。婴非有异于人也，常为而不置③，常行而不休者，故难及也④。

注释

①为者常成：只要肯做，就常常取得成功。
②行者常至：只要肯走，就能达到目的地。
③不置：不放弃，不搁置。
④故难及：陶洪庆云："故"，当读为"胡"。"胡难及"，言何难及，即不难达到。

【今译】

梁丘据对晏子说："我到死也赶不上先生了！"晏子说："我听说，只要肯干就常会取得成功，只要肯走就能到达目的地。我没有什么不同于别人的地方，只是经常干而不放弃，经常行而不停止，有什么难于赶上呢？"

晏子老辞邑景公不许致车一乘而后止第二十八

【原文】

晏子相景公，老，辞邑。公曰："自吾先君定公至今①，用世多矣②，齐大夫未有老辞邑者矣。今夫子独辞之，是毁国之故③，弃寡人也。不可！"晏子对曰："婴闻古之事君者，称身而食④，德厚而受禄，德薄则辞禄。德厚受禄，所以明上也⑤；德薄辞禄，可以洁下也⑥。婴老薄无能⑦，而厚受禄，是掩上之明，污下之行，不可。"公不许，曰："昔吾先君桓公，有管仲恤劳齐国，身老，赏之以三归⑧，泽及子孙⑨。今夫子亦相寡人，欲为夫子三归，泽至子孙，岂不可哉？"对曰："昔者管子事桓公，桓公义高诸侯⑩，德备百姓⑪。今婴事君也，国仅齐于诸侯⑫，怨积乎百姓，婴之罪多矣，而君欲赏之，岂以其不肖父为不肖子厚受赏以伤国民义哉？且夫德薄而禄厚，智惛而家富，是彰污而逆教也⑬，不可。"公不许。晏子出，异日朝，得间而入邑，致车一乘而后止。

【注释】

①定公:苏时学云:"齐之定公,不见传记,盖丁公也。丁公始居齐,故以为言。'定'与'丁'声近,盖古字通用。又二谥并见《谥法》,岂'丁'本谥'定',后省而为'丁'欤。"苏说是。

②用世:出而为官。

③是毁国之故:这是破坏国家旧有的制度。

④称身而食:衡量自己的才能而接受食邑。食,俸禄,这里指食邑,也属俸禄的一种形式。

⑤明上:彰明君上的圣明。

⑥洁下:使臣下廉洁。

⑦老薄无能:年老德薄没有能力。

⑧三归:有两种说法,一种是"娶三姓女"。《论语·八佾篇》:"子曰:'管氏有三归。'"包咸注:"三归,娶三姓女,妇人谓嫁曰归"。另一种说法是"为家有三处",当以后说为是。

⑨泽及子孙:恩泽延及子孙,即子孙也受恩泽。

⑩义高诸侯:大义高于诸侯。指齐桓公九合诸侯,匡扶周室,为诸侯盟主之事。

⑪德备百姓:德政使全国百姓受惠。

⑫齐:平列。

⑬彰污:表彰污浊。

【今译】

晏子为相辅佐景公,告老的时候,要归还食邑。景公说:"自我的先君丁公开始到现在,出而为官的人太多了,齐国的大夫还没有告老时归还食邑的人。现在先生一人要归还它,这是破坏国家旧有的制度,舍弃我了,不行!"晏子回答说:"我听说古代侍奉国君的人,衡量自己的才能而接受食邑,德行厚的就接受俸禄,德行薄的就归还俸禄。德行厚而接受俸禄,是用它彰明国君的英明;德行薄而归还俸禄,可以使臣下廉洁。我年老德薄没有能力,而多多地接受俸禄,这是掩盖君王的英明,沽辱臣下的洁行,不可这样!"景公不允许,说:"过去我的先君桓公,有管仲忧劳治理齐国,管仲老了,用三处居宅赏赐他,恩泽延及子孙。现在先生也是我的丞相,我也打算为先生修三处住宅,恩泽延及子孙,难道不可以吗?"晏子说:"过去管仲侍奉桓公,桓公的大义高于诸侯,德政使百姓普遍受到恩惠,现在我侍奉君王,齐国仅仅与其他诸侯平列,怨恨积于百姓,我的过失太多了,而君王还想赏赐我,怎能使不贤的父亲为不贤的儿子接受厚赏来伤害国家和百姓的大义!德行薄而俸禄多,昏昧的人而家庭富,这是表彰污浊而违背圣人的教导,不能这样。"景公还是不允许。晏子出朝,过一些日子入朝辞官,得空回到他的封邑,最后,归还了一辆车子给景公完结了此事。

晏子病将死妻问所欲言云毋变尔俗第二十九

【原文】

晏子病,将死,其妻曰:"夫子无欲言乎?"子曰①:"吾恐死而俗变②,谨视尔家,毋变尔俗也。"

注释

①子曰:当作"晏子曰"。
②俗变:家规改变。习俗,家俗,即家规、家法。晏子家有三俗,见《内篇杂上·廿九章》。

【今译】

晏子生病,快要死的时候,他的妻子问他说:"夫君没有想说的话么?"晏子说:"我恐怕死后家规改变,谨慎地看好你的家,不要改变你的家规呀。"

晏子病将死凿楹纳书命子壮示之第三十

【原文】

晏子病,将死,凿楹纳书焉①,谓其妻曰:"楹语也②,子壮而示之③。"及壮,发书之言曰④:"布帛不可穷,穷不可饰⑤;牛马不可穷,穷不可服⑥;士不可穷⑦,穷不可任;国不可穷,穷不可窃也⑧。"

【注释】

①凿楹纳书:凿开厅堂的柱子装进遗言。楹,厅堂前部的柱子。纳,纳入,装入。书,信,这里指遗书。
②楹语:柱子里装着我想说的话,即遗言。
③"子壮"句:等孩子长大后给他看。
④发书之言:取出遗书看上边写的内容。
⑤不可饰:没有穿的。
⑥不可服:不能使用。服,驾,这里指拉犁耕地。
⑦士不可穷:士人不可没有志气。
⑧不可窃:于省吾云:"窃,即古之浅字。"浅,同践。故"不可窃"的意思是不可保有国家。

【今译】

晏子病重,快要死的时候,凿开厅堂的柱子将遗书装在里面,对他的妻子说:"厅堂柱内的话,孩子长大后再给他看。"等到孩子长大了,取出遗书,书上的话说:"布匹丝绸不可以没有,没有就没穿的;牛马不可以没有,没有就无拉犁种地的;士人不可以没有志气,没有志气就不能任用;国家不可贫乏,贫乏就不可能保有。"

晏子春秋·卷第七

外篇第七

景公饮酒命晏子去礼晏子谏第一

【原文】

景公饮酒数日而乐,释衣冠①,自鼓缶②,谓左右曰:"仁人亦乐是夫?"梁丘据对曰:"仁人之耳目,亦犹人也,夫奚为独不乐此也?"公曰:"趣驾迎晏子。"晏子朝服以至③,受觞再拜。公曰:"寡人甚乐此乐,欲与夫子共之,请去礼。"晏子对曰:"君之言过矣!群臣皆欲去礼以事君,婴恐君子之不欲也④。今齐国五尺之童子,力皆过婴,又能胜君,然而不敢乱者,畏礼也。上若无礼,无以使其下,下若无礼,无以事其上。夫麋鹿维无礼,故父子同麀⑤,人之所以贵于禽兽者,以有礼也。婴闻之,人君无礼,无以临其邦⑥;大夫无礼,官吏不恭;父子无礼,其家必凶;兄弟无礼,不能久同。《诗》曰:'人而无礼,胡不遄死⑦。'故礼不可去也。"公曰:"寡人不敏无良,左右淫蛊寡人⑧,以至于此,请杀之。"晏子曰:"左右何罪?君若无礼,则好礼者去,无礼者至;君若好礼,则有礼者至,无礼者去。"公曰:"善。请易衣革冠⑨,更受命⑩。"晏子避走,立乎门外。公令人粪洒改席,召衣冠以迎晏子⑪。晏子入门,三让,升阶,用三献焉⑫。嗛酒尝膳⑬,再拜,告餍而出⑭,公下拜,送之门,反,命撤酒去乐,曰:"吾以彰晏子之教也。"

注释

①释衣冠:脱掉衣服摘下帽子。
②鼓缶:敲打缶。缶,古代的一种陶器,可以当乐器敲击。
③朝服以至:穿着朝服到来。
④君子之不欲也:国君不想这样做。君子,王念孙云:"'子'字涉上下文诸'子'字衍。"是。译文依此。
⑤父子同麀(yōu 优):谓麋鹿父子共同占有一个母鹿。麀,牝鹿。
⑥邦:国。
⑦"人而"两句:见《诗经·鄘风·相鼠》。意思是人如果不讲礼仪,为何不早点死去。遄,速。
⑧淫蛊:淫乱蛊惑。
⑨易衣革冠:更换衣冠。革,更换。
⑩更受命:再接受教诲。
⑪"召衣"句:王念孙云:"'召衣冠'三字文不成义。……当从《治要》作'召晏子'。"是。
⑫三献:古代祭祀时献酒三次,第一次叫初献爵,第二次叫亚献爵,第三次叫终献爵。这里是指献酒三次。
⑬嗛酒:饮酒。《说文》:"嗛,口有所含也。"
⑭餍:吃饱。

【今译】

　　景公一连几天饮酒作乐,他脱掉衣服摘下帽子,亲自击缶,并对左右的侍臣说:"仁人也喜欢这样取乐吗?"梁丘据回答说:"仁人的耳朵眼睛,也和常人一样,为什么独不喜欢这样呢?"景公说:"快驾车去迎晏子。"晏子穿戴朝服来到,接了酒杯又拜谢。景公说:"我非常喜欢这样取乐,想与先生共同享受它,请去掉礼仪吧。"晏子回答说:"君王的话错了!群臣都想去掉礼仪来侍奉君王,我恐怕君王不想这样吧!现在齐国五尺高的儿童,力气都超过我,又能胜过君王,然而不敢作乱的原因,是畏惧礼仪呀。君王如果不讲礼仪,就不能驾御臣下,臣下如果没有礼仪,就不能侍奉君王。麋鹿是唯独无礼的,所以它父子同交媾于一个母鹿,人之所以比禽兽高贵,是因为有礼仪呀。我听说,人君没有礼仪,就不能临政治理他的国家,大夫没有礼仪,下面的官吏就不会恭敬;父子之间没有礼仪,他们的家庭一定会有灾祸;兄弟之间没有礼仪，不能长期相处。《诗经》上说：'人如果无礼，不如早点死去。'所以礼仪是不能去掉的。"景公说："我不聪敏，没有善行，左右的人用歪邪的东西蛊惑我，以至到了这种地步，请把左右的人杀掉。"晏子说："左右的人有什么罪？国君如果不讲礼仪，则讲礼仪的人就离开，不讲礼仪的人就到来；国君如果讲礼仪，那讲礼仪的人就到来，不讲礼仪的人就离去。"景公说："好。请等我更换衣冠，再听取您的教诲。"晏子回避走开，站立在门外。景公下令洒水扫除更换酒席，召见晏子。晏子进门，礼让三次，登上台阶，献酒三次；晏子饮酒尝膳，再次拜谢，吃饱后告辞离去，景公回礼，送晏子到宫门，返回后，命令撤去酒席，停止歌乐，说："我用这样来表彰晏子的教导啊。"

景公置酒泰山四望而泣晏子谏第二

【原文】

　　景公置酒于泰山之阳①，酒酣，公四望其地，喟然叹，泣数行而下，曰："寡人将去此堂堂国者而死乎！"左右佐哀而泣者三人，曰："吾细人也，犹将难死②，而况公乎！弃是国也而死，其孰可为乎！"晏子独搏其髀③，仰天而大笑曰："乐哉！今日之饮也。"公怫然怒曰④："寡人有哀，子独大笑，何也？"晏子对曰："今日见怯君一，谀臣三人，是以大笑。"公曰："何谓谀怯也？"晏子曰："夫古之有死也，令后世贤者得之以息，不肖者得之以伏。若使古之王者毋知有死，自昔先君太公至今尚在，而君亦安得此国而哀之？夫盛之有衰，生之有死，天之分也⑤。物有必至⑥，事有常然⑦，古之道也。曷为可悲？至老尚哀死者，怯也；左右助哀者，谀也。怯谀聚居，是故笑之。"公惭而更辞曰："我非为去国而死哀也。寡人闻之，彗星出，其所向之国君当之，今彗星出而向吾国，我是以悲也。"晏子曰："君之行义回邪，无德于国，穿池沼，则欲其深以广也；为台榭，则欲其高且大也；赋敛如拊夺⑧，诛僇如仇仇。自是观之，茀又将出。天之变，彗星之出，庸可悲乎！"于是公惧，乃归，寘池沼，废台榭，薄赋敛，缓刑罚，三十七日而彗星亡。

注释

①泰山之阳：阳，可能是阴或上之误。《管子·小匡》曰："齐地南至岱阴。"岱阴，即泰山北。王念孙云："阳，本作上。"吴则虞按："《艺文类聚》十九引作'置酒泰山'。"
②犹将难死：还害怕死。难死，以死为难，即害怕死亡。
③髀(bì 婢)：大腿。
④怫然：脸上变色貌。怫，通勃。
⑤天之分也：上天注定的。分，定数。
⑥物有必至：万物必定有终极。至：极。
⑦事有常然：事物的变化有它的规律。
⑧扨(huì 会)夺：攘夺，窃取。扨，通挥。

【今译】

景公在泰山上摆设酒宴，酒兴正浓，景公向四面眺望齐国的土地，感慨叹息，流下了几行眼泪，说："我将会离开这堂堂大国而死去吗？"左右侍臣陪着景公哀泣的有三人，说："我们是微不足道的人，还害怕死去，何况君王呢！丢下这样的国土死去。这怎么可以呢！"晏子独自拍击他的大腿，仰天大笑说："快乐啊！今天的宴饮！"景公勃然大怒说："我有悲哀，您独自大笑，是何道理？"晏子回答说："今天看见一个怯懦的国君，三个阿谀的臣子，所以大笑。"景公说："什么叫阿谀怯懦？"晏子说："古代的人有死的，才使得后世贤德的人得以成长，奸邪的人得以伏愿。如果让古时为王的人永远不死，齐国国君自先君太公起一直活到现在，君上又怎么能享有齐国并为此悲哀呢？凡事有盛就有衰，有生就有死，这是天道注定的。万物必然有它的终极，事情有它发展的规律，这是自古以来的常理，有什么可悲？到老年时为老死而哀伤的，是怯懦；左右的人跟着哭泣，就是阿谀。怯懦和阿谀聚在一块，所以发笑。"景公感到惭愧而改口说："我不是为离开君位而死悲痛。我听说彗星出现，它指向的国家的国君要承当它的灾难，现在彗星出现向着齐国，我因此悲哀了。"晏子说："君王的行为以邪辟为义，对国家无大德，开凿池沼，要求挖得深宽，修建楼台亭榭，就要求修得高大，征收赋税犹如掠夺，诛戮百姓就像杀仇敌。由这些事看来，茀星又将要出现。天象的变异，彗星的出现，又何值得哀悲呢！"于是景公畏惧，就回都城，填塞了池沼，废弃楼台亭榭，减轻税赋，减轻刑罚，三十七天后彗星消失。

景公瞢见彗星使人占之晏子谏第三

【原文】

　　景公瞢见彗星。明日,召晏子而问焉:"寡人闻之,有彗星者必有亡国。夜者,寡人瞢见彗星,吾欲召占瞢者使占之。"晏子对曰:"君居处无节①,衣服无度,不听正谏,兴事无已,赋敛无厌,使民如将不胜,万民怼怨②,茀星又将见瞢,奚独彗星乎!"

注释

　①居处无节:生活起居没有节制。
　②怼怨:怨恨不满。
　③茀星:孛星,也就是彗星。古人因彗星出现时形状的稍有差异而以为是三星,或叫孛星或叫彗星或叫长星。

【今译】

　　景公瞢见彗星,第二天,召见晏子来询问说:"我听说,有彗星出现的国家一定会亡国。昨夜,我梦见了彗星,我想召占梦的人来占卜这个梦。"晏子回答说:"君王的生活起居没有节制,缝制衣服没有限度,不听正确的意见,大兴土木没完没了,征收税赋贪得无厌,役使民力好像怕使用不尽,万民怨恨不满,茀星又将会出现在梦里,哪里只是彗星呢!"

景公问古而无死其乐若何晏子谏第四

【原文】

　　景公饮酒乐,公曰:"古而无死,其乐若何?"晏子对曰:"古而无死,则古之乐也,君何得焉?昔爽鸠氏始居此地①,季荝因之②,有逢伯陵因之③,蒲姑氏因之④,而后太公因之。古若无死,爽鸠氏之乐,非君所愿也。"

【注释】

①爽鸠氏:古氏族名,杜预注:"爽鸠氏,少暤氏之司寇也。"
②季荝:杜预曰:"季荝,虞夏诸侯代爽鸠氏者。"
③逢伯陵:杜预曰:"逢伯陵,姜姓。"吴则虞云:《左昭十年传·正义》引'有逢伯陵因之',则陵是逢君之祖也。伯陵之后,世为逢君。"
④蒲姑氏:杜预云:"蒲姑氏,殷周之间,代逢公者。"

【今译】

景公饮酒十分快乐,他说:"古代要是人不会死,他们将是何等的快乐?"晏子说:"古代要是人不会死,那就是古代人的欢乐了,君王又怎么得以享受呢?过去爽鸠氏首先居住在这块土地上,后来季荝领有它,季荝之后有逢伯陵领有它,逢伯陵之后又是蒲姑氏领有它,然后才是齐国先君太公领有它。古代的人如果不会死,爽鸠氏的欢乐,不是君王所愿意的了。"

景公谓梁丘据与己和晏子谏第五

【原文】

景公至自畋①,晏子侍于遄台②,梁丘据造焉③。公曰:"维据与我和夫!"晏子对曰:"据亦同也,焉得为和。"公曰:"和与同异乎?"对曰:"异。和如羹焉④,水火醯醢盐梅⑤,以烹鱼肉,燀之以薪⑥,宰夫和之⑦,齐之以味⑧,济其不及⑨,以泄其过⑩,君子食之,以平其心。君臣亦然。君所谓可,而有否焉⑪,臣献其否,以成其可⑫;君所谓否,而有可焉,臣献其可,以去其否。是以政平而不干⑬,民对争心,故《诗》曰:'亦有和羹,既戒且平;奏鬷无言,时靡有争⑭。'先王之济五味⑮,和五声也⑯,以平其心,成其政也。声亦如味:一气⑰、二体⑱、三类⑲、四物⑳、五声、六律㉑、七音㉒、八风㉓、九歌㉔,以相成也;清浊、大小、短长、疾徐㉕、哀乐㉖、刚柔、迟速、高下、出入、周流㉗,以相济也。君子听之,以平其心,心平德和。故《诗》曰:'德音不瑕㉘。'今据不然,君所谓可,据亦曰可;君所谓否,据亦曰否。若以水济水,谁能食之?若琴瑟之专一㉙,谁能听之?同之不可也如是。"公曰:"善。"

注释

①畋:打猎。

②遄台:地名。

③造:到。

④和如羹:就像调和汤的味一样。和,调和味道。

⑤"水火"句:谓通过水煎火煮制成各种调味品。醯醢,肉酱。梅,酸味。

⑥燀(chǎn 产):炊。

⑦宰夫:厨师。

⑧齐之以味:用各种调味品调和。

⑨济其不及:补充不足。即哪种味太淡,就适当增加相应调料。

⑩以泄其过:用它减去过重的味道,如过于酸,则用甜去冲淡。

⑪"君所"二句:谓君王认为可行的,臣子有时会持否定意见。

⑫以成其可:用以促成君王认为可行的事。

⑬不干:不相冒犯。干,冒犯。

⑭"亦有"四句:见《诗经·商颂·烈祖》。意思是:用各种调料来调羹汤,味道齐备又和平,默默精诚感动神明,大家一致肃敬没有争论。奏鬷(zōng 宗),《诗经》作鬷假。假,祷告。

⑮五味:指甜、酸、苦、辣、咸五种味道。

⑯五声:即五音,宫、商、角、徵、羽五个音级。

⑰一气:空气。

⑱二体:舞者的文舞与武舞。

⑲三类:指风、雅、颂。

⑳四物:四方之物。

㉑六律:古代音乐术语,指六律六吕。

㉒七音:古代音乐术语:在五音的基础上加变徵、变羽,合称七音。

㉓八风:八方之风。《吕氏春秋·有始》:"何谓八风?东北曰炎风、东方曰滔风、东南曰熏风、南方曰巨风、西南曰凄风、西方曰飂风、西北曰厉风、北方曰寒风。"《淮南子·地形训》作:"炎风、条风、景风、巨风、凉风、飂风、丽风、寒风。"与《吕氏春秋》略异。

㉔九歌:相传为夏禹时之乐歌。《尚书·大禹谟》:"劝之以九歌。"

㉕疾徐:急速与缓慢。

㉖哀乐:悲哀与欢乐。

㉗周流:当作"周疏"。周,密也。

㉘德音不瑕:名声美好无瑕疵。见《诗经·豳风·狼跋》。"德音不瑕",《传》:"瑕,过也。"

㉙"若琴"句:谓只弹一种声音,单调难听。

【今译】

　　景公从打猎的地方回来,晏子在遄台随侍,梁丘据到来诣见,景公说:"只有梁丘据与我和谐了!"晏子回答说:"梁丘据与您只是相同而已,那里说得上和谐。"景公说:"和谐与相同不一样吗?"晏子说:"不一样。和谐就像调治羹汤,用水火、醋酱、盐梅来烹调鱼肉,用柴火烧煮,厨师调配,使味道适中,味道不够就增加,味道过了就减少。君子吃了它,心情平和。国君与臣子的关系也是这样。国君认为可行而其中有不可行的,臣子指出其中的不可行,正是成全国君认为可行的;国君认为不可行的而其中有可行的,而臣子指出其中可行的,去掉不可行的,所以政治清平而不相抵触,百姓没有争夺之心,所以《诗经》上说:'有着美味调和好羹汤,五味齐备又和平,精诚感动神来享,一致肃敬无争论。'先王之所以配备五味,调和五声的原因,是用来平静内心,成功地治理他们的国家。声音和味道一样:是由一气、二体、三类、四物、五声、六律、七音、八风、九歌,互相组成的。是由清浊、大小、短长、缓急、哀乐、软硬、快慢、高低、出入、疏密互相调节的。君子听了,内心平静。内心平静德义就和谐。所以《诗经》上说:'德音没有瑕疵。'现在梁丘据不是这样。国君认为可行的,他也说可行;国君认为不可行的,他也说不可行。如果用水去调剂水,谁去吃它?如果琴和瑟老弹一个声音,谁去听它?相同不可以的道理就像上边说的这样。"景公说:"好。"

景公使祝史禳彗星晏子谏第六

【原文】

　　齐有彗星,景公使祝禳之。晏子谏曰:"无益也,只取诬焉①。天道不谄②,不贰其命③,若之何禳之也!且天之有彗,以除秽也④。君无秽德,又何禳焉?若德之秽,禳之何损⑤?《诗》云:'维此文王,小心翼翼,昭事上帝,聿怀多福,厥德不回,以受方国。⑥'君无违德⑦,方国将至,何患于彗?《诗》曰:"我无所监,夏后及商,用乱之故,民卒流亡。⑧'若德之回乱⑨,民将流亡,祝史之为,无能补也。"公说,乃止。

> 注释

①只取诬焉:只能得到假话。
②不谄:不疑。
③不二其命:不会改变旨意。
④除秽:除去污秽,意思是彗星出现,只是警告那些有污浊行为的君主赶快悔改。
⑤何损:减少什么。损,减少。
⑥"维此"六句:见《诗·大雅·大明》。意思是:只有这个文王,小心而谨慎。明白怎样事上帝,得来更多福分。他从不违背德行,受到各邦国的信任。翼翼,小心谨慎貌。昭,明也。聿,语助词。怀,来也。回,违也。方,邦也。
⑦违德:违背德义的行为。
⑧"我无"四句:《诗经》无此诗,杜预云:"逸诗也。"这四句的意思是:我没有所借鉴的,夏桀与商纣,因国家混乱的原故,百姓全都流亡。
⑨回乱:邪僻昏乱。

【今译】

齐国境内出现彗星,景公命祝史去禳除它。晏子进谏说:"没有益处,只能得到一些假话。天命不可怀疑,上天也不会改变它的旨意,像这样,怎能祈祷禳除它呢!况且天上有彗星,是用来扫除污秽的。君王没有污秽的德行,又何必禳除它呢?如果德行污秽了,禳除它又能去掉什么呢?《诗经》上说:'只有那周文王,办事小心谨慎,明白侍奉上帝,得来更多福分。他不违背德行,受到邦国的崇敬。'君王没有邪僻的品德,各国将会推崇你,还怕什么彗星呢?《诗经》上说:'我没有引为借鉴,只有夏桀与商纣,因为淫乐乱政,百姓终于流亡失所。'如果德行邪僻淫乱,百姓将会流亡,祝史的禳祭,不能补你的过错。"景公高兴,就停止禳祭。

景公有疾梁丘据裔款请诛祝史晏子谏第七

【原文】

景公疥遂痁①,期而不瘳②。诸侯之宾,问疾者多在。梁丘据、裔款言于公曰:"吾事鬼神,丰于先君有加矣③。今君疾病,为诸侯忧,是祝史之罪也。诸侯不知,其谓我不敬④,君盍诛于祝固史嚚以辞宾⑤。"公说,告晏子。晏子对曰:"日宋之盟⑥,屈建问范会之德于赵武⑦,赵武曰:'夫子家事治⑧,言于晋国,竭情无私。其祝史祭祀,陈言不愧⑨;其家事无猜⑩,其祝史不祈。'建以语康王⑪,康王曰:'神人无怨,宜夫子之光辅五君⑫,以为诸侯主也。'"公曰:"据与款谓寡人能事鬼神,故欲诛于祝史,子称是语何故?"对曰:"若有德之君,外内不废,上下无怨,动无违事,其祝史荐信⑬,无愧心矣。是以鬼神用飨,国受其福,祝史与焉。其所以蕃祉老寿者⑭,为信君使也⑮,其言忠信于鬼神。其适遇淫君,外内颇邪,上下怨疾,动作辟违,以欲厌私,高台深池,撞钟舞女⑯,斩刈民力⑰,输掠其聚⑱,以成其违,不恤后人,暴虐淫纵,肆行非度⑲,无所还忌⑳,不思谤讟,不惮鬼神,神怒民痛,无悛于心㉑。其祝史荐信,是言罪也;其盖失数美㉒,是矫诬也㉓;进退无辞,则虚以成媚,是以鬼神不飨,其国以祸之,祝史与焉。所以夭昏孤疾者㉔,为暴君使也,其言僭嫚于鬼神。"

公曰:"然则若之何?"对曰:"不可为也。山林之木,衡鹿守之㉕;泽之萑蒲㉖,舟鲛守之㉗;薮之薪蒸㉘,虞候守之㉙;海之盐蜃㉚,祈望守之㉛。县鄙之人,入从其政;偪介之关㉜,暴征其私;承嗣大夫,强易其贿㉝;布常无艺㉞,征敛无度;宫室日更,淫乐不违;内宠之妾肆夺于市,外宠之臣僭令于鄙㉟;私欲养求,不给则应㊱。民人苦病,夫妇皆诅。祝有益也,诅亦有损,聊摄以东㊲,姑尤以西㊳,其为人也多矣!虽其善祝,岂能胜亿兆人之诅!君若欲诛于祝史,修德而后可。"公说,使有司宽政,毁关去禁,薄敛已责,公疾愈。

注释

①疥遂痁:疥通痎,两日一发的疟疾。痁,大虐疾。张纯一案:"遂当作且。"
②期而不瘳:一年未愈。
③"丰于"句:谓祭祀用的祭品比先王用的丰厚。
④不敬:对鬼神不恭敬。
⑤祝固史嚚(yín 银):祝,官名,掌祭祀;固,人名。史,官名,王左右的史官,掌祭祀和记事等;嚚,人名。
⑥日宋之盟:从前齐国与宋国的会盟。事在襄公二十七年。

⑦"屈建"句:谓屈建向赵武询问范会的德行。赵武,即赵文子,晋国大夫。
⑧夫子家事治:范会家族中的事务处理得很好。
⑨不愧:没有惭愧。
⑩无猜:没有可猜疑的事。
⑪康王:即楚康王。
⑫辅五君:先后辅佐五个国君。五君,指晋文公、晋襄公、晋灵公、晋成公、晋景公。
⑬荐信:陈说实际情况。
⑭蕃祉老寿:子孙多而福大,健康长寿。
⑮信君使:诚信君主的使者。
⑯撞钟舞女:奏乐歌舞。
⑰斩刈:砍割。犹言暴虐。
⑱输掠其聚:抢夺百姓的积蓄。
⑲肆行非度:恣意忘行没有法度。
⑳无所还忌:无所顾忌。还,顾也。
㉑无悛于心:内心不肯改悔。
㉒盖失数美:掩盖过失,数列好事。
㉓矫诬:欺诈行骗。
㉔夭昏孤疾:夭折患病。
㉕衡鹿:看守山林的官吏。
㉖萑蒲:芦苇之类。
㉗舟鲛:当作"舟鮫",守沼泽的官吏。
㉘薮之薪蒸:荒野中的柴禾。
㉙虞候:守山薮的官吏。
㉚蜃:大蛤。
㉛祈望:水产物的守护官吏。
㉜偪介之关:临近国都的关卡。王引之云:"偪介本作逼尔。"
㉝强易其贿:强立名目,以取民财。
㉞布常无艺:发布命令没有准则。艺,当为执,即臬的假借字。臬为射准的。
㉟僭令于鄙:在边远地方假传王令。
㊱不给则应:不满足就治罪。"应"当为"膺"。膺,惩也。
㊲聊摄:聊城、摄地,齐国西部边界。
㊳姑尤:地名,姑地、尤地。齐国东部边界。

【今译】

　　景公患了二日一发的疟疾后转成大疟疾,整整一年没有病愈。诸侯派来探病的人多数还在齐国。梁丘据、裔款向景公说:"我们敬事鬼神,祭品比先君时候更加丰盛。现在君王患病,引起诸侯们的忧虑,这是祝史的罪过了。诸侯不知实情,恐怕还会说我们不敬鬼神。君王何不诛杀祝固史嚚来辞谢宾客。"

  景公很高兴,将此事告诉晏子。晏子回答说:"从前在宋国盟会时,屈建向赵武问范会的德行如何,赵武说:'老先生家族中的事处理得很好,在晋国说话,可以尽情而无所隐瞒。他的祝史祭祀,向鬼神陈述实情内心不惭愧;他家族中没有什么可以猜疑的事,所以他的祝史用不着为他祈求。'屈建将这些话告诉康王,康王说:'鬼神与百姓都没有怨恨,老先生光荣的辅佐五个国君是合宜的,使晋国成为诸侯的盟主。'"

  景公说:"梁丘据与裔款说我能敬事鬼神,所以想杀掉祝史,先生说这些话又是什么意思?"晏子说:"如果是有德行的国君,朝廷内外的事都不会荒废,举国上下也不会有怨恨,行动没有违背德义的事,他的祝史向鬼神陈述真实情况,就没有惭愧之心了。因此鬼神享用他的祭品,国家受到鬼神的福佑,祝史也有一份。他们所以子孙繁衍多福长寿,因为他们是诚实国君的使者,他们的话对鬼神忠诚信实。如果他们恰巧遇到的是荒淫的国君,宫内宫外偏颇邪恶,君上臣下相互怨恨,行动邪僻背理,放纵欲望满足私心。建高台挖深池,奏乐歌舞美女,摧残民力,抢夺百姓的积蓄,用这些行为构成过错,而不体恤后人。暴虐纵欲,随意行事不守法度,无所顾忌,不考虑怨谤,不惧怕鬼神,神灵发怒,民众痛苦,心里还不肯悔改。他的祝史向鬼神陈说真实情况,这是报告国君的过错。他们掩盖过失列举美事,则是矫诈欺骗。真假都不能陈述,那么就用空话向鬼神讨好。因此鬼神不享用他们国家的祭品而且给他们造成灾祸,祝史也有一份。他们所以子孙夭折、昏昧、孤寡、患病,是因为他们是暴虐君王的使者,他们的话对鬼神欺诈轻侮。"

  景公说:"既然如此那么怎么办?"晏子说:"没有办法了。山林中的树木,衡鹿看守它;湖泽中的芦苇,舟鲛看守它;荒野中的柴禾,虞侯看守它;大海中的盐蛤,祈望看守它。偏僻地方的人,到国都来服役,靠近国都的关卡,又横征暴敛,夺其私物。世袭大夫,强立名目,大取民财。公布的政令没有准绳,征收税赋没有节制,宫室经常改变,荒淫作乐不停止。宫内宠妾在市场上大肆掠夺,外边的宠臣,在边境上假传圣旨。私欲膨胀,所求极多,所求不给就予惩办。民众痛苦艰难,丈夫妻子都在诅咒。祝祷有好处,诅咒也会有损害。聊地、摄地以东,姑水、尤水以西,那里人口多得很,即使祝史善于祝祷,难道能胜过亿兆民众的诅咒?君王如果想要杀祝史,只有修养德行然后才可以。"景公很高兴,命令有关官署放宽政令,毁掉关卡,废除禁令,减轻税赋,免除对公家的欠债,景公的病很快就好了。

景公见道殣自惭无德晏子谏第八

【原文】

　　景公赏赐及后宫,文绣被台榭①,菽粟食凫雁②;出而见殣③,谓晏子曰:"此何为而死?"晏子对曰:"此餧而死④。"公曰:"嘻!寡人之无德也甚矣。"对曰:"君之德著而彰,何为无德也?"景公曰:"何谓也?"对曰:"君之德及后宫与台榭,君之玩物,衣以文绣;君之凫雁,食以菽粟;君之营内自乐,延及后宫之族,何为其无德!顾臣愿有请于君:由君之意,自乐之心,推而与百姓同之,则何殣之有!君不推此,而苟营内好私⑤,使财货偏有所聚,菽粟币帛腐于囷府⑥,惠不遍加于百姓,公心不周乎万国⑦,则桀纣之所以亡也。夫士民之所以叛,由偏之也⑧,君如察臣婴之言,推君之盛德,公布之于天下,则汤武可为也。一殣何足恤哉!

注释

　　①文绣被台榭:谓楼台亭榭都披锦挂绣。文,同纹。
　　②凫雁:这里指家禽鸭与鹅。王引之云:"凫,鸭也;雁,鹅也。"
　　③殣:饿死的人。
　　④餧:同馁,饥饿。
　　⑤营内好私:谓经营内宫嗜好私藏。
　　⑥囷(qūn逡)府:储藏粮食和财货的仓库。囷,储存粮食的仓库,圆形的电囷,方形的叫仓。府,古时国家以藏财物或文书的地方。
　　⑦周乎万国:遍及所有国家。《说苑》作"周乎国"。
　　⑧偏之也:指粮食财货均被国家占有,腐烂于库,百姓却饥饿而死。

【今译】

　　景公的赏赐遍及后宫所有的人，宫内的楼台亭榭披上锦绣，鸭鹅也用豆谷喂养；景公出门看见了饿死的人，问晏子说："这人是什么原因至死？"晏子回答说："这人是饿死的。"景公说："唉！我无德已到这样严重地步了。"晏子说："君王的恩德显著而昭彰，怎么说无德呢？"景公说："为何这样说呢？"晏子回答说："君王的恩德遍及后宫的人与宫中的楼台亭榭，君王的玩物，披上锦绣；君王的鸭鹅，用粮食喂养；君王经营宫室不仅自己享受，扩展到后宫嫔妃及从属，为何说无恩德呢！但是我对君王有所请求：从君王爱后宫的心意，自己追求享乐的思想，推广到与百姓共同享受，哪还会有饿死的人！君王不把爱后宫之心推广到百姓，而且只顾经营宫室嗜好私藏，使钱财货物偏积一处，粮食钱币与布帛腐烂在仓库之中，恩惠不普遍给予百姓，公心不遍及诸国，这就是夏桀、商纣之所以灭亡的原因了。那士人百姓之所以叛离，就是由于国君偏心的缘故。君王如果体察我所说的话，推广您的美德，公心遍布于天下，就会做到像成汤、周武这样的圣君了。何只体恤一个饿死的人呢！"

景公欲诛断所爱槚者晏子谏第九

【原文】

　　景公登箐室而望①，见人有断雍门之槚者②，公令吏拘之，顾谓晏子："趣诛之。"晏子默然不对。公曰："雍门之槚，寡人所甚爱也，此见断之，故使夫子诛之，默然而不应，何也？"晏子对曰："婴闻之，古者人君出，则辟道十里③，非畏也；冕前有旒④，恶多所见也⑤；纩纮玩耳⑥，恶多所闻也；大带重半钧⑦，乌履倍重⑧，不欲轻也。刑死之罪，日中之朝，君过之⑨，则赦之⑩。婴未尝闻为人君而自坐其民者也⑪。"公曰："赦之，无使夫子复言。"

【注释】

①箐室：孙星衍云："《艺文类聚》作'青堂'是。"青堂，当指宫中一处楼台。
②槚：楸树，即梓木。

③辟道十里：谓十里内的人都要回避。辟，一本作"避"。
④冕前有旒：王冠的前沿缀有流旒。旒，垂玉也。即垂挂于王冠前的玉串。
⑤恶：讨厌。这里作避免解。
⑥纩（kuàng 矿）纮（hóng 洪）珫耳：谓王冠的纽带上系着塞耳的玉石。纩，絮衣的新丝棉。纮，古时冠冕上的纽带。珫耳，同"充耳"，古人冠冕上垂在两侧以塞耳的玉。
⑦大带重半钩：束衣的衣带重半斤。钩，古代重量单位，一钩为三十斤，谓衣带重半钩，则是夸张之说。于鬯云："'半钩'，谓半斤也，非十五斤也。然则'倍重'者，倍'半钩'之重，则一钩矣。一钩者，一斤也。非三十斤也。泥于三十斤为钩之说，带履之重，皆无其理。"于说是。译文依于说。
⑧舄（xì 戏）履：古代一种复底鞋。
⑨"日中"三句：谓君王经过市朝，就会赦免他。日中之朝，谓市朝。《周礼·司市》云："国君过市，则刑人赦。"
⑩自坐其民：自己去罪罚他的百姓。

【今译】
　　景公登上箐室而远望，看见有人砍断雍门的楸树，景公下令官吏拘捕了那个砍树的人，回头对晏子说："快去杀掉他。"晏子沉默不回答。景公说："雍门的楸树，是我非常喜爱的树，现在有人砍断了它，所以叫先生杀掉那个砍树的人，您沉默不答话，什么原因？"晏子回答说："我听说，古代的君王出门，就让十里内的人回避，不是畏惧百姓；王冠前垂有流旒，避免所见太多了；王冠纽带垂下的玉石塞住耳朵，避免所听到的太多了；束衣的大带重半斤，脚下的鞋重一斤，不想太轻了它。判过死刑的罪人，君王经过市朝，就会赦免他，我未曾听说过当国君的自己去罪罚他的百姓。"景公说："赦免他吧，不让先生再说了。"

景公坐路寝曰谁将有此晏子谏第十

【原文】
　　景公坐于路寝，曰："美哉其室！将谁有此乎？"晏子对曰："其田氏乎，田无宇为嬖矣①。"公曰："然则奈何？"晏子对曰："为善者，君上之所劝也②，岂可禁哉！夫田氏国门击柝之家③，父以托其子④，兄以托其弟,于今三世矣。山木如市,不加于山;鱼盐蜃蛤,不加于海;民财为之归⑤。今岁凶饥,荁种笔敛不半⑥,道路有死人。齐旧四量而豆,豆四而区,区四而釜,釜十而钟。田氏四量,各加一焉。以家量贷,以公量收,则所以籴百姓之死命者泽矣⑦。今公家骄汰⑧,而田氏慈惠,国泽是将焉归⑨?田氏虽无德而施于民。公厚敛而田氏厚施焉。《诗》曰:'虽无德与汝,式歌且舞⑩。'田氏之施,民歌舞之也,国之归焉,不亦宜乎!"

注释

①埤:俞樾云:疑圻字之误。圻者几之假借字。为几,漆饰器物。一说,埤,水堤。喻能除害利民。从后说。

②劝:鼓励。

③击柝之家:谓家族人众,要敲击木柝才能集中。柝,木梆,旧时巡夜敲击之物。

④托其子:传给他的儿子。托,托付。

⑤民财为之归:百姓的财物因田氏而得到归还。

⑥荁种笔敛不半:荁和笔的收获不到一半。荁,草名,有青荁、白荁。笔,池沼生草,可为食。

⑦"则所"句:谓田氏用大斗出小斗进,实则是以买民心,使即将饿死的人存活下来。泽,吴则虞云:'泽'疑'睪'之假借,……'死命者睪矣'谓延其命也。"译文从吴说。

⑧骄汰:骄横奢侈。

⑨国泽是将焉归:齐国舍去他将归谁呢,泽,通舍。舍,舍也,除也。吴则虞按:《戒篇》王氏云:"'泽'读为'舍其路而弗由'之'舍'。"

⑩"虽无"二句:见《诗·小雅·车舝》。意思是:虽无恩德赠与汝,快来唱歌与跳舞。

【今译】

景公坐在路寝台上,说:"美好啊这些宫室!将来谁会得到它呢?"晏子回答说:"恐怕是田氏吧!田无宇在修水堤了。"景公说:"然而将怎么办呢?"晏子回答说:"做善事,是君王所勉励的呀,怎可禁止呢!那田氏是国都内的大家族,父亲以它托付给儿子,哥哥以它托付给弟弟,到现在已经历三代人了。树木运到集市,山上不再增加;鱼盐蚌蛤，海内也不再增加；百姓的财物因为田氏而得到归还。今年大饥荒，蒿芼的收获不到一半，道路上有饿死的人。齐国旧有的量器四升为一豆，四豆为一区，四区为一釜，十釜为一钟。田氏在四量的基础上，各加一量。用自家大的量器借贷出去，用公家小的量器收进来，就是用来买百姓中快死的人让他们存活下来。现在公族大夫骄纵奢侈，而田氏仁慈施惠，齐国不归他将归谁呢？田氏虽然没有德义却施惠于百姓。君王加重征收税赋而田氏加重施惠于民。《诗经》上说：'虽无恩德赠与汝，快来唱歌与跳舞。'田氏的施惠，使百姓为他唱歌跳舞，齐国归于他，不也适宜吗？"

景公台成盆成适愿合葬
其母晏子谏而许第十一

【原文】

景公宿于路寝之宫，夜分①，闻西方有男子哭者，公悲之。明日朝，问于晏子曰："寡人夜者闻西方有男子哭者，声甚哀，气甚悲，是奚为者也？寡人哀之。"

晏子对曰："西郭徒居布衣之士盆成适也②。父之孝子，兄之顺弟也③。又尝为孔子门人。今其母不幸而死，枢柩未葬④，家贫，身老，子孺⑤，恐力不能合枢，是以悲也。"

公曰："子为寡人吊之，因问其偏祔何所在？⑥"晏子奉命往吊，而问偏之所在⑦。盆成适再拜，稽首而不起，曰："偏祔寄于路寝⑧，得为地下之臣，拥札掺笔⑨，给事宫殿中右陛之下⑩，愿以某日送，未得君之意也。穷困无以图之，布唇枯舌⑪，焦心热中，今君不辱而临之⑫，愿君图之。"晏子曰："然。此人之甚重者也，而恐君不许也。"盆成适蹶然曰⑬："凡在君耳！且臣闻之，越王好勇⑭，其民轻死；楚灵王好细腰，其朝多饿死人。子胥忠其君，故天下皆愿得以为子⑮。今为人子臣，而离散其亲戚，孝乎哉？足以为臣乎？若此而得祔，是生臣而安死母也⑯；若此而不得，则臣请挽尸车而寄之于国门外宇溜之下⑰，身不敢饮食，拥辕执辂⑱，木乾鸟栖⑲，袒肉暴骸⑳，以望君愍之。贱臣虽愚，窃意明君哀而不忍也。"

晏子入,复乎公,公忿然作色而怒曰:"子何必患若言,而教寡人乎?"晏子对曰:"婴闻之,忠不避危,爱无恶言。且婴固以难之矣。今君营处为游观㉑,既夺人有,又禁其葬,非仁也;肆心傲听㉒,不恤民忧,非义也。若何勿听?"因道盆成适之辞。公喟然太息曰:"悲乎哉!子勿复言。"乃使男子袒免㉓,女子发笄者以百数㉔,为开凶门㉕,以迎盆成适。适脱衰绖,冠条缨㉖,墨缘㉗,以见乎公。公曰:"吾闻之,五子不满隅,一子可满朝㉘,非乃子耶!"盆成适于是临事不敢哭,奉事以礼,毕,出门,然后举声焉㉙。

注释

①夜分:半夜。
②盆成适:人名,姓盆成名适,孔子学生,一作盆成造,盆成逆。
③顺弟:恭顺的弟弟。
④祔柩未葬:谓还没有与其父合葬。祔,合葬。
⑤子㝢(jǔ 矩):孩子弱小。洪颐煊云:《释文》:'㝢,弱子也。'"
⑥偏祔:另一个灵柩,此指盆成适之父的灵柩。
⑦偏之所在:当作"偏柩之所在"。
⑧寄于路寝:安葬在路寝台。
⑨拥札掺笔:持牒操笔。
⑩于鬯云:"四字似当在上文'路寝'之下。"译文从此。
⑪布脣枯舌:脣干舌枯。布,于鬯云:"布盖读为'膊',……《说文·肉部》云:'膊'干肉也。是膊以干肉为本义,引申之,盖凡干皆可曰'膊'。'膊脣'者,谓干脣也。"是。
⑫不辱而临之:不以为受辱而光临我家。
⑬蹶然:疾起。
⑭越王:指越王勾践。苏时学云:"勾践会稽之败,当鲁哀公元年,后四年而齐景公卒,不应在晏子之世,而引以为词,此与下言子胥之忠,并著书者所附益也。"
⑮子胥句:王念孙云:"案此文原有四句,今脱去二句,则文不成义。《秦策》云:'子胥忠其君,天下皆欲以为臣,孝已爱其亲,天下皆欲以为子。'文义正与此同。"子胥,伍子胥。
⑯"是生"句:谓这是使我生存使母亲安息的大事。"生臣"、"安死母"均为使动用法。
⑰溜通霤:屋檐下水流也。

⑱拥辕执辂:抱着车辕拉着车辂。辂,车前横木。
⑲木干鸟栖:像木头一样立着枯干让鸟在上面栖息。
⑳袒肉暴骸。裸露身子暴露骨骸。按,这是盆成适以死来表示自己希望父母合葬的决心。
㉑游观:游乐观赏的地方。
㉒肆心傲听:随心所欲不听劝谏。
㉓袒免:脱掉上衣,露出臂膊。
㉔发笄:当作髽笄:古代妇人丧服的露髻,用麻束发。笄,用来挽发的簪子。
㉕为开凶门:谓在路寝台另开一个门,让盆成适送进灵柩。故称凶门。
㉖冠条缨:戴着有丝缘装饰的帽子。
㉗墨缘:将衣服边上的镶绲染黑。
㉘"五子"二句:谓子多不贤亦是枉然,一子而贤可誉满朝廷。
㉙举声:发出哭声。

【今译】

景公住在路寝台的宫室里,半夜,听到西方有男人的哭声,景公为他感到悲痛。第二天设朝,问晏子说:"我昨夜听到西方有男人的哭声,哭声非常哀痛,气氛极为悲伤,是什么人在那里哭呀?我也为他哀痛。"

晏子回答说:"西边城郭只居住一个名叫盆成适的没有任职的士子,他是父亲的孝顺儿子,哥哥的恭顺弟弟。又曾经当过孔子的学生。现在他的母亲不幸死了,合葬的棺木尚未入土安葬,家境贫寒,自己年老,孩子幼弱,恐怕自己没有能力使父母合葬,所以悲痛。"景公说:"先生为我去吊念他母亲,并问问他父亲的灵柩葬在何处?"晏子奉命前往盆成适家吊念,而询问他父亲的灵柩葬在哪里。盆成适再三拜谢,叩头不起来,说:"父亲的灵柩葬在路寝台右边台阶下,得在地下当臣子,手拿文书、笔墨,在宫殿中办事,希望在某一天送母亲的灵柩进去合葬,不知国君的心意怎样,我穷困没有办法办理此事,唇干舌枯,焦虑的心如火中烧。现在先生不怕屈辱而到我家来,恳望先生设法处理这事。"晏子说:"是。这是人生中最重要的事情了,就是怕君王不同意呀。"盆成适一下子站起来说:"凡事在先生了!况且我听说,越王喜好勇力,他的百姓就轻视死亡;楚灵王喜好细腰美人,他的国家饿死的人就很多。伍子胥忠于他的国君,所以天下的人都希望得到他作为儿子。现在作为人子,而使自己的亲人离散,孝顺吗?能够作人臣吗?如果这次父母能合葬,是使我得到生存而使死去的母亲得到安息了;如果这次不能合葬,我就请求拉着装载尸体的车子就在国都外房舍流水处的下边,自己不喝水不吃饭,抱住车辕拉住车辐,像木头一样干枯让鸟儿栖息在上面,露身暴骨,用它来恳望君王的怜悯。我虽卑贱愚昧,私下认为圣明的君主一定会哀怜而不忍让我这样。"

  晏子入朝,向景公回报,景公愤怒得变了脸色说:"先生为何一定听他的话来教训我呢?"晏子回答说:"我听说,忠臣不回避危险,爱护没有恶言。我本来也认为这事难办呀。现在君王营建此处为游玩观赏的场所,已经抢夺了人家的所有,又禁止别人安葬,是不仁了;随心所欲不听劝谏,不体恤百姓的忧伤,是没有义了,您为什么不愿听。"就将盆成适的话说了一遍。景公感慨叹息说:"悲痛呀!先生不用再说了。"于是下令叫男人脱衣露臂,女子用麻束发的共有几百人,另开了一处进灵柩的门,让盆成适进来。盆成适脱掉丧服,头戴饰有丝缘的帽子,衣服染上黑边,来见景公。景公说:"五个儿子不能誉满一个角落,一个儿子可以誉满朝堂,不就是您吗!"盆成适安葬时不敢哭,按礼仪的准则办事,安葬母亲完毕,出了路寝台,然后才放声大哭。

景公筑长庲台晏子舞而谏第十二

【原文】

  景公筑长庲之台①,晏子侍坐。觞三行,晏子起舞曰:"岁已暮矣,而禾不获,忽忽矣若之何②!岁已寒矣,而役不罢,惵惵矣如之何③!"舞三,而涕下沾襟。景公惭焉,为之罢长庲之役。

注释

①长庲:地名。
②忽忽:忧惧,与下惵惵相同。
③惵惵:《尔雅·释训》:"忧也。"

【今译】

  景公在长庲筑高台,晏子在他旁边侍坐。献酒三次后,晏子起身跳舞并唱道:"年关到来了,庄稼还未收,忧虑啊这事怎么办!年关寒冷呀,劳役不停止,忧惧呀这事怎么办!"反复歌舞三次,老泪纵横浸湿了衣襟。景公感到惭愧,为此停止了长庲的劳役。

景公使烛邹主鸟而亡之公怒将加诛晏子谏第十三

【原文】

景公好弋①,使烛邹主鸟而亡之②,公怒,诏吏杀之。晏子曰:"烛邹有罪三,请数之以其罪而杀之。"公曰:"可。"于是召而数之公前,曰:"烛邹!汝为吾君主鸟而亡之,是罪一也;使吾君以鸟之故杀人,是罪二也;使诸侯闻之,以吾君重鸟以轻士,是罪三也。"数烛邹罪已毕,请杀之。公曰:"勿杀!寡人闻命矣。"

【注释】

①弋:缴射。即用绳子拴在箭上射鸟。
②烛邹主鸟:让烛邹管理喂鸟之事。烛邹,人名,一本作"祝邹"。

【今译】

景公喜好弋射禽鸟,派烛邹主管喂鸟之事而鸟飞走了,景公大怒,命令官吏杀烛邹。晏子说:"烛邹有三条罪状,请求当面数说他的罪状再杀死他。"景公说:"可以。"于是晏子将烛邹召进,到景公面前数说他的罪状,晏子说:"烛邹!你为我们国君主管喂鸟之事而让鸟飞走,是罪行之一;使我们国君因为鸟的原因而杀人,是罪行之二;让诸侯听到这件事,认为我们国君重视飞鸟而轻视士人,是罪行之三。"晏子数完烛邹的罪行后,请求将他杀掉。景公说:"不要杀,我听从先生的教诲了。"

景公问治国之患晏子对以
佞人谗夫在君侧第十四

【原文】

　　景公问晏子曰："治国之患亦有常乎？"对曰："佞人谗夫之在君侧者，好恶良臣①，而行与小人，此国之长患也。"公曰："谗佞之人，则诚不善矣，虽然，则奚曾为国常患乎？"晏子曰："君以为耳目而好缪事②，则是君之耳目缪也。夫上乱君之耳目，下使群臣皆失其职③，岂不诚足患哉！"公曰："如是乎！寡人将去之。"晏子曰："公不能去也。"公忿然作色不说，曰："夫子何小寡人甚也！"④对曰："臣何敢槁也⑤！夫能自周于君者⑥，才能皆非常也。夫藏大不诚于中者，必谨小诚于外⑦，以成其大不诚。入则求君之嗜欲能顺之，公怨良臣，则具其往失而益之⑧；出则行威以取富。夫何密近⑨，不为大利变，而务与君至义者也？此难得其知也。"公曰："然则先圣奈何？"对曰："先圣之治也，审见宾客，听治不留⑩，群臣皆得毕其诚，谗谀安得容其私！"公曰："然则夫子助寡人止之，寡人亦事勿用⑪。"对曰："谗夫佞人之在君侧者，若社之有鼠也，谚言有之曰：'社鼠不可熏去。'谗佞之人，隐君之威以自守也，是难去焉。"

注释

①好恶良臣：喜欢诽谤良臣。
②缪事：苏舆云："治要'缪'作'谋'是，此缘下误。"谋事，商量国事。
③"下使"句：谓谗佞用事，君王信谗则群臣不知所措。
④小寡人：小看我。小，用为动词。
⑤槁：于鬯云："'槁'疑当读为'骄'……骄者，自大之意也。"是。译文从于说。
⑥自周于君：使自己能用于君王。周，吴则虞案："周，作'用'者是。"
⑦"夫藏"二句：谓内心藏有大奸的人，表面却显得谨小慎微。
⑧"则具"句：谓君王怨恨的臣子，谗佞之人就搜罗他们过去的过失而扩大其过失。
⑨"夫何"三句：这些人怎能如此靠近君王，不为获取大利益，而专力与君王

一起共同行义的呢?

　　⑩听治不留:谓听政治事不积压,每日之事均处理完毕,不留到第二天。

　　⑪事勿用:凡事不使用。

【今译】

　　景公问晏子说:"治国长期存在的祸患是什么?"晏子说:"奸佞谗谄的人在君王身边,他们喜欢诽谤中伤贤良的臣子,而品行与小人一样,这就是国家长久存在的祸患了。"景公说:"谗谄奸佞的人,的确是不好的,虽如此,他们怎么会成为国家常有的祸患呢?"晏子说:"君王把他们当作耳目又喜欢和他们谋事,这样君王的视听就会产生谬误了。他们在上惑乱君王的视听,在下使群臣都无法行使他们的职责,难道还不是实际的祸患吗!"景公说:"像这样,我将除掉他们。"晏子说:"君王不可能除掉他们。"景公满面怒色地说:"先生为何如此小看我!"晏子说:"我怎么敢骄言自大! 那些能够使自己受君王信用的人,才能都不是一般的了。那内心隐藏着极大不忠的人,一定在表面谨慎地表现小的忠诚,用来达到他们大不忠的目的。入朝就寻求君王的嗜好喜爱来顺从君王的心意,君王怨恨贤良的臣子,他们就搜集这些臣子过去的过失并且扩大这过失;出朝就施行淫威来索取财富。这些人哪能如此亲密地接近君王,而不获取大的利益,专为与君王行义的呢?这种人难得识破他们的。"景公说:"然则先圣是怎么办的呢?"晏子说:"先圣治国的办法是,慎重对待会见宾客,处理政事决不滞留,群臣都能竭尽他们的忠诚,对谗谀小人哪能容他们谋私!"景公说:"那么,先生就协助我去掉他们,我也不用这些人办事了。"晏子说:"谗谀奸佞的人在君王身边,就像神社里有老鼠一样,谚语有这样的话:'神社里的老鼠不能用火烟熏走的。'谗谀奸佞的人,依仗君王的威望保住自己,他们是难于除去的。"

景公问后世孰将践有齐者晏子对以田氏第十五

【原文】

　　景公与晏子立曲潢之上,望见齐国,问晏子曰:"后世孰将践有齐国者乎?"晏子对曰:"非贱臣之所敢议也。"公曰:"胡必然也①?得者无失,则虞、夏常存矣②。"晏子对曰:"臣闻见不足以知之者,智也;先言而后当者,惠也③。夫智与惠,君子之事,臣奚足以知之乎!虽然,臣请陈其为政④:君强臣弱,政之本也;君唱臣和,教之隆也;刑罚在君,民之纪也。今夫田无宇二世有功于国,而利取分寡⑤,公室兼之,国权专之,君臣易施⑥,能无衰乎!婴闻之,臣富主亡。由是观之,其无宇之后无几,齐国,田氏之国也!婴老不能待公之事,公若即世⑦,政不在公室。"

公曰:"然则奈何?"晏子对曰:"维礼可以已之⑧。其在礼也,家施不及国⑨,民不懈,货不移,工贾不变,士不滥,官不谄⑩,大夫不收公利。"

公曰:"善。今知礼之可以为国也。"对曰:"礼之可以为国也久矣,与天地并立。君令臣忠,父慈子孝,兄爱弟敬,夫和妻柔,姑慈妇听,礼之经也。君令而不违,臣忠而不二,父慈而教,子孝而箴⑪,兄爱而友,弟敬而顺,夫和而义,妻柔而贞,姑慈而从⑫,妇听而婉⑬,礼之质也⑭。"

公曰:"善哉!寡人乃今知礼之尚也⑮。"晏子曰:"夫礼,先王之所以临天下也,以为其民,是故尚之。"

注释

①胡必然也:何必如此呢? 胡,何,表示疑问。
②虞、夏:指虞舜与夏禹。
③"臣闻"四句:谓事情尚未发生而能预见其发生的人是有才智的人,先预言而后来又被证实的人,是有智慧的人。惠,通慧。
④陈其为政:陈述治国之道。
⑤利取分寡:谓把财力聚起来,又分给孤寡贫乏之人。取,通聚。
⑥君臣易施:在施物济民方面君臣易位,即臣子比国君施舍得多。这里指田氏以大量贷出,小量收进,收买人心。一说"施"当读为"移",君臣易施,即君臣移位,亦通。即君臣之势倒置。
⑦即世:去世。
⑧已之:停止它。已,停止。
⑨家施不及国:大夫的施舍不能超越封邑,到达国人。大夫称家。
⑩士不滥,官不谄:士人不谄媚,官员不怠慢。滥,浮辞失实。谄,吴则虞云:"《左传》作'滔',杜注:'慢也。'"是。
⑪子孝而箴:儿子孝顺并能自我规劝。箴,谏也。

⑫姑慈而从:婆婆慈祥而不自专。姑,婆母。从,从容舒缓,不自专。
⑬妇听而婉:媳妇恭听婆婆的话而和顺。
⑭礼之质:礼的实质。
⑮礼之尚:礼的宝贵。尚,贵,重要。

【今译】

　　景公与晏子站立在曲潢的上面,望见齐国的广大田野,问晏子说:"后世谁将占有齐国呢?"晏子回答说:"不是微臣敢于议论的事。"景公说:"何必这样呢?得到天下的不会失去,那虞舜、夏禹就永远存在了。"晏子回答说:"我听说对事情还未见足够的真相而能知其结果的人,就是聪明的人;先作出判断而后来证实确是这样的人,是有智慧的人。聪明与智慧,是君子的事情,我怎么足以知道未来的事呢!虽如此,我请求陈述治国的道理:国君强大臣子弱小,这是治国的根本;国君唱臣子和,这是教化的兴隆;刑罚的权柄在国君手中,这是百姓的纲纪。现在田无宇家族有两代人对齐国立了功勋,而又聚积财物分给孤寡贫乏的人,公室他兼有,国家的权柄他专擅,国君与臣子移位了,能不衰弱吗!我听说臣子富豪国君就会灭亡。由这看来,恐怕田无宇之后没有多久,齐国,就会成为田氏的国家了!我老了不能再伺候君王办事了,君王如果去世,政权就不会属于君王的家族了。"

　　景公说:"然而怎么办呢?"晏子回答说:"唯有礼可以抑止它。在礼的规范中,大夫的施舍不能超越封邑到达国人,百姓不懈怠,财货不改变,作工行商的不变常业,士人不虚词失实,官吏不傲慢,大夫不侵占公家的利益。"

　　景公说:"好。现在知道礼可以治理国家了。"晏子说:"礼可以治理国家已是很久的事了,它与天地并立,君王下令臣子尽忠,父亲慈祥儿子孝顺,兄长友爱弟弟恭敬,丈夫和气妻子温柔,婆婆仁慈媳妇顺从,这是礼的大纲了。国君的命令不背理,臣子忠心不二,父亲慈祥而能教导,儿子孝顺而能自我规劝,兄长对弟爱护而友好,弟弟对兄恭敬而顺从,丈夫和气而讲大义,妻子温柔而贞洁,婆婆仁慈而从容,媳妇听教而和顺,这是礼的实质了。"

　　景公说:"好啊!我今天才知道礼的重要了。"晏子说:"礼,是先王所用来治理天下的法宝,用它教化百姓,所以它重要。"

晏子使吴吴王问君子之行晏子对以不与乱国俱灭第十六

【原文】

晏子聘于吴,吴王问:"君子之行何如?"晏子对曰:"君顺怀之①,政治归之②,不怀暴君之禄③,不居乱国之位,君子见兆则退④,不与乱国俱灭,不与暴君偕亡。"

注释

①君顺怀之:国君有德行就怀念他。顺,顺于道,即有德行。
②政治归之:政事治理就归附他。治,不乱。
③不怀暴君之禄:不贪恋暴君的俸禄。
④见兆则退:看到动乱的先兆就引退。

【今译】

晏子出使吴国,吴王问道:"君子的行为怎样?"晏子回答说:"国君有德行就怀念他,政事治理就归附他,不贪恋残暴之君的俸禄,不任动乱国家的官职,君子看见动乱的预兆就引退,不和动乱的国家一起被消灭,不和残暴的国君一起灭亡。"

吴王问齐君偻暴吾子何容焉晏子对以岂能以道食人第十七

【原文】

晏子使吴,吴王曰:"寡人得寄僻陋蛮夷之乡,希见教君子之行①,请私而无为罪。"晏子蹴然辟位。吴王曰:"吾闻齐君盖贼以偻②,野以暴③,吾子容焉④,何甚也?"晏子遵而对曰⑤:"臣闻之,微事不通,粗事不能者,必劳;大事不得,小事不为者,必贫;大者不能致人⑥,小者不能至人之门者,必困。此臣之所以仕也。如臣者,岂能以道食人者哉⑦!"晏子出,王笑曰:"嗟乎,今日吾讥晏子,訾犹倮而高橛者也⑧。"

【注释】

①"希见教"句:希望请教君子的品行。
②贼以慢:暴虐而傲慢。
③野以暴:粗野而残忍。
④吾子容焉:先生能容忍于他。
⑤逡:孙星衍云:"当为遵循,即逡巡。"逡巡,却退。迟疑不决的样子。
⑥"大者"句:谓地位显要又不能招来客人。致人,使人来到。
⑦以道食人:用德行去寻求衣食。食人,食于人,向别人求食。
⑧"訾犹"句:意思是就像裸体的人责备脱掉衣服的人行为不恭一样。訾,俞樾云:"按'訾'乃'譬'字之误,'撅'乃'撅'字之误。'高'读为'咎'……《墨子·公孟篇》:'是犹倮谓撅者不恭也。'此即倮而咎撅之义。""撅",揭衣。

【今译】

晏子出使吴国,吴王说:"我生活在这偏僻简陋的蛮夷之地,希望先生指教君子的品行,请私下谈谈不要怪罪。"晏子不安地离座站起来。吴王说:"我听说齐国的国君大多是暴虐骄慢、粗野残忍,先生却能容忍于他们,什么原因呢?"晏子迟疑不决地回答说:"我听说,精细的事不懂,粗笨的事不会做的人,一定劳苦;大事不能做,小事不愿干的人,一定贫穷;地位显要不能招来客人,地位低下又不愿到别人门下的人,一定困难。这就是我之所以出而作官的原因了。像我这样的人,哪是用德行去向人讨食的呢!"晏子出来后,吴王笑着说:"唉!今天我讥嘲晏子,就像裸体的人责备脱衣服的人不恭敬一样了。"

司马子期问有不干君不恤民取名者乎晏子对以不仁也第十八

【原文】

司马子期问晏子曰①:"士亦有不干君②,不恤民,徒居无为而取名者乎?"晏子对曰:"婴闻之,能足以赡上益民而不为者③,谓之不仁。不仁而取名者,婴未得闻之也。"

【注释】

①司马子期:楚平王的儿子公子结,字子期。司马是其官名。
②不干君:不为国君做事。干,求也。
③赡上益民:辅助固君,有益百姓。赡,助也。

【今译】

司马子期问晏子说:"士也有不为君王办事,不体恤百姓,独自居处而取得好名声的人吗?"晏子回答说:"我听说,才能足以辅助君王有益百姓而不愿作的人,叫他为不仁。不仁的人而能取得好名声的,我还没有听说过。"

高子问子事灵公庄公景公皆敬子晏子对以一心第十九

【原文】

高子问晏子曰:"子事灵公、庄公、景公,皆敬子,三君之心一耶?夫子之心三也?"①晏子对曰:"善哉!问事君,婴闻一心可以事百君,三心不可以事一君。故三君之心非一也,而婴之心非三心也②。且婴之于灵公也,尽复而不能立之政,所谓仅全其四支以从其君者也。及庄公陈武夫,尚勇力,欲辟胜于邪,而婴不能禁,故退而野处③。婴闻之,言不用者,不受其禄,不治其事者,不与其难④,吾于庄公行之矣⑤。今之君,轻国而重乐,薄于民而厚于养,藉敛过量,使令过任,而婴不能禁,庸知其能全身以事君乎!⑥"

【注释】

①从"高子"至"夫子之三心也":汉墓竹简残缺,仅存"高子问晏……心壹与?夫子之心三与?"十三字。本篇竹简残缺多,译文仍依吴本。
②从"晏子对曰"至"非三心也":汉墓竹简作"善弋!问事君,婴闻之,一心可以事百君,三心不可事……婴心非三也。"弋,即"哉"。
③"且婴之"至"野处":汉墓竹简作"且婴之事皇公也……尚勇力,胜欲辟于邪,而婴弗能禁也,故退而鲤处"。骈宇骞云:"'皇'疑当为'灵'之简写……'鲤'当读为'里'。"

④"不治"二句:汉墓竹简"治"作"善",无"其"字。
⑤庄公:汉墓竹简作"壮公"。壮,同庄。
⑥从"今之君"至"事君乎":汉墓竹简残缺较多,仅存"今之君轻国重乐,薄民……君乎"十一字。

【今译】
　　高子问晏子说:"先生侍奉灵公、庄公、景公,他们都敬重您,三个国君的心是一样的呢,还是先生有三个心呢?"晏子回答说:"好啊!问我侍奉国君的事。我听说一心可以侍奉好一百个国君,三个心不可以侍奉好一个国君。所以三个国君的心并非一致,而我也没有三个心。我在灵公的时候,只能尽力回答询问而不能在治国方面有所建树,所谓只能保全自己的四肢以听候国君的吩咐罢了。到庄公的时候朝堂上都是武夫,庄公推崇勇力,想用邪僻去战胜邪僻,而我不能禁止,所以引退到偏僻的地方居住。我听说,说的话不被国君采纳,就不接受国君的俸禄,不能为国君办理国事的,不和他一起受难,我在庄公时就是这样做的。现在的国君,轻视治国而重视享乐,对百姓刻薄而丰厚自己,征收税赋过重,役使人民超过所能承受,而我不能禁止,还不知道我是否能保全自己来侍奉国君呢!"

晏子再治东阿上计景公迎贺晏子辞第二十

【原文】
　　晏子治东阿①,三年,景公召而数之曰:"吾以子为可,而使子治东阿,今子治而乱,子退而自察也②,寡人将加大诛于子③。"晏子对曰:"臣请改道易行而治东阿,三年不治,臣请死之。"景公许。于是明年上计④,景公迎而贺之曰:"甚善矣!子之治东阿也。"晏子对曰:"前臣之治东阿也,属托不行⑤,货赂不至⑥,陂池之鱼,以利贫民。当此之时,民无饥,君反以罪臣。今臣后之东阿也,属托行,货赂至,并重赋敛,仓库少内,便事左右⑦,陂池之鱼,入于权宗⑧。当此之时,饥者过半矣,君乃反迎而贺。臣愚不能复治东阿,愿乞骸骨⑨,避贤者之路⑩。"再拜,便僻⑪。景公乃下席而谢之曰:"子强复治东阿,东阿者,子之东阿也,寡人无复与焉。"

注释

①东阿:古邑名,在今山东省西部。
②自察:自己审察。即自己检讨。
③加大诛于子:加罪处罚您。
④上计:送上记载赋税收入的帐簿。计,帐簿。
⑤属托不行:谓没有人敢来嘱付托情。
⑥货赂:贿赂。
⑦便事左右:给左右之人以方便。
⑧权宗:有权的豪族。
⑨乞骸骨:旧时大臣辞职为乞骸骨。言得使骸骨能归葬乡土。
⑩避贤者之路:让出进贤之路。
⑪僻:离去。僻,当作"辟",意为避。

【今译】

晏子治理东阿,治了三年,景公将他召回而责备他说:"我认为您有才能,而派您去治理东阿,现在您越治越乱,您退下去自己检讨吧,我将要加罪处罚您。"晏子回答说:"我请求改变办法和改正自己的行为来治理东阿,三年治理不好,我请求为这去死。"景公同意晏子的请求。于是第二年送上帐簿,景公迎回晏子而恭贺他说:"太好了!您治理好东阿了。"晏子回答说:"从前我治理东阿,嘱咐托情行不通,贿赂也不来,池塘里的鱼,用它给贫穷百姓增利。那时候,百姓没有饥饿的,君王反而认为我有罪。后来我再去东阿,嘱咐托情的准许,贿赂也来了,同时加重征收税赋,而少入于仓库,给左右的人以营私的方便,池塘里的鱼,归入有权的豪室。这个时候,饥饿的人超过半数了,君王反而迎接和祝贺我。我愚昧不能再去治理东阿了,情愿乞求告老回家,让开进贤的道路。"说完再拜,便离去。景公从坐席上下来抱歉地说:"您勉强再去治理东阿,东阿,先生的东阿呀,我不再干预这事了。"

太卜绐景公能动地晏子知
其妄使卜自晓公第二十一

【原文】

　　景公问太卜曰①:"汝之道何能?"对曰:"臣能动地。"公召晏子而告之,曰:"寡人问太卜曰:'汝之道何能②?'对曰:'能动地。'地可动乎?"晏子默然不对,出,见太卜曰:"昔吾见钩星在四心之间③,地其动乎?"太卜曰:"然。"晏子曰:"吾言之,恐子死之也;默然不对,恐君之惶也④。子言,君臣俱得焉。忠于君者,岂必伤人哉!"晏子出,太卜走入见公,曰:"臣非能动地,地固将动也。"陈子阳闻之⑤,曰:"晏子默而不对者,不欲太卜之死也;往见太卜者,恐君之惶也。晏子,仁人也。可谓忠上而惠下也。"

注释

①太卜:主管占卜的官。
②汝之道何能:一本作"汝何能"。
②钩星在四心之间:洪颐煊云:"《史记·天官书》云:'兔,一名钩星,出房心间地动。房为天驷。'"钩星,古星名。四心,即天驷,又称房星,二十八宿之一,其星由四颗星组成。古谓钩星在天驷的四星之间,就会发生地动。
④恐君之惶:怕国君受到迷惑。惶,义同惑。
⑤陈子阳:一作"田子阳",人名,齐臣。

【今译】

　　景公问太卜说:"你的本事有什么能耐?"太卜说:"我能使地震动。"景公召见晏子并告诉他,说:"我问太卜说:'你有什么能耐?'他回答说:'能使地震动。'地可以使它震动吗?"晏子沉默不说话,走出来,去见太卜说:"昨晚我看见钩星在房星的中间,地恐怕要震动吧?"太卜说:"是。"晏子说:"我说出去,恐怕你就得为此而死了;我沉默没有回答君王,又怕国君受到你的迷惑。你去说,国君与臣子都有好处。忠于国君的人,难道一定要伤害他人吗!"晏子出来之后,太卜跑进宫中拜见景公,说:"我不能使地震动,地本来将要发生震动的。"陈子阳听到这事后,说:"晏子沉默不回答的原因,是不想让太卜被杀死;去见太卜的原因,是怕国君受迷惑。晏子,是个仁人,可以说忠于国君而又施惠下属。"

有献书谮晏子退耕而国
不治复召晏子第二十二

【原文】

　　晏子相景公,其论人也,见贤而进之,不同君所欲;见不善则废之,不辟君所爱①;行己而无私,直言而无讳。有纳书者曰②:"废置不周于君前③,谓之专④;出言不讳于君前,谓之易⑤。专易之行存,则君臣之道废矣,吾不知晏子之为忠臣也。"公以为然。晏子入朝,公色不说,故晏子归,备载⑥,使人辞曰:"婴故老悖无能,毋敢服壮者事。"辞而不为臣,退而穷处,东耕海滨,堂下生藜藿,门外生荆棘。七年,燕、鲁分争,百姓愔乱⑦,而家无积。公自治国,权轻诸侯,身弱高、国⑧。公恐,复召晏子。晏子至,公一归七年之禄,而家无藏⑨。晏子立,诸侯忌其威,高、国服其政,燕、鲁贡职⑩,小国时朝。晏子没而后衰。

注释

①不辟君所爱:不回避君王之所爱。辟,通避,回避。
②纳书者:向国君写信的人。
③不周:不调和,不协调。
④专:专权。
⑤易:傲慢。易,为'敫'字假借。吴则虞云:"《礼记·乐记》:'易慢之心入之矣。'亦'敫'之假借,谓慢也。"
⑥备载:尽载,谓用车装载自己家里的所用之物。
⑦愔乱:心情烦闷不安。
⑧身弱高国:自身弱于高氏、国氏。即被高氏、国氏削弱了。
⑨家无藏:家中仍一无所藏。言尽分给穷困的人。
⑩贡职:即纳贡。职,贡献。

【今译】

　　晏子作景公的丞相,他评论考察人时,看见贤能的就举荐他,不同于国君的见解；看见不善的人就废除他，不回避国君所爱的人；自己的行为没有私心，对君上进言而不忌讳。有人写信给景公说："废除设置不在国君面前协调，就称为专断；在国君面前说话没有忌讳，就称为轻慢。专横轻慢的行为存在，君臣之间的道义就废弃了，我不知道晏子称为忠臣的理由。"景公认为对。晏子入朝，景公有不高兴的面色，所以晏子就回家，用车装载了家里的东西，派人向景公告辞说："晏婴已经年老昏愦没有能力了，不敢做壮年人所做的事。"于是，辞官不作景公的臣子，引退到穷僻的地方居处，在东海边耕地，居处的堂下生满野草，门外长满荆棘。七年时间，燕国、鲁国分裂争乱，百姓烦闷不安，家中贫困没有积蓄。景公自己治国，齐国被诸侯轻视，景公被高、国诸大夫削弱。景公恐惧，再次召回晏子。晏子到后，景公一次归还他七年的俸禄，而他家里仍一点不留藏。晏子立朝，诸侯畏惧他的威名，高、国服从他的治理，燕国、鲁国又向齐国纳贡，小国不时来朝。晏子死后齐国就衰弱了。

晏子使高纠治家三年而未尝弼过逐之第二十三

【原文】

晏子使高纠治家，三年而辞焉。傧者谏曰："高纠之事夫子三年，曾无以爵位而逐之，敢请其罪。"晏子曰："若夫方立之人①，维圣人而已。如婴者，仄陋之人也②。若夫左婴右婴之人不举，③四维将不正④，今此子事吾三年，未尝弼吾过也。⑤吾是以辞之。"

【注释】

①方立之人：以道立身的人。方，道也。
②仄陋之人：身分微贱之人。仄陋，即侧陋。仄，古侧字。
③左婴右婴之人：即晏婴左右的人。
④四维：古代以礼、义、廉、耻称四维。
⑤弼吾过：帮助改正我的过失。弼，辅佐。

【今译】

晏子让高纠管理他的家，三年后将高纠辞退了。左右的人劝谏说:"高纠侍奉先生三年,未曾给他一个官职,反而将他赶走,请问他有什么罪过。"晏子说:"以道立身的人,唯有圣人而已。像我这样,是身份微贱的人,我左右的人不指出我的过失,在礼、义、廉、耻四维方面将会不正。现高纠侍奉我三年,未曾帮助我改正过失。我所以辞退他。"

景公称桓公之封管仲益
晏子邑辞不受第二十四

【原文】

景公谓晏子曰:"昔吾先君桓公,予管仲狐与榖,其县十七,著之于帛①,申之以策②,通之诸侯,以为其子孙赏邑。寡人不足以辱而先君③,今为夫子赏邑,通之子孙。"晏子辞曰:"昔圣王论功而赏贤,贤者得之,不肖者失之,御德修礼④,无有荒怠。今事君而免于罪者,其子孙奚宜与焉?若为齐国大夫者必有赏邑,则齐君何以共其社稷与诸侯币帛⑤?婴请辞。"遂不受。

注释

①著之于帛:写在帛上。
②申之以策:在简策记录下来。帝王对臣下封土、授爵或免官,记其语于简册。申,明。策,把简申起来。
③"寡人"句:吴则虞案:此句是景公谦言不足以封汝之父,以荫汝之身。而通汝;先君,指晏子先人。
④御德修礼:增进德行修养礼义。御,进也。
⑤与诸侯币帛:用财物与诸侯打交道。

【今译】

景公对晏子说:"过去我的先君桓公,赏赐狐邑与榖邑给管仲,两邑有十七个县,诏命写在帛上,并用简策记录下来,通报诸侯,以作管仲子孙的赏邑。我不够封赏先生的父亲,现为先生颁赏域邑,留传及您的子孙。"晏子辞谢说:"过去圣明的君王评论功劳大小奖赏贤臣,贤能的人得到它,不贤的人得不到它,增进德行修养礼义,没有停止懈怠。现在侍奉国君而仅能免于罪过的人,他的子孙怎适宜奖赏呢?如果作齐国大夫的人定要有赏邑,那齐国国君还有什么来祭祀社稷,用财物来和诸侯打交道。"于是不接受赏邑。

景公使梁丘据致千金之裘
晏子固辞不受第二十五

【原文】

景公赐晏子狐之白裘①,元豹之茈②,其赀千金,使梁丘据致之,晏子辞而不受,三反。公曰:"寡人有此二,将欲服之,今夫子不受,寡人不敢服。与其闭藏之,岂如弊之身乎③?"晏子曰:"君就赐,使婴修百官之政,君服之上,而使婴服之于下,不可以为教。"固辞而不受。

【注释】

①狐之白裘:用白狐皮做成的裘。
②元豹之茈:大豹皮的衣襟。茈,刘师培《校补》云:"'茈',疑同'眥'。《尔雅·释器》云:'衣眥谓之襟。'……此言白狐之裘以豹皮斜饰其襟眥。"是。译文从刘说。
③"岂如"句:谓不如在身上穿坏它。

【今译】

景公赐给晏子一件白狐皮裘,用大豹的皮镶衣襟,这件皮裘价值千金,派梁丘据送去给晏子,晏子辞谢而不接受。往返三次。景公说:"我有这样的白狐裘两件,刚打算穿它,现在先生不接受,我也不敢穿了。与其把它收藏在府库里,不如把它穿坏在身上?"晏子说:"国君给我赏赐,是使我主持百官的政事,国君在上面穿白狐裘衣,而让我在下边也穿,这不可用它来教育臣民。"坚持辞谢而不接受赏赐。

晏子衣鹿裘以朝景公嗟其
贫晏子称有饰第二十六

【原文】

晏子相景公,布衣鹿裘以朝。公曰:"夫子之家,若此其贫也,是奚衣之恶也！寡人不知,是寡人之罪也。"晏子对曰:"婴闻之,盖顾人而后衣食者①,不以贪昧为非②；盖顾人而后行者,不以邪僻为累③。婴不肖,婴之族又不如婴也,待婴以祀其先人者五百家,婴又得布衣麂裘而朝,于婴不有饰乎!"再拜而辞。

注释

①盖顾人而后衣食者:谓看看别人而后再决定自己的衣饰、食物。

②不以贪昧为非:以贪图衣食为错。昧,贪也。昧,刘师培《校补》:昧,与冒同。

③不以邪僻为累:陶洪庆云:"上句'衣'字,下句'盖'字及中间两'不'字,皆衍文。"从此意注译。以邪辟之行为害。

【今译】

晏子作景公的丞相,穿着布衣麂裘入朝。景公说:"先生的家,如此贫困呀,怎么穿的这些衣服如此之差!我不知道,这是我的罪过了。"晏子说:"我听说,先看看别人然后穿衣吃饭的人,必以贪图衣着食物为错误；先看看别人然后才行动的人,必定把邪辟的行为看成损害。我不肖,我的家族中的人又不如我,等待我的接济来祭祀他们祖先的人有五百家,我又能得穿布衣麂裘入朝,对于我不是已有衣饰吗?"再拜而辞谢。

仲尼称晏子行补三君而不有果君子也第二十七

【原文】

仲尼曰:"灵公汙①,晏子事之以整齐；庄公壮②,晏子事之以宣武③；景公奢,晏子事之以恭俭:君子也! 相三君而善不通下④,晏子细人也⑤。"晏子闻之,见仲尼曰:"婴闻君子有讥于婴,是以来见。如婴者,岂能以道食人者哉! 婴之宗族待婴而祀其先人者数百家,与齐国之闲士待婴而举火者数百家,臣为此仕者也。如臣者,岂能以道食人者哉!"晏子出,仲尼送之以宾客之礼,再拜其辱⑥。反,命门弟子曰:

"救民之姓而不夸⑦,行补三君而不有,晏子果君子也。"

注释

①汙:滥也。指灵公行为放纵,为所欲为。
②庄公壮:庄公胆怯。壮,当作'怯'。卢文弨云:"《孔丛子诘墨篇》作'怯'。案:《左传》'齐侯既伐晋而惧',则'怯'字亦非误。"一说:"壮",匹夫之勇。庄公壮,非君子之勇,晏子宣扬礼义之勇以止之。译文从前说。
③宣武:威武。
④善不通下:善教不能达到百姓。
⑤细人:细,小也。见识短浅的人。
⑥再拜其辱:感谢晏子的光临。
⑦姓:当作"生"。

【今译】

孔子说:"齐灵公行为放纵,晏子用整齐行为规范侍奉他;齐庄公胆怯,晏子用扬威尚武侍奉他;齐景公奢侈,晏子用恭身节俭侍奉他。真是个贤人!不过当了三位国君的丞相而善教不能下达到百姓,晏子还是个见识短浅的人了。"晏子听到这话后,去会见孔子说:"我听先生有规劝于我的话,所以前来拜见。像我这样的人,哪里是用德行去向人求食呢!我的宗族中等待我接济才能祭祀祖先的有几百家,齐国的无业士人等待我的接济才能生火的有几百家,我为了他们才去作官的呀。像我这样的人,哪里是用德行去向人求食呢!"晏子出门,孔子用迎送宾客的礼仪送他,再次拜谢晏子的光临。孔子返回,对他门下的学生说:"晏子振救百姓的生命而不夸耀,德行补益了三个国君而不自以为有功劳,晏子果然是贤人呀。"

晏子春秋·卷第八

外篇第八

仲尼见景公景公欲封之晏子以为不可第一

【原文】

仲尼之齐①，见景公，景公说之，欲封之以尔稽②。以告晏子，晏子对曰："不可。彼浩裾自顺，不可以教下；好乐缓于民，不可使亲治；立命而建事，不可守职③。厚葬破民贫国，久丧道哀费日，不可使子民④。行之难者在内，而传者无其外，故异于服，勉于容，不可以道众而驯百姓。自大贤之灭，周室之卑也，威仪加多，而民行滋薄；声乐繁充，而世德滋衰⑤。今孔丘盛声乐以侈世，饰弦歌鼓舞以聚徒；繁登降之礼，趋翔之节以观众；博学不可以仪世，劳思不可以补民，兼寿不能殚其教⑦，当年不能究其礼，积财不能赡其乐⑧。繁饰邪术以营世君，盛为声乐以淫愚其民⑨。其道也，不可以示世；其教也，不可以导民⑩。今欲封之，以移齐国之俗，非所以导众存民也⑪。"公曰："善。"于是厚其礼而留其封，敬见不问其道⑫，仲尼乃行⑬。

【注释】

①仲尼:汉墓竹简作"中泥"。骈宇骞云："皆同音假借字。"按:本篇竹简残缺

多,译文从吴本。

②"欲封"句:汉墓竹简作"将欲封之以尔稽"。尔,通迩。尔稽,地名。

③从"以告"至"不可守职":墓汉竹简残缺,仅存"以告晏……下,好乐而……亲治,立令而殆□不可使守职。"十八字。浩裾自顺,傲慢不恭顺。浩裾,即"傲倨"之假借,傲倨,王肃注云:"简略不恭之貌。"自顺,《大戴礼·文王官人》:"自顺而不让。"孔广森云:"自顺,谓顺非也。"顺己不从于人。建事:孙贻让云:"'建'与'卷'声近字通,'建事',厌倦于事。"不可守职:不可之下脱"使"字。吴则虞按:"《指海》本据补'使'字。"

④从"厚葬"至"使子民":汉墓竹简作"久丧而循哀,不可使子民。无"厚葬破民贫国"句。道哀,王念孙云:"'道'当为'遁'字之误。"遁哀,哀而不止。子民:孙星衍云:"'子'当读为'慈'。"

⑤从"行之难"至"世德滋衰":汉墓竹简仅存"……容,不可以道……之成,周室之卑……民行兹薄,声乐繁充,而世兹衰。"此段吴本与竹简出入较大,竹简无"行之难者在内,而传者无其外"十二字。于鬯云:"'传',应为'儒'。""无"当读为"妩"。《说文》:"妩,媚也。""威仪",礼仪细则。

⑥从"今孔丘"至"以观众":汉墓竹简作"今孔丘盛为容饬以蛊世,纫歌……众。""登降"指上下尊卑进退之礼节。趋翔,趋行张拱如鸟之舒翼,以示步趋之庄敬。

⑦从"博学"至"殚其教":汉墓竹简作"博学不□□□□思不可补民,累雠不能亶其教。""兼寿不能殚其教。"吴则虞按:"《史记》作'累世不能殚其学。'"意为年寿加倍也学不尽。

⑧"当年"二句:汉墓竹简作"当年不能行其礼,积材不能谵其乐。"材,通财,谵,通赡。当年,壮年。

⑨"繁饰"二句:汉墓竹简作"繁饬降登以营世君,盛为声乐以淫愚民。"营,惑也。淫愚,过甚的愚惑。

⑩"其道也"四句:汉墓竹简作"其道不可以视世,其教不可以导众"。吴则虞按:"'教'《墨子》作'学',作'学'者是。"

⑪"今欲"三句:汉墓竹简作"今君封之移齐俗,非所以道国先民也。"

⑫"公曰"至"问其道":汉墓竹简作"公曰:善。于是重其礼而留其奉,敬见之而不问其道。"俞樾云:"按'敬'字当作'苟'字。'苟见'犹云'亟见'。"是。

⑬仲尼:汉墓竹简作"中泥"。

【今译】

孔子到了齐国,拜见齐景公,景公很喜欢孔子,打算将尔稽封赏给他。景公将自己的想法告诉晏子,晏子回答说:"不行。他傲慢而自以为是，不可用来教导百姓；喜欢礼乐对百姓宽缓，不能让他亲自治理百姓；修身从命而厌倦于事，不可以使他勤于职守；主张厚葬破费民财而使国家贫困；丧仪长久哀悼不止枉费时日，不可让他去作父母官。德行修养的艰难在于内心，而儒者只注意外表的修饰所以服装奇特；注意仪容举止，不能用来引导众人教化百姓。自从大贤之人死去后，周王室就衰弱了，礼仪的细则增加很多，百姓的行为却越加浇薄；歌舞礼乐繁冗充斥，而世间的德行日趋衰微。现在孔子用盛大的歌乐来使世风奢侈，用弦歌鼓舞来聚集众人，用繁琐的上下尊卑进退的礼仪、趋翔的礼节来使百姓效法。他们博学却不能为法于世，思虑劳苦却不能补益人民，寿命加倍也不能学完他们的礼教，人到壮年还搞不清他们的礼仪，积蓄钱财不足供给他们礼乐的费用。繁饰邪术来蛊惑世上的国君，盛为声乐来大肆愚惑人民。他们的主张，不可以用来示范于世。他们的学问，不能用来教育人民。现在打算封赏孔子，用他那一套来改变齐国的风俗，不是可以用来教育百姓保存人民的办法。"景公说："好。"于是赠给孔子厚重的礼物而留下了封赏的土地，并很快地会见了孔子而不问他的学说，孔子就走了。

景公上路寝闻哭声问梁丘据晏子对第二

【原文】

景公上路寝，闻哭声，曰："吾若闻哭声，何为者也？"梁丘据对曰："鲁孔丘之徒鞠语者也①。明于礼乐，审于服丧，其母死，葬埋甚厚，服丧三年，哭泣甚疾。"公曰："岂不可哉！"而色说之。晏子曰："古者圣人，非不知能繁登降之礼，制规矩之节，行表缀之数以教民②，以为烦人留日③，故制礼不羡于便事④；非不知能扬干戚钟鼓竽瑟以劝众也⑤，以为费财留工，故制乐不羡于和民；非不知能累世殚国以奉死⑥，哭泣处哀以持久也，而不为，知其无补死者而深害生者，故不以导民。今品人饰礼烦事⑦，羡乐淫民，崇死以害生⑧，三者，圣王之所禁也。贤人不用，德毁俗流⑨，故三邪得行于世。是非贤不肖杂，上妄说邪，故好恶不足以导众。此三者，路世之政，道事之教也⑩。公曷为不察，声受而色说之？"

注释

①鞠语:人名,姓鞠名语。事不详。
②表缀:仪范,楷模。《大戴礼·曾子制言》:"昔时伯夷叔齐死于沟浍之间,言为文章,行为表缀于天下。"孔广森补注:"表缀,言为人准望也。"
③留日:旷日,浪费时日。
④羡:剩余。这里是超出的意思。
⑤扬干戚钟鼓竽瑟:指舞乐。
⑥累世殚国:累,损害;殚,竭尽。
⑦品人:众人。《说文》:"品,众庶也。"
⑧崇死:崇奉死人。
⑨德毁俗流:勤俭的美德被毁,奢侈的风俗流行。
⑩"路事"二句:谓儒家之教是败国的主张,坏事的说教。路,通露,败也。道,当作瘩,病也。

【今译】

景公登上路寝台,听到有哭声,说:"我好像听到哭声,是干什么的呀?"梁丘据回答说:"鲁国孔丘的学生鞠语在哭。他明了礼乐,熟悉服丧,他的母亲死,埋葬得非常丰厚,服丧已三年,哭泣仍极为悲痛。"景公说:"难道不可以吗?"并流露出欣喜的脸色。晏子说:"古代的圣人,不是不知道能用冗繁登降进退的礼仪,制定共同遵守的规则,推行仪范的要求来教育百姓,因为这些礼仪使人劳累而又旷日持久,所以制定的礼仪不超过便于行事的范围;不是不知道能用音乐舞蹈来勉励百姓,因为它耗费钱财花费人工,所以制定舞乐不超过和谐百姓的标准;不是不知道损害现世竭尽国力以祀奉死者,办理丧事要长时间哭泣悲伤,而不这样做的原因,是知道它无益于死去的人而重重地损害活着的人,所以不用它来教导百姓。现在众人徒饰礼文不怕烦琐去做这些事;过多的舞乐使百姓迷惑;崇尚死人损害活人,这三者,是圣人所禁止的。贤良的人不被任用,勤俭的美德毁坏,奢侈的风俗流行,所以三种邪行得以流行于世。对与错、好与坏没有区别,君王胡乱,喜悦邪行,所以喜好与厌恶都不能用来引导百姓。这三件事是败国的政治,坏事的教育了。君王为何不审察,听了哭声还流露喜悦的颜色呢?"

仲尼见景公景公曰先生奚不见寡人宰乎第三

【原文】

仲尼游齐,见景公。景公曰:"先生奚不见寡人宰乎①?"仲尼对曰:"臣闻晏子事三君而得顺焉,是有三心,所以不见也。"仲尼出,景公以其言告晏子,晏子对曰:"不然!婴为三心②,三君为一心故,三君皆欲其国之安,是以婴得顺也。婴闻之,是而非之,非而是之,犹非也③。孔丘必据处此一心矣④。"

注释

①宰:宰,即宰相。这里指晏婴。
②婴为三心:王念孙云:"'婴'上当有'非'字,言婴所以事三君而得顺者,非婴为三心,乃三君为一心故也。"是。译文依王说。
③犹非也:与诽谤没有两样。非,通诽。
④"孔丘"句:于鬯云:"'据'字即涉'处'字而衍,'心'字涉上文而衍。"是。此句当作"孔丘心处一矣。"意思是在"是而非之,非而是之"中,孔丘必居其一。

【今译】

孔子到齐国游说,谒见景公。景公说:"先生怎么不见见我的宰相呢?"孔子回答说:"我听说晏子侍奉三位国君都能顺利,是有三个心了,所以不见他。"孔子出宫后,景公将孔子的话告诉晏子,晏子回答说:"不是这样,不是我有三个心,而是三位国君同有一个心意的原故,三位国君都希望自己的国家安定,所以我能顺利侍奉三位国君罢了。我听说,把正确的说成错误,把错误的说成正确,这就是等同于诽谤了。孔丘一定站在这一点上了。"

仲尼之齐见景公而不见晏子子贡致问第四

【原文】

仲尼之齐，见景公而不见晏子。子贡曰："见君不见其从政者，可乎？"仲尼曰："吾闻晏子事三君而顺焉，吾疑其为人。"晏子闻之，曰："婴则齐之世民也①，不维其行②，不识其过③，不能自立也。婴闻之，有幸见爱，无幸见恶，诽谤为类④，声响相应⑤，见行而从之者也。婴闻之，以一心事三君者，所以顺焉；以三心事一君者，不顺焉。今未见婴之行，而非其顺也。婴闻之，君子独立不惭于影，独寝不惭于魂⑥。孔子拔树削迹⑦，不自以为辱；穷陈、蔡⑧，不自以为约；非人不得其故，是犹泽人之非斥斧⑨，山人之非网罟也。出之其口，不知其困也。始吾望儒而贵之，今吾望儒而疑之。"仲尼闻之，曰："语有之：言发于尔，不可止于远也⑩；行存于身，不可掩于众也⑪。吾窃议晏子而不中夫人之过，吾罪几矣⑫！丘闻君子过人以为友⑬，不及人以为师⑭。今丘失言于夫子，讥之⑮，是吾师也。"因宰我而谢焉⑯，然仲尼见之。

【注释】

①齐之世民：齐国的普通百姓。于鬯云："《管子·大匡篇》有'晏子'，房元龄注：'但谓平仲之先，不能实其人。'其家世之微，亦可见矣。"

②不维其行：张纯一《晏子春秋校注》云："不维持其正行而常之。"意为不能长久的保持廉正的行为。

③不识其过：不知道自己的过失。

④诽谤为类：黄以周云："元刻作'诽誉'。"从上下文意，应为"诽誉"。意思是：指责与称美都是同类。

⑤声响相应：声音与回声是相呼应的。响，回声。

⑥"君子"二句：谓君子光明正大，一人独立，对身影不感到惭愧；独自寝处，内省不疚，对灵魂不感到惭愧。

⑦拔树削迹：谓拔掉树木扫掉足迹。此指：鲁哀公三年孔子去宋国与弟子习礼大树下，宋司马桓魋欲杀孔子，拔其树，削其迹，孔子乃去之事。

⑧"穷陈、蔡"句：指孔子被匡人围困在陈国、蔡国之间，绝粮七日之事。陈、

蔡均为春秋时期的小国。约:贫困。

⑨泽人:住在水边的人。

⑩"言发"二句:谓在近处说的话不能禁止它传于远处。尔,通迩。

⑪不掩于众:即不能在众人面前掩盖。

⑫吾罪几矣:我的罪过大了。

⑬过人以为友:指出别人的过失是一种友好行为。

⑭不及人以为师:不如别人就把别人当作老师。

⑮讥之:这里是指晏子讥嘲孔子。

⑯宰我:孔子的学生。

【今译】

　　孔子到齐国去,拜见景公而不会见晏子。子贡说:"拜见国君不会见他的丞相,可以吗?"孔子说:"我听说晏子侍奉三位国君都顺利,我怀疑他的为人。"晏子听到这话后,说:"我是齐国的普通百姓,不能常常保持自己廉正的行为,不知道自己的过失,就不能自立于世。我听说,得宠就受到喜爱,不得宠就被怨恶,指责与称美都是同类,声音与回声相应,这是以自己的行为得来的。我听说,用一心侍奉三位国君的,就顺利;用三心侍奉一个国君,就不顺利。现在没有看到我的行为,而指责我的顺利。我听说,君子独自站立不愧于自己的影子,独自睡眠不愧于自己的灵魂。孔子不以拔掉大树扫掉足迹为羞辱;困厄在陈国、蔡国之间,不认为穷困;指责别人不知道事情的原故,这就像住在水泽边的人指责刀斧,住在山上的人指责鱼网一样了。那些话轻率地出自他的口中,不知道自己的无知。开始我看到儒者而崇敬他们,现在我看见儒者则怀疑他们了。"孔子听到晏子的话后,说:"谚语有这样的话,在近处的话,不能禁止它传到远处,行为在自身,不能在众人面前掩盖。我私下议论晏子而没有言中别人的过失,我的罪过大了!我听说君子指出别人的过失是把别人视为朋友,比不上别人就把别人当作老师。现在我失言于晏子,晏子讥笑我,他是我的老师了。"于是由宰我去向晏子表示歉意,这样以后孔子就去会见晏子。

景公出田顾问晏子若
人之众有孔子乎第五

【原文】

　　景公出田①,寒,故以为浑②,犹顾而问晏子曰:"若人之众,则有孔子焉乎?"晏子对曰:"有孔子焉则无有,若舜焉则婴不识③。"公曰:"孔子之不逮舜为间矣④,曷为'有孔子焉则无有,若舜焉则婴不识'!"晏子对曰:"是乃孔子之所以不逮舜。孔子行一节者也⑤,处民之中,其过之识⑥,况乎处君子中乎⑦!舜者处民之中,则自齐乎士⑧;处君子之中,则齐乎君子;上与圣人,则固圣人之林也。此乃孔子之所以不逮舜也。"

注释

　　①出田:出去打猎。田,田猎。
　　②浑:假借为"温",取暖。
　　③陶鸿庆云:"'有孔子焉','有'亦当作'若',言若有孔子则知其无有,若舜则不可识也。"
　　④为间矣:相差很远。间,远也。《淮南子·俶真训》:"则丑与美有间矣。"高诱注:"间,远也。"
　　⑤一节:一节,事物的一端。
　　⑥其过之识:他超过别人容易认识。这里主要指儒家"异其服,勉于容",与众不同,故容易认识。
　　⑦处君之中:王念孙云:"'处君之中'本作'处君子之中'。"是。
　　⑧自齐乎士:自己与百姓看齐,即与百姓没有两样。于鬯云:"士"疑本作民,"处民之中,则自齐乎民。"译文依此。

【今译】

　　景公出去打猎,天气寒冷,所以停下来取暖,还回头问晏子说:"如果在人众当中,能看见孔子吗?"晏子回答说:"如果是孔子,能知道有,如果是舜就认不出来了。"景公说:"孔子赶不上舜,差距太大了,为何说'如果是孔子能知道有没有,如果是舜就认不出来'!"晏子回答说:

"这就是孔子之所以赶不上舜的地方了。孔子是行极端的人。身处百姓之中,他突出于别人容易认出,何况处在君子当中呢!舜处身于百姓中,就与百姓一样;处身于君子当中,就与君子一样;上同圣人,就本来是圣人之林中的人了。这就是孔子之所以赶不上舜的地方了。"

仲尼相鲁景公患之晏子对以勿忧第六

【原文】

仲尼相鲁①,景公患之,谓晏子曰:"邻国有圣人,敌国之忧也。今孔子相鲁若何?"晏子对曰:"君其勿忧。彼鲁君,弱主也;孔子,圣相也②。君不如阴重孔子,设以相齐③,孔子强谏而不听,必骄鲁而有齐④,君勿纳也。夫绝于鲁,无主于齐,孔子困矣⑤。"居期年,孔子去鲁之齐,景公不纳,故困于陈、蔡之间。

注释

①仲尼相鲁:孔子任鲁国宰相。按:孔子任鲁国宰相在鲁定公十四年(公元前496年),此时晏子已死去4年了,岂有再为齐君出谋,暗算孔子之理?此为后人依传说而为,与史不符。
②圣相:德行才智超凡的宰相。
③设以相齐:暗许任他为齐相。
④骄鲁:以鲁为骄,认为鲁君骄横。
⑤困:窘迫。

【今译】

孔子任鲁国宰相,景公很害怕,对晏子说:"邻国有圣人,这是敌对国家的忧患了。现在孔子当了鲁国宰相怎么办?"晏子回答说:"君王用不着忧虑。那鲁国的君主,是个昏庸软弱的君主;孔子,是德行才智出众的宰相。国君不如私下表示尊崇孔子,假说许他作齐国宰相,孔子强行劝谏而鲁君不听从,一定会认为鲁君骄横而到齐国来,君王不要接纳他。这样,自绝于鲁国,又不能任用于齐国,孔子就窘迫了。"过了一年,孔子离开鲁国到齐国来,景公不接纳,所以孔子就困厄在陈国、蔡国之间。

景公问有臣有兄弟而强足恃乎晏子对不足恃第七

【原文】

　　景公问晏子曰:"有臣而强,足恃乎①?"晏子对曰:"不足恃。""有兄弟而强,足恃乎?"晏子对曰:"不足恃。"公忿然作色曰:"吾今有恃乎?"晏子对曰:"有臣而强,无甚如汤②;有兄弟而强,无甚如桀③。汤有弑其君④,桀有亡其兄,岂以人为足恃哉,可以无亡也!"

注释

①恃:依靠。
②汤:指商汤。
③桀:指夏桀。
④汤有弑其君:汤,原是夏桀的臣子,后来灭夏,建立商朝,故谓之"弑其君"。

【今译】

　　景公问晏子说:"有能力强的臣子,足以依靠吗?"晏子说:"不足依靠。"景公又说:"有能力强的兄弟,足以依靠吗?"晏子回答说:"不足依靠。"景公面带怒容说:"我现在有依靠吗?"晏子回答说:"有强有力的臣子,没有谁比得上成汤;有强有力的兄弟,没有谁比得上夏桀。成汤杀死了他的国君桀,夏桀驱逐了他的兄长,怎能把别人作为依靠而认为可以不败亡呢!"

景公游牛山少乐请晏子一愿第八

【原文】

　　景公游于牛山,少乐,公曰:"请晏子一愿。"晏子对曰:"不,婴何愿?"公曰:"晏子一愿。"对曰:"臣愿有君而见畏②,有妻而见归,有子而可遗③。"公曰:"善乎!晏子之愿;载一愿④。"晏子对曰:"臣愿有君而明,有妻而材⑤,家不贫,有良邻。有君而明,日顺婴之行,有妻而材,则使婴不忘⑥；家不贫，则不愠朋友所识⑦；有良邻，则日见君子：婴之愿也。"公曰："善乎！晏子之愿也。"晏子对曰："臣愿有君而可辅，有妻而可去，有子而可怒。⑧"公曰："善乎！晏子之愿也。"

注释

①一愿：一个愿望。
②见畏：受到尊敬。畏，苏时学云："'畏'，犹'敬'也。"
③遗：同诒，犹传也。
④载一愿：再说一种愿望。载，通再。
⑤有妻而材：妻子有才能。
⑥忘：同妄。
⑦"家不贫"二句："文廷式云："'所识'二字疑衍文，或识字，系'居'字之误。"译文从此说。
⑧"有妻"二句：苏时学云："案妻至于去，子至于怒，似无可愿，'可'之云者，极言其顺乎我也。"

【今译】

　　景公在牛山游览，缺少乐趣。景公说："晏子请说说您的一种心愿。"晏子回答说："没有，我没有什么心愿。"景公说："晏子您还是说出一种心愿吧。"晏子说："我希望有国君而受到臣下尊敬，有妻子而归心于我，有儿子而能贻谋子孙。"景公说："好啊！晏子的心愿；再说一种心愿。"晏子说："我希望有国君而圣明；有妻子而有才能，家不贫困，有好的邻居。有国君而圣明，每天能顺君之意行事，妻子有才能，使我不会妄为；家不贫困，周济朋友，朋友就不会愠怒；有好的邻居，就能每天看到君子，这就是我的心愿了。"景公说："好啊！晏子的心愿。"晏子回答说："我希望有国君而可以辅佐，有妻子而可以离去，有儿子而可以发怒。"景公说："好啊！晏子的心愿。"

景公为大钟晏子与仲尼柏常骞知将毁第九

【原文】

　　景公为大钟，将悬之。晏子、仲尼、柏常骞三人朝，俱曰："钟将毁。"冲之①,果毁。公召三子者而问之。晏子对曰:"钟大,不祀先君而以燕②,非礼,是以曰钟将毁。"仲尼曰:"钟大而悬下,冲之其气下回而上薄③,是以曰钟将毁。"柏常骞曰:"今庚申,雷日也,音莫胜于雷,是以曰钟将毁也。"

注释

①冲之:撞击它。
②以燕:用来作宴饮取乐的乐器。
③上薄:向上侵迫。按:孔子这句话的意思是,敲击大钟,钟声向下形成气浪,气浪受阻而返回向上侵迫大钟,故钟毁。

今译

景公铸造了一口大钟,将要悬挂它。晏子、孔子、柏常骞三人入朝,都说:"大钟将要毁坏。"撞击它,果然坏了。景公召见三人而问他们。晏子回答说:"钟太大,不用来祭祀祖先而用来作宴饮的乐器,不符礼仪,所以说钟将会毁坏。"孔子说:"钟太大而悬挂向下,撞击它钟声向下受阻返回而向上侵迫,所以说钟将会毁坏。"柏常骞说:"今天是庚申日,雷击的日子,钟声不能胜过雷声,所以说钟将毁坏了。"

田无宇非晏子有老妻晏子对以去老谓之乱第十

原文

田无宇见晏子独立于闺内,有妇人出于室者,发班白①,衣缁布之衣而无里裘。田无宇讥之曰:"出于室为何者也?"晏子曰:"婴之家也②。"无宇曰:"位为中卿③,田七十万,何以老为妻?"对曰:"婴闻之,去老者,谓之乱,纳少者,谓之淫。且夫见色而忘义,处富贵而失伦,谓之逆道。婴可以有淫乱之行,不顾于伦,逆古之道乎?"

注释

①班:通斑。斑白,即花白。
②家:妻子。

③中卿:即亚卿,古代高级长官的称谓,地位次于上卿。

【今译】

　　田无宇见晏子独自一人站立在自己的居室里,有一个妇人从居室里走出来,头发花白,穿黑布缝制的衣服而里边没有穿袭。田无宇讥笑晏子说:"从居室内出来的是什么人?"晏子说:"我的妻室。"田无宇说:"您官至中卿,田赋收入七十万,为何用个老太婆作妻子?"晏子回答说:"我听说,抛弃老年的,就叫作乱,纳娶年轻的,就叫作淫。况且看见美女就忘记大义,处于富贵就丢掉人伦,就叫作背离道德。我可以有淫乱的行为,不顾及人伦,背离自古以来的道德吗?"

工女欲入身于晏子晏子辞不受第十一

【原文】

　　有工女托于晏子之家焉者,曰:"婢妾,东郭之野人也①。愿得入身,比数于下陈焉②。"晏子曰:"乃今日而后自知吾不肖也③!古之为政者,士农工商异居,男女有别而不通,故士无邪行,女无淫事。今仆托国主民④,而女欲奔仆,仆必色见而行无廉也⑤。"遂不见。

注释

　　①野人:粗野之人。
　　②比数于下陈:充数于姬妾之列。
　　③"乃今"句:谓今天才知道我自己是个不好的人。
　　④托国主民:受国之托主理民事。
　　⑤"仆必"句:谓我一定表现出好色没有廉耻的行为来了。

【今译】

　　有一个做工的女人跑来托身于晏子的家,说:"我这个卑贱的人,是东门外的粗野人,希望能入身于晏子的家,在姬妾队伍里充数。"晏子说:"从今天开始才知道自己是个不好的人了!古代执掌朝政的人,让士人、农夫、做工的、做买卖的各居一处,男女之间有分别而互不交往,所以士人没有邪恶行为,女子没有淫秽的事情发生。现在我受托于国管理百姓，而女人想私奔于我，我一定表现出好色没有廉耻的行为了。"于是不见这个女人。

景公欲诛羽人晏子以为法不宜杀第十二

【原文】

景公盖姣①，有羽人视景公僭者②。公谓左右曰："问之，何视寡人之僭也？"羽人对曰："言亦死，而不言亦死，窃姣公也。"公曰："合色寡人也③？杀之！"晏子不时而入，见曰："盖闻君有所怒羽人。"公曰："然。色寡人，故将杀之。"晏子对曰："婴闻拒欲不道，恶爱不祥，虽使色君，于法不宜杀也。"公曰："恶然乎④！若使沐浴，寡人将使抱背。"

【注释】

①盖姣：面容姣好，即长得漂亮。盖，本来。
②羽人：官名。孙星衍云："《周礼·羽人》下士二人，属地官司徒。"
③合色寡人：为何爱我的容貌。合，通盍。
④恶然乎：讨厌啊。

【今译】

景公本来长得很漂亮，有个羽人很不恭敬地偷看景公。景公对左右的人说："问他，为何那样不恭敬地看我？"羽人回答说："讲了是死，不讲也是死，我是偷看君王的美容。"景公说："为何爱我的美容呀？将他杀了。"晏子不待设朝就入宫，拜见景公说："听说君王对羽人发怒了。"景公说："对呀！爱我的漂亮，所以要杀他。"晏子回答说："我听说拒绝欲望没有道理，讨厌爱慕不吉祥，虽然他爱慕君王的容貌，依法不该杀他。"景公说："讨厌啊！如果我沐浴，我将让他给我抱背。"

景公谓晏子东海之中有水而赤晏子详对第十三

【原文】

景公谓晏子曰:"东海之中,有水而赤,其中有枣,华而不实①,何也?"晏子对曰:"昔者秦缪公乘龙舟而理天下②,以黄布裹烝枣③,至东海而捐其布,破黄布,故水赤;烝枣,故华而不实。"公曰:"吾详问子何为④?"对曰:"婴闻之,详问者,亦详对之也。"

【注释】

①华而不实:光开花不结果实。华,通花。
②缪公:即秦穆公(?—公元前621年),春秋时秦国君。名任好。公元前659—公元前621年在位。曾称霸西戎。
③烝枣:蒸熟的枣。
④详问:详通佯,佯问,诈也。用假话作问。

【今译】

景公对晏子说:"东海之中,有部分水是红色的,红水中有枣树,光开花不结果实,是什么原因?"晏子回答说:"过去秦穆公乘坐龙舟治理天下,用黄色的布包蒸熟的枣子,到了东海就将黄布包着的枣抛到海中,黄布破了,枣子在水中所以水变成红色,枣子是蒸熟的,所以只开花不结果。"景公说:"我用假话询问,先生为啥要回答呢?"晏子说:"我听说,用假话问,也用假话回答。"

景公问天下有极大极细晏子对第十四

【原文】

景公问晏子曰:"天下有极大乎?"晏子对曰:"有。足游浮云①,背凌苍天,尾偃天间②,跃啄北海③,颈尾咳于天地乎④!然而澹澹不知六翮之所在⑤。"公曰:"天下有极细乎?"晏子对曰:"有。东海有虫,巢于蚊睫⑥,再乳再飞,而蚊不为惊。臣婴不知其名,而东海渔者曰焦冥⑦。"

注释

①足游浮云:王念孙云:"'足游浮云'上,原有'鹏'字,自'足游浮云'以下六句,皆指鹏而言。"是,译文据补。

②"背凌"二句:谓大鹏背负苍天,尾垂天际。偃,垂下。

③跃啄北海:跳跃啄食于北海。

④"颈尾"句:谓大鹏的头与尾阻隔于天地之间。咳,通阂,隔开。乎,当属下句,在"漻漻"二字之后。

⑤"然而"句:谓大鹏的身躯横亘于旷远无际的天地之间,它的尾羽不知伸向何处。漻漻,同寥寥,广阔无际之貌。

⑥蚊睫:小蚊子的眼睫。

⑦焦冥:微虫名。《列子·汤问》:"江浦之间生幺虫其名曰焦螟,群飞而集于蚊睫。"

【今译】

景公问晏子说:"天下有最大的东西吗?"晏子回答说:"有。大鹏的脚游荡于浮云之上,它的背负着苍天,尾垂于天际,跳跃啄食于北海,头与尾把天地分隔开了,在广阔无际的天际不知它的翅膀伸展到何处。"景公说:"天下有最小的东西吗?"晏子回答说:"有。东海里有一种虫,它在小蚊子的眼睫上筑巢,在巢内反复生育幼虫又起飞,而蚊没有受惊忧。我不知这种虫的名称,但东海里打渔的人叫它做焦冥。"

庄公图莒国人扰绐以晏子在乃止第十五

【原文】

庄公阖门而图莒①,国人以为有乱也,皆操长兵而立于闾②。公召睢休相而问曰③:"寡人阖门而图莒,国人以为有乱,皆摽长兵而立于衢闾④,奈何?"休相对曰:"诚无乱而国以为有,则仁人不存。请令于国,言晏子之在也。"公曰:"诺。"以令于国:"孰谓国有乱者,晏子在焉。"然后皆散兵而归。君子曰:"夫行不可不务也。晏子存而民心安,此非一日之所为也,所以见于前信于后者。是以晏子立人臣之位,而安万民之心。"

注释

①阖门:关闭城门。
②立于间:当作"立于衢间",即站立在当衢的间门。
③睢休相:齐臣,姓睢,名休相。事不详。
④摽长兵:手拿长武器。摽,孙星衍云:"摽,当为标。"张纯一云:"操'持'也;标,击也,又麾也,义不及操妥适。译文从此说。

【今译】

齐庄公关闭了国都的城门而准备攻打莒国,齐国人认为国家发生了祸乱,都拿着各种长武器站立在当街的间门外。庄公召见睢休相而问道:"我关闭城门准备攻打莒国,百姓认为国家发生了祸乱,都拿着长武器守立在街间门外,怎么办?"睢休相说:"本来没有祸乱而百姓却认为发生了祸乱,就因为贤人不在,请下令全国,说晏子在国都。"庄公说:"好。"就向全国下令说:"谁说国家发生了祸乱,晏子还在国都住着。"命令下达后百姓都放下武器而回到自己家里。君子说:"德行不可以不勉力去做呀,晏子在而百姓的心就安定,这不是一天的工夫所能办到的呀,所以出现前边的情况又相信后边的命令的原因,是因晏子在朝廷担任大臣的职务,才使万民的心得到安定。"

晏子死景公驰往哭哀毕而去第十六

【原文】

　　景公游于菑①,闻晏子死,公乘侈舆服繁驵驱之②。而因为迟,下车而趋;知不若车之速,则又乘。比至于国者,四下而趋,行哭而往③,伏尸而号,曰:"子大夫日夜责寡人,不遗尺寸④,寡人犹且淫洪而不收,怨罪重积于百姓。今天降祸于齐,不加寡人,而加于夫子,齐国之社稷危矣,百姓将谁告夫⑤!"

【注释】

①菑:菑川,今山东寿光县南,一说是菑水。
②乘侈舆:当作侈乘舆。侈通趋,促也。意为催促赶快驾车。服,驾。繁骊,骏马。
③行哭而往:边走边哭往晏子家去。
④不遗尺寸:这里指细小的事情也不放过。
⑤将谁告:将向谁诉说。

【今译】

景公在菑川游玩,突然听到晏子的死讯,就催促御者鞭着驾车的骏马急驰往晏子家奔丧,景公嫌车跑得太慢,自己下车急跑,后又觉得自己还是没有车子快,就又上车。等他赶到都城时,已先后四次下车急跑了。一路上景公边走边哭到了晏子家,伏在晏子的尸体上大哭,说:"先生不分白天黑夜规劝我,细小的过失也不放过,我尚且沉溺淫乐而不收敛,对我的怨恨与责备深深地积蓄在百姓心中。现在上天降祸给齐国,不加祸在我身上,而加祸于先生,大概齐国的江山危险了!百姓将向谁求告呢!"

晏子死景公哭之称莫复陈告吾过第十七

【原文】

晏子死,景公操玉加于晏子^①,而哭之,涕沾襟。章子谏曰:"非礼也。"公曰:"安用礼乎?昔者吾与夫子游于公邑之上^②,一日而三不听寡人,今其孰能然乎!吾失夫子则亡,何礼之有?"免而哭^③,哀尽而去。

【注释】

①"操玉"句:孙星衍云:"《御览》下有'尸上'二字,今本疑脱。"是。此句当作"景公操玉加于晏子尸上。"操玉,拿玉器。
②公邑:即公阜。注见前。
③免而哭:"免",通绕,古代丧服之一,轻于缌麻。去冠括发,以布宽一寸,从项中括向前,交于额又向后绕于发髻。

【今译】

晏子死了,景公拿玉器放在晏子的尸体上,而痛哭晏子,眼泪沾湿了衣襟。弦章劝谏说:"这不符合礼仪了。"景公说:"还讲什么礼仪呢?从前我与夫子在公阜游览,夫子一天之内三次劝谏我,不屈从我的意见,现在谁还能这样做呢!我失去了晏子就完了,还有什么礼仪呢?"景公脱帽子,束上免帛而痛哭,极尽哀痛之情后才离去。

晏子没左右谀弦章谏
景公赐之鱼第十八①

【原文】

晏子没十有七年,景公饮诸大夫酒。公射,出质②,堂上唱善,若出一口。公作色太息,播弓矢③。弦章入,公曰:"章!自晏子没后,不复闻不善之事。④"弦章对曰:"君好之,则臣服之;君嗜之,则臣食之。尺蠖食黄则黄⑤,食苍则苍是也。"公曰:"善。吾不食谄人以言也⑥。"以鱼五十乘赐弦章。章归,鱼车塞途,抚其御之手,曰:"昔者晏子辞党以正君⑦,故过失不掩之。今诸臣谀以干利,吾若受鱼,是反晏子之义,而顺谄谀之欲。"固辞鱼不受。君子曰:"弦章之廉,晏子之遗行也。"

注释

①本篇文字与银雀山汉墓出土竹简的原文差异甚大,然汉墓竹简之原文亦残缺不少,难以为据进行译注,故译注仍依吴本。为使读者了解汉墓竹简之原貌,特将本篇竹简原文附录如下:(括号内的字是骈宇骞先生的注音字。)

晏子没十有七年,公饮诸大夫酒。公射,出质,堂上昌(唱)□□□□,公组(作)色大(太)息,蕃(播)弓矢。绤(弦)章入,公曰:"章!自吾失□□于今十有七年,未尝闻吾不善。今射出质,昌(唱)善者若出一口。"绤(弦)章合(答)曰:"此诸臣之不宵(肖)也。智不足以智(知)君之不善"勇不足以犯君之雠(颜),此诸臣之不宵(肖)也。然而有一焉,臣闻斥(尺)汙(蠖)食黄其身黄,食青其身青,君其有食乎屵(谄)人之言舆(欤)?"公曰:"善。"绤(弦)章出。自海入鱼五十乘以赐绤(弦)章。章归,鱼(乘)塞□□□□之手曰:"襄(襄)之昌(唱)善者皆欲若鱼者也。昔者晏子辞赏以正君,故过不裏(掩)。今诸臣屵(谄)史

(谀)以弋利,故出质而昌(唱)善若出一口。今所以补(辅)君未见于□□□□□□晏子之义,而顺甶(诣)吏(谀)之欲也。固辞而不受。"

公曰:"纼(弦)章之廉,晏子之□……

②出质:越出靶子。质,箭靶。

②播弓矢:丢下弓箭。

④"不复"句:谓晏子死后,没有人再规劝景公,指出过失。

⑤尺蠖;尺蠖蛾。此指其幼虫,行动时身体先屈后伸,如人用尺量布一样。

⑥"吾不"句:谓我不听谄害人的话。食,这里是听取的意思。

⑦辞党以正君:谢绝赏赐来匡正国君。党,当作"赏"。

【今译】

　　晏子死后十七年,景公设酒宴款待所有大夫。景公射箭,箭都超出了靶子,殿堂上的人都喝彩称赞,好像出自一人之口。景公面带怒色而叹息,丢弃了弓箭。弦章进入,景公说:"弦章!自从晏子死后,不再听到说我有不对的事了。"弦章回答说:"君王喜好穿着,臣子就跟着讲究穿着,君王喜欢饮宴,臣子就跟着讲求饮食。尺蠖吃黄土就成黄色,吃黑土就成黑色了。"景公说:"好。我不听那些谄谀人的话了!"于是把五十车鱼赏赐弦章。弦章回家时,见装鱼的车子阻塞了路,就抚摸着车夫的手说:"过去晏子辞谢赏赐来匡正国君,所以不掩盖国君的过失。现在所有臣子用阿谀奉承来追求私利,我如果接受了这些鱼,是违背了晏子的行为准则,而使自己符合了阿谀谄媚之人的欲望。"于是坚决辞谢,不接受景公赏赐的鱼。君子说:"弦章的廉洁,是晏子遗下的德行了。"

图书在版编目(CIP)数据

晏子春秋全译/李万寿译注.—贵阳:贵州人民出版社,2008.12
(2017.2 重印)
(中国历代名著全译丛书)
ISBN 978-7-221-08386-9

Ⅰ.晏… Ⅱ.李… Ⅲ.①先秦哲学②晏子春秋-译文 Ⅳ.B220.4
中国版本图书馆 CIP 数据核字(2008)第 180210 号

书　　名	晏子春秋全译
译　　注	李万寿
责任编辑	叶光大
特约编辑	程亦赤
装帧设计	余强
出版发行	贵州人民出版社
地　　址	贵阳市中华北路 289 号
印　　刷	三河市明华印务有限公司
版　　次	2009 年 3 月第 1 版
印　　次	2017 年 2 月第 2 次印刷
开　　本	787×1092mm　1/16
字　　数	300 千字
印　　张	20.75
定　　价	55.00 元